大师谈教育

陶行知 著

沈亮亮 编

陶行知论教育

吉林人民出版社

图书在版编目（CIP）数据

陶行知论教育 / 陶行知著；沈亮亮编 . -- 长春：
吉林人民出版社，2024.2

ISBN 978-7-206-20105-9

Ⅰ . ①陶… Ⅱ . ①陶… ②沈… Ⅲ . ①陶行知（
1891-1946）—教育思想—文集 Ⅳ . ① G40-092.6

中国国家版本馆 CIP 数据核字（2024）第 006889 号

出 品 人：常　宏
选题策划：吴文阁　四季中天
责任编辑：张　娜
封面设计：蔡海东

陶行知论教育

TAO XINGZHI LUN JIAOYU

著　　者：陶行知
编　　者：沈亮亮
出版发行：吉林人民出版社（长春市人民大街 7548 号　邮政编码：130022）
咨询电话：0431-85378007
印　　刷：天津画中画印刷有限公司
开　　本：650mm×960mm　　　　　1/16
印　　张：27　　　　　　　字　　数：320 千字
标准书号：ISBN 978-7-206-20105-9
版　　次：2024 年 2 月第 1 版　　印　　次：2024 年 2 月第 1 次印刷
定　　价：78.00 元

出版说明

陶行知（1891—1946），安徽歙县人，中国近现代教育史上伟大的人民教育家、思想家，伟大的民主主义战士，爱国者，中国人民救国会和中国民主同盟的主要领导人之一。陶行知自幼好学，1914年以优异的成绩毕业于金陵大学，1915年入读美国哥伦比亚大学，师从约翰·杜威，获教育学博士，1917年秋回国，开启探索中国教育现代化的生涯。曾任南京高等师范学校教务主任、中华教育改进社总干事，先后创办晓庄学校、生活教育社、山海工学团、育才学校和社会大学等，提出"生活即教育""社会即学校""教学做合一"等教育理论，代表作有《中国教育改造》《中国大众教育问题》等。

陶行知先生毕生投身教育，创立了生活教育理论，为中国的大众教育、平民教育、乡村教育做出了开创性的贡献。

陶行知先生曾于战火纷飞的年代，奔走于祖国大地，躬耕于国民教育，对我国教育现代化做出了开创性的贡献。"人生为一大事来，做一大事去。"陶行知先生放弃了留美博士的优渥待遇，脱下西装，穿上草鞋，毕生追求的一件事便是平民教育。陶行知先生曾说："我有时提倡平民教育，有时提倡乡村教育，有时提倡劳苦大众的教育，不知道的人以为我见异思迁，欢喜翻新花样，其实我心中只有一个中心问题，这问题便是如何使教育普及，如何使没有机会受教育的人可以得到他们所需要的教育。"

陶行知先生的一系列教育理论，特别是他对我国教育的改造，今天依然有重要的参考价值，他的教育实践，也是广大教师学习的典范。通过这些文章，我们可以深入了解陶行知先生的教育思想精髓，更进一步认识到这位教育家的人格魅力和学术品德。

鉴于此，我们编选了本书，书中所探讨的许多教育问题，至今仍有现实意义，依然对我们有着宝贵的启迪作用。编选说明如下：

一、编选陶行知先生最具代表性的教育论著。

二、保留原作中符合当时语境的表述，只对错别字、常识性错误进行改动。

三、参照2012年6月实施的《出版物上数字用法》国家标准，在"得体""局部体例一致""同类别同形式"等原则下，对原书中涉及年龄、年月日、数字等数字用法，不做改动（引文、表格和括号内特别注明的除外）。中华人民共和国成立后的年、月、日统一采用公元纪年法表示。

"捧着一颗心来，不带半根草去"是陶行知先生一生所持守的赤子之忱。陶行知先生是"伟大的人民教育家"，"万世师表"的典范。陶行知先生毕生致力于教育事业，破旧立新，心系劳动人民，发扬民主，他用一生书写了教育爱国者的"大"字。我们希望更多的人能够延续先生的光，在知与行之间，重温陶行知。

编　者

目　录
contents

为考试事敬告全国学子

口诵心维，日就月将。一学期之韶光，行且风驰电掣过去矣！今者暑假伊迩，吾人对于此将至未至之考期，其观念果何如乎？大概勤生多主乐观，惰生多主悲观。彼勤生兢兢业业，一日读一日之书，一时学一时之业。平日不虚度分阴，至考则不待楮墨，已有左券之操，更逆计前列之荣。师友之鉴赏，父母之宠幸，怡然意满，安得不乐乎？惰者则异是，平日惟宴安是娱，逸豫是耽。光阴宜宝贵也，而等于闲度；学业宜精思也，而苟于涉猎，至考则有落第之虞，更逆知点额之辱，师友之藐视，父母之责备，溯往自伤，而往者不可追，嗒然若失，又安得不悲乎？

然此二者，不足以尽将考时学子之态度也。夫畏辱思荣，荣益求荣，人之情也。彼惰者之自悲，吾无间焉。所惧者，彼既以惰而荒业，复不愿自居下风，谓美名可以幸邀，令誉可以幸取。因畏辱心而生侥幸心，复因侥幸心而生谲诈心者，比比然也。彼勤者之有荣，吾之悦也。所惧者，溺于虚名，不自满足，自量才智不如人，犹殚思竭虑，求有以达其冠军之目的。始于一念之贪，终于欺诈之行，此又学子考试时通常之态度也。

噫！两军对垒而阴谋用，五洲互市而狡计生，考试之时有试探焉！试探维何？夹带也，枪替也。稍敛形迹者，则剽窃焉，耳语焉。其为名虽繁，其为欺则一。而所以陷溺之者，则不出畏、贪之二念。试言其害：

（一）**欺亲师** 事亲莫大于孝，事师莫大于敬。不孝不敬，莫大于欺。考以舞弊而前列，终非庐山真面目。师不及察，给以优分是师见欺矣。考卷寄家，亲不及辨，以为是真吾儿之英隽，是亲见欺矣。欺师不敬，欺亲不孝，不孝不敬，是为败德。败德之人，不得志害身家，得志害天下。自来滔天罪恶，盖有始于此者矣。

（二）**自欺** 彼舞弊者，果得售其术耶？吾以为能欺父母，能欺师傅，而不能欺同学。彼不肖之流，固相与朋比为奸，而自洁之士，必贱其行，必耻与伍。常见弄术者，考试未完，人言已藉藉而不堪入耳。彼固欲假此以邀前列，不知及因此而遭同学之鄙弃，召同学之藐视。将以求荣，适以受辱；将以欺人，适以欺己，其愚亦已甚矣。

（三）**违校章** 行欺禁令，载在章程。学校之章程，学校之法律也。违背学校章程而行欺，是藐视学校之法律也，是违背学校之法律也，是以学生而为犯人也。学生将以正人者也，己不自正而欲正人，可乎？学生将以治人者也，己不自治而欲治人，可乎？学生将以引人服从法律者也，己不服从而令人服从，可乎？学生之位置，最高贵之位置也；学生之前程，最远大之前程也。以尊荣之学生，而行同偷窃，甘以身试法，不独行为不轨，亦且太自轻其身分矣。

（四）**辱国体** 其任专门大学中，教员有外人，学生有外人。吾华生之一举一止，一言一行，莫不为彼邦人士所注意。倘不慎而所安、所由、所以，皆未能出于诚，则彼外人行将以一斑而概全豹，慢谓吾"中华之大病在于不诚"。则诸君有何面目对于此大好山川乎？吾之为此言，非欲诸君之媚外也。吾辈既忝为共和之国民，则不可不有共和之精神。共和之精神维何？自由而已！西谚曰："惟真诚为能令国民自由。"言行真诚，以保守扩张此铁血换来之自由，使外人对于中华民国皆存爱敬心，不起轻慢心，则吾人所当黾勉者矣！不此之务，而惟欺诈是尚，则不徒召外人之藐视，亦且失其共和国民之精神矣。

（五）害子孙 舞弊者岂仅一己行欺而已哉？其影响且及于子孙矣。生人之一举一动，皆印于神经系内。浅者霎时即没，深者历世不移，遗传而成本能。故父母惯于行欺，其恶根性之于子女，与生俱传。及长，子女可以不学而能欺。且孩童最易受影响人者也，父母之言行举动，子女多于不知不觉中被其激触，效而尤之。今日之学子，即他年之父母也。为学子而行欺，是不啻引将来子女之行欺矣。可不惧哉？

曰欺亲师，曰自欺，曰违校章，曰辱国体，曰害子孙，考试舞弊之五恶德也。文文山曰："读圣贤书，所学何事？"学欺亲师耶？学自欺耶？学违校章耶？学辱国体耶？学害子孙耶？毋亦不大背圣贤之道，而违其莘莘求学之初心也。闻之"道德为本，智勇为用"，欲载岳岳千仞之气概，必先具谡谡松风之德操；欲运落落雪鹤之精神，必先养皑皑冰雪之心志。德也者，所以使吾人身体揆于中道，智识不致偏倚者也。身体揆于正道，而后乃能行其学识，以造人我之幸福；学识不致偏倚，而后乃能指挥身体，以负天降之大任。道德不立，智勇乃乖。故有勇无德，楚项羽所以有垓下之围；有才无道，盆成括所以有杀身之祸；智勇兼备而无德，拿破仑所以有拘囚之恨。世顾有无德而能善其终者乎？吾辈学子可以深长思矣！

且吾人今日，盖莫不以爱国爱人自任矣。对于吞赃纳贿，则重斥之；对于任用私人，则訾议之；对于运动位置，则鄙弃之。吾嘉其志，吾佩其言，然爱国者必遵守法律。今日不服从学校之法律，安望其他日服从国家之法律乎？爱人者，必推亲及疏。今日师傅之昵而欺之，父母之亲而欺之，己身之切而又欺之，安望其他日之能爱人乎？孔子曰："君子素其位而行。"（Perform your duty where you are.）今日之责不尽，安望其将来之尽责乎？况彼贪官污吏，其成也非一朝一夕之故。始于天性遗传之不良，继之以家庭教育之不良，继之以塾师教育之不良，终而入世，又复浮沉于不良之政府、社会中，习与性成，斯一举手而蠹国殃民。甚矣，始之不可不慎也！为学生而可求人枪替，为官亦可以金钱运动位置；为学生而为人枪替，为官亦可任用私人；为学生而夹带，而剽窃，而耳语，为官亦可吞赃纳贿。何则？履霜坚冰，其所由来也渐耳。故欲他日爱国爱人，必自今日不欺始。欺人欺己而自谓爱国爱人者，假爱也。亲且不爱，遑论乎疏？己且不自爱，遑论乎推己而爱人？

观彼行欺者流，鼠窃狗偷，畏首畏尾。未考之先，藏之惟恐不密；当考之时，袭之惟恐不速；既考之后，虑之惟恐不远。其用心殆可谓劳矣，而其结果乃如是之恶，则人亦何乐而为此？无如世道凌夷，俗尚欺诈，各校规则复未能严紧，加之教员多以得学生欢心，为保全位置计，见若不见，闻若不闻，弗敢穷究。驯致中人以下皆未免逐浪浮沉，习以为常，恬不为怪。不思其行为之鄙陋，反矜其运技之神速。噫！斯风不振，教育之前途何堪设想？敢以孔圣之言进告吾所敬爱之学子："过则勿惮改。"失之于前，改之于后，不失为颜回，不失为周处。若其徘徊歧路，不改前愆，则正邪不两立，清浊不同流。吾所敬爱之学子中，不乏洁身自好之士，所望毋惮权势，毋循私情，择善而行，见义而为。大声疾呼而忠告之，耳提面命而规谏之，忠告规谏之不从，割席与绝之；割席之不悛，鸣鼓而攻之，必达肃清之目的而后已。诸君，诸君！今日不能止同学之欺行，安望他日除国家之裨政，革社会之恶俗乎？挽狂澜而息颓风，是所望于诸君之力行。

原载 1913 年 5 月《金陵光》第 4 卷第 4 期

试验主义之教育方法

荀子曰："大天而思之，孰与物畜而制之！从天而颂之，孰与制天命而用之！望时而待之，孰与应时而使之！因物而多之，孰与骋能而化之！思物而物之，孰与理物而勿失之也！"此数语，可谓中试验精神之窍要矣。盖凡天下之物，莫不有赖于其所处之境况。境况不同，象征自异。故欲致知穷理，必先约束其境况，而号召其象征，然后效用乃能发现。若其待天垂象，俟物示征，则以有限之时间，逐必不可得之因果，是役于物，而制于天也，安得不为所困哉？即得矣，或出于偶然；有常矣，或所示者吝，吾又安能穷其极处，无不到哉？

昔王阳明格竹七日而病，及在夷中，乃恍然以为："天下之物，本无可格。其格物之功，只在身心上。"呜呼！此皆不能约束其境况，号召其象征，有以致之也。彼善致知者，役物而不为物所役，制天而不为天所制。设统系，立方法，举凡欲格之物，尽纳之于轨范之中。远者近之，微者大之，繁者简之，杂者纯之，合者析之，分者通之，多方以试之，屡试以验之。更较其异同，审其消长，观其动静，察其变化，然后因果可明，而理可穷也。故试验者，发明之利器也。试验虽不必皆有发明，然发明必资乎试验。人禽之分，在试验之有无；文野之别，在试验之深浅。试验之法，造端于物理、生物、生理，浸假而侵入人群之诸学，今则哲理亦且受其影响矣。盖自培根（Bacon）用以格客观之物。笛卡儿（Descartes）用以致主观之知。试验精神，遂举形而上学、形而下学而贯彻之。穷其结果，则思想日精，发明日盛。欧美之世界，几变其形。

吾国数千年来，相传不绝之方法，惟有"致知在格物"一语。然格物之法何在？晦翁（朱熹）与阳明各持一说。晦翁以即物穷理释之，近矣。然而即物穷理，又当用何法乎？无法以即物穷理，则物仍不可格，知仍不可致。阳明固尝即物而穷理者也，然未得其法，格物不成，归而格心。使阳明更进一步，不责物之无可格，只责格之不得法，兢兢然以改良方法自任，则近世发明史中，吾国人何至迄今无所贡献？故欧美之所以进步敏捷者，以有试验方法故；中国之所以瞠乎人后者，以无试验方法故。征之世界进步，试验方法既如此，不可废也，则其应用于教育界者，又何若哉？

教育为群学之一种，介乎形而上学、形而下学之间。故其采用试验方法也，较退于物理、生物诸学。然近二百年来，教育界之进步，何莫非由试验而来？是以泼斯泰来齐（Pestalozzi，今译裴斯泰洛齐）试验幼子，而官觉之用以明；赫耳巴尔忒（Herbart，今译赫尔巴特）设研究科，而统觉之理以阐；福禄伯（Froebel，今译福禄倍尔）创幼稚园，而游戏之效以著；杜威（J. Dewey）之集成教育哲学，也以试验；忒耳诺泰刻（Thorndike，今译桑戴克）之集成教育心理也，亦以试验。他若全部发育也，先质后文也，自动也，兴味也，感应结也，习惯法也，无一不根源于试验。举凡今日教育界所视为金科玉律者，何莫非昔贤屡试不爽之所遗留哉？是故试验之消长，教育之盛衰系之。

柏林大学保尔生（Paulsen，今译保罗生）曰：德国中世纪以前，狉狉榛榛，等于化外之民，及拉丁文输自罗马，民情一变。既而文艺北渐，蕴成宗教变革，而民德又一进，是德人再得力于拉丁民族也。当十七世纪，法国礼乐艺术最盛，德人见异思迁，其贵族咸以能说法语为荣。及十八世纪，大风烈铁骑帝（Fredrick the Great，即弗里德里希二世）又定法文为学校必修科，并聘法人为高级教师。其学于法人也，可谓勤矣！此外，于英吉利及希腊之文化，皆无所不吸收。此德人师天下之期也。迨至十八世纪之初，哈里大学（Halle University）与郭听斯堡大学（Göttinburg University）相继而兴，皆以宣扬试验精神为务。其后赫耳巴尔忒与福禄伯诸贤，先后辈出，凡所建树，皆根本于试验。虽执政者屡加干预，而其教之流行，速于置邮传命，不数十年，而弟子几遍国中。至十八世纪末叶，复与国家主义会合，以国家主义定目的，试验主义定方法，相演相成，用著大效。此后言教育者多宗德人。故十九世纪以前，德人师天下；十九世纪以后，天下师德人。试验主义实与有力焉！

美国三十年前之教育，亦几无事不模仿旧大陆。自乾姆（James，今译詹姆斯）创设心理试验科，而学者趋向一变。至于今日，凡著名大学，莫不设教育科，其同时试验教育心理者以百计。其试验机关与从事实地试验教育之人，几无处无之；其试验精神之充塞，可谓盛矣。观其效果，虽未必人人皆有贡献，然英德识者，佥谓美国近今小学教法冠天下。其收效之速，有如此者，夫岂偶然哉？

吾国办学十余年，形式上虽不无可观，而教育进化之根本方法，则无人过问。故拘于古法，而徒仍旧贯者有之；慕于新奇，而专事仪型者有之。否则思而不学，凭空构想，一知半解，武断从事。即不然，则朝令夕罢，偶尔尝试。提学使（清末学官名）弗善也，一变而为教育司；教育司弗善也，再变而为教育科；教育科弗善也，三变而为教育厅。不满十年，而变更者三，岂其善于试验哉？毋亦尝试而已。孔子曰："温故而知新，可以为师矣。"仍旧贯，只是温故；仪型他国，则吾人以为新，他人以为旧矣。空想无新可见，武断绝自新之路，尝试则新未出而已中途废矣。何怪乎吾国教育之不振也！故欲教育之刷新，非实行试验方法不为功。盖能试验，则能自树立；能自树立，则能发古人所未发，明今人所未明。人将师我，岂惟进步已哉？若徒因人成事，逐世浮沉，则人进一尺，我进一寸；人退一寸，我退一尺，亦太可怜矣！

今之议者，每曰：教育救国。教育岂尽能救国乎？吾敢断言曰：非试验的教育方法，不足以达救国之目的也。虽然，试验岂易言哉？知其要而无其才，不足以言试验；有其才而无百折不回之气概，犹不足以言试验也！故试验者，当内省其才，外度其势；视阻力为当然，失败为难免；复贯以再接再厉之精神，然后功可成也。吾教育界有急起直追以试验自矢者乎？吾将拭目以待之。

原载 1918 年 4 月《金陵光》第 9 卷第 4 期

生利主义之职业教育

　　自本社（即中华职业教育社）标解决生计问题为进行之方针，一般学者，往往以文害辞，以辞害意，误会提倡者之本旨。推其原因，多由于不明生计二字之界说所致，惟其不明乎此，故或广之而训作生活，或狭之而训作衣食；驯至彼一是非，此一是非，议论纷纭，莫衷一是。不徒反对者得所藉口，即办学者亦无所适从。其隐为职业教育前途之障碍，良非浅鲜。孔子曰："名不正则言不顺；言不顺则事不成。"故欲职业教育之卓著成效，必自确定一正当之主义始。

　　夫职业教育之成效既有赖于正当之主义，则问何谓正当之主义，生活乎？衣食乎？抑生活衣食之外别有正当之主义乎？

　　生活主义包含万状，凡人生一切所需皆属之。其范围之广，实与教育等。有关于职业之生活，即有关于职业之教育；有关于消闲之生活，即有关于消闲之教育；有关于社交之生活，即有关于社交之教育；有关于天然界之生活，即有关于天然界之教育。人之生活四，职业其一；人之教育四，职业教育其一。故生活为全体，职业为部分；教育为全体，职业教育为部分。以教育全体之生活目的视为职业教育之特别目的，则职业教育之目的何以示别于教育全体之目的，又何以示别于他种教育之目的乎？故生活之不能为职业教育独专之主义者，以其泛也。

生活主义固不适于职业教育之采用矣。衣食主义则何如？大凡衣食之来源有四：职业、祖遗、乞丐、盗窃是也。职业教育若以衣食为主义，彼之习赖子、乞丐、盗窃者，不亦同具一主义乎？而彼养成赖子、乞丐、盗窃者，亦得自命为职业教育家乎？此衣食主义之不适于职业教育者一也。不宁惟是，职业教育苟以衣食为主义，则衣食充足者不必他求，可以不受职业教育矣。此衣食主义之不适于职业教育者二也。且以衣食主义为职业教育之正的，则一切计划将趋于温饱之一途。此犹施舍也。夫邑号朝歌，墨翟回车；里名胜母，曾子不入。学校以施舍为主旨，则束身自好者行将见而却步矣。此衣食主义之不适于职业教育者三也。凡主义之作用，所以指导进行之方法。若标一主义不能作方法之指针，则奚以贵？故衣食之可否为职业教育之主义，亦视其有无补助于职业方法之规定耳。夫学校必有师资，吾辈选择职业教员，能以衣食为其资格乎？学校必有设备，吾人布置职业教具，能以衣食为其标准乎？又试问职业学校收录学生，可否以衣食为去取？支配课程，可否以衣食为根据？衣食主义之于职业教育方法，实无丝毫之指导性质。有之，则吾不知也。衣食既不能为职业教育方法施行之指导，则其不宜为职业教育之主义，又明矣。此衣食主义之不适于职业教育者四也。不特此也，吾人作事之目的，有内外之分。衣食者，事外之目的也；乐业者，事内之目的也。足衣足食而不乐于业，则事外虽无冻馁之虞，事内不免劳碌之患。彼持衣食以为职业教育主义者，是忽乐业之道也。此衣食主义之不适于职业教育者五也。且职业教育苟以衣食主义相号召，则教师为衣食教，学生为衣食学，无声无臭之中隐然养成一副自私之精神。美国人士视职业教育与学赚钱（Learning to earn）为一途，有识者如杜威（Dewey）先生辈，咸以其近于自私，尝为词辟之。吾国当兹民生穷蹙之际，国人已以衣食为口头禅，兴学者又从而助长其焰，吾深惧国人自私之念，将一发难厌矣。此衣食主义之不适于职业教育者六也。是故衣食主义为众弊之渊薮，欲职业教育之有利无弊，非革除衣食主义不为功。

衣食主义既多弊窦，生活主义又太宽泛，二者皆不适用于职业教育，然则果应以何者为正当之主义乎？曰，职业作用之所在，即职业教育主义之所在。职业以生利为作用，故职业教育应以生利为主义。生利有二种：一曰生有利之物，如农产谷，工制器是；二曰生有利之事，如商通有无，医生治病是。前者以物利群，后者以事利群。生产虽有事物之不同，然其有利于群则一。故凡生利之人，皆谓之职业界中人；不能生利之人，皆不得谓之职业界中人。凡养成生利人物之教育，皆得谓之职业教育；凡不能养成生利人物之教育，皆不得谓之职业教育。生利主义既限于职业之作用，自是职业教育之特别目的，非复如生活主义之宽泛矣，此其一。以生利主义比较衣食主义尤无弊窦之可指，故以生利主义为准绳，则不能生利之赖子、乞丐、盗窃与养成之者，皆摈于职业教育之外矣，此其二。学校既以生利为主义，则足于衣食而不能生利者无所施其遁避，此其三。父母莫不欲其子女之能生利，职业教育苟以生利为主义，自能免于施舍之性质，自好者方将督促子女入学之不暇，又何暇反加阻力乎？此其四。职业既以生利为作用，吾人果采用生利主义以办职业教育，则生利之方法，即可为职业教育方法之指针，此其五。职业教育既以养成生利人物为主义，则其注重之点在生利时之各种手续，势必使人人于生利之时能安乐其业，故无劳碌之弊，此其六。生利主义侧重发舒内力以应群需，所呈现象正与衣食主义相反。生产一事一物时，必自审曰："吾能生产乎？吾所生产之事物于群有利乎？"教师学生于不知不觉中自具一种利群之精神，此其七。不特此也，能生利之人即能得生活上一部分之幸福；而一衣一食亦自能措置裕如。不能生利之人，则虽有安富尊荣亦难长守。故惟患不能生利，不患不得生活之幸福与温饱。然则生利主义既无生活主义之宽泛，复无衣食主义之丛弊，又几兼二者之益而有之，岂非职业教育之正当主义乎？

生利主义之职业师资　职业教育既以养成生利人物为其主要之目的，则其直接教授职业之师资，自必以能生利之人为限。盖己立而后能立人，己达而后能达人，天下未有无生利经验之人而能教育人生利者。昔樊迟请学稼，子曰："吾不如老农。"请学为圃，曰："吾不如老圃。"孔子岂故为拒绝哉？亦以业有专精，事有专习，孔子之不知农圃，亦犹老农老圃之不知六艺耳。由是以推，无治病之经验者，不可以教医；无贸易之经验者，不可以教商。百凡职业，莫不皆然。故职业教师之第一要事，即在生利之经验。无生利之经验，则以书生教书生，虽冒职业教师之名，非吾之所谓职业教师也。

然职业教师不徒负养成生利人物之责，且负有改良所产事物之责。欲求事物之改良，则非于经验之外别具生利之学识不可。无学识以为经验之指导，则势必故步自封，不求进取。吾国农业，数千年来所以少改良者，亦以徒有经验而无学识以操纵之耳。故职业教师之第二要事，是为生利之学识。

兼有生利之经验、学识，尚不足以尽职业教师之能事。盖教授生利之法，随业而异。有宜先理想而后实习者，有宜先实习而后理想者，有宜理想实习同时并进者。为职业教师者自宜熟悉学者之心理，教材之性质，使所教所学皆能浃洽生利之方法，而奏事半功倍之效。故职业教师之第三要事，为生利之教授法。

准如前说，则健全之职业教师，自必以经验、学术、教法三者皆具为标准。三者不可得兼，则宁舍教法、学术而取经验。盖无学术、教法而有经验，则教师尚不失为生利之人物，纵无进取良法，然学生自能仪型教师所为，以生产事物。既能生产事物，即不失职业教育之本旨。如无经验，则教授法无由精密，纵学术高尚，断不能教学生之生利。既不能生利，则失职业教育之本旨矣。是故经验学术教法三者皆为职业教师所必具之要事，然三者之中，经验尤为根本焉。

职业教师既以生利经验为根本之资格，则养成职业师资自当取材于职业界之杰出者。彼自职业中来，既富有经验，又安于其事，再加以学术教法，当可蔚为良材，概之收录普通学子，为事当较易，收效亦当较良且速也。

职业教师既以生利之经验、学术、教法三者为资格，则如何养成此种教师之方法，亦在吾人必须研究之列。大概养成职业师资之法有三：（一）收录普通学子教以经验学术与教法；（二）收录职业界之杰出人物教以学术与教法；（三）延聘专门学问家与职业中之有经验者同室试教，使其互相砥砺补益，蔚为职业教师。

夫经验所需之多少，随职业而异；其需经验较少之职业，利用第一法。如普通师范学校之教师有二三年之经验者，即可作教授之基础，故收录普通学子而养成之，为事甚易。其次则商业学校教员，似亦可以利用此法。但农工等职业之教师，性质迥异，非富有经验，不足以教生利。舍难就易，似不如采用第二法，精选职业界之杰出者养成之。彼既从职业中来，自必有相当之经验，再教以实用之学术教法，为事自顺。然此法效力之大小，常视国中教育普及之程度为差。其在欧美教育普及之邦，职业中人，大半受过八年之公共教育，既有普通知能以植其基，则于学术教法自易领悟。中国则不然，教育未普及，农工多数不识文字；既不识文字，则欲授以学术教法，自有种种困难。然而职业界之杰出者，终不乏粗识文字之人。当事者苟能精选而罗致之，则有用之职业师资，或能济济而出也。此外则有延聘学问家与经验家同室试教一法。当今职业师资缺乏，为其备选者或有学术而无经验，或有经验而无学术，速成之计，莫如合学问家与经验家于一炉而共冶之；既可使之共同试教，又可使之互相补益，则今日之偏材，经数年磨练之后，或能蔚成相当之师资，岂非一举两得哉？然一班二师，所费实巨，况学术经验贵能合一，若分附二人之身，终难免于隔膜。故此计虽有优点，不过为过渡时代权宜之策耳。总之，职业教师最重生利之经验，则养成之法，自宜提其要领，因已有之经验而增长之，方能事半功倍也。

生利主义之职业设备 孔子曰："工欲善其事，必先利其器。"无利器而能善其事者，吾未之前闻。职业教育又何独不然？必先有种种设备，以应所攻各业之需求，然后师生乃能从事于生利；否则虽有良师贤弟子，奈巧妇不能为无米之炊何！故无农器不可以教农，无工器不可以教工。医家之教必赖刀圭。画家之教必赖丹青。易言之，有生利之设备，方可以教职业；无生利之设备，则不可以教职业。然职业学校之生利设备可分二种：一、自有之设备；二、利用职业界之设备。但无论设备之为己有，为利用，学生教师莫不可因以生利。故设备虽有己有利用之分，而同为学生教师生利之资则一。余尝游美之麻撒朱赛州（Massachusetts，今译马萨诸塞州），视其乡村中学校附设之农业科，多利用学生家中之田园设备，使各生在家实习，命之曰家课（Home Projects）。教员则自御汽车，循环视察，当场施教。农隙则令学生来校习通用之学术。故校中自有之设备，除课堂点缀以外，实属寥寥无几；校外则凡学生足迹所至，皆其所利用之设备。论其成效则不特设备之经费可省，而各家之农业皆藉学生而间接改良之。此盖利用他人生利设备以施职业教育之彰明较著者也。

生利主义之职业课程　职业学校之课程应以一事之始终为一课。例如种豆，则种豆始终一切应行之手续为一课。每课有学理，有实习，二者联络无间，然后完一课，即成一事。成一事再学一事，是谓升课。自易至难，从简入繁，所定诸课，皆以次学毕，是谓毕课。定课程者必使每课为一生利单位，俾学生毕一课，即生一利；毕百课则生百利，然后方无愧于职业之课程。职业课程既以生利为主，则不得不按事施教，欲按事施教，则不得不采用小班制。故欧美之职业实习班至多不满十五人，凡以便生利课程之教授也。不特每比不课为然，即各课之联络亦莫不以充分生利为枢机。客有学蚕桑者，学成执蚕桑业，终岁生利之期两三月而已，余则闲居坐食，不数年而家计渐困，卒改他业。此能生利而不能充分生利之过也。故职业课程之配置，须以充分生利为标准，事之可附者附教之，事之可兼者兼教之。正业之外，苟能兼附相当之业，则年无废月，月无废日，日无废时矣。此之谓充分之生利。根据此旨以联络各课，是为充分生利之课程。

生利主义之职业学生 有生利之师资设备课程，遂足以尽职业教育之能事乎？曰，未也。学生择事不慎，则在校之时，学不能专；出校之后，行非所学。其弊也：学农者不归农，学商者不归商。吾国实业教育之所以鲜成效，固由于师资设备课程之不宜于生利，然其学生择业之法之不当，亦其一因也。大凡选择职业科目之标准，不在适与不适，而在最适与非最适。所谓最适者有二：一曰才能；二曰兴味。吾人对于一业，才能兴味皆最高，则此业为最适；因其最适而选之，则才能足以成事，兴味足以乐业，将见学当其性，用当其学，群与我皆食无穷之益矣。故能选最适之业而学者，生大利不难，岂仅生利已哉！择业不当，则虽居学习生利之名，而究其将来之生利与否，仍未可必。故欲求学业者归业，必先有精选职业之方法。方法维何？曰，职业试习科是也。职业试习科包含农工商及其他业之要事于一课程，凡学生皆使躬亲历试之。试习时期可随遇伸缩，多至半载，少至数星期皆可。但试之种种情形，必与真职业无异，始可试验学生之真才能真兴味。一参假面具则试验科之本旨失矣。试习之后，诸生于各业之大概既已备尝，再择其最有才能、最有兴味之一科专习之。彼其选择既根本于才能兴味，则学而安焉，行而乐焉，其生利之器量，安有不大者哉？

结论 职业学校，有生利之师资、设备、课程，则教之事备；学生有最适之生利才能、兴味，则学之事备。前者足以教生利，后者足以学生利。教与学咸得其宜，则国家造就一生利人物，即得一生利人物之用，将见国无游民，民无废才，群需可济，个性可舒，然后辅以相当分利之法，则富可均而民自足矣。故职业教育之主义在是，职业教育之责任在是，余之希望于教育家之采择试行者亦莫不在是。谨贡一得，聊献刍荛，幸垂教焉。

原载 1918 年 11 月 3 日《教育与职业》第 1 卷第 3 期

教 学 合 一

现在的人叫在学校里做先生的为教员，叫他所做的事体为教书，叫他所用的法子为教授法，好像先生是专门教学生些书本知识的人。他似乎除了教以外，便没有别的本领，除书之外，便没有别的事教，而在这种学校里的学生除了受教之外，也没有别的功课。先生只管教，学生只管受教，好像是学的事体，都被教的事体打消掉了。论起名字来，居然是学校；讲起实在来，却又像教校。这都是因为重教太过，所以不知不觉的就将他和学分离了。然而教学两者，实在是不能分离的，实在是应当合一的。依我看来，教学要合一，有三个理由：

第一，先生的责任不在教，而在教学，而在教学生学。大凡世界上的先生可分三种：第一种只会教书，只会拿一本书要儿童来读它，记它，把那活泼的小孩子做个书架子、字纸篓。先生好像是书架子、字纸篓之制造家，学校好像是书架子、字纸篓的制造厂。第二种的先生，不是教书，乃是教学生；他所注意的中心点，从书本上移在学生身上来了。不像从前拿学生来配书本，现在他拿书本来配学生了。他不但是要拿书本来配学生，凡是学生需要的，他都拿来给他们。这种办法，固然比第一种好得多，然而学生还是在被动的地位，因为先生不能一生一世跟着学生。热心的先生，固想将他所有的传给学生，然而世界上新理无穷，先生安能尽把天地间的奥妙为学生一齐发明？既然不能与学生一齐发明，那他所能给学生的，也是有限的，其余还是要学生自己去找出来的。况且事事要先生传授，既有先生，何必又要学生呢？所以专拿现成的材料来教学生，总归还是不妥当的。那么，先生究竟应该怎样子才好？我以为好的先生不是教书，不是教学生，乃是教学生学。教学生学有什么意思呢？就是把教和学联络起来：一方面要先生负指导的责任，一方面要学生负学习的责任。对于一个问题，不是要先生拿现成的解决方法来传授学生，乃是要把这个解决方法如何找来的手续程序，安排停当，指导他，使他以最短的时间，经过相类的经验，发生相类的理想，自己将这个方法找出来，并且能够利用这种经验理想来找别的方法，解决别的问题。得了这种经验理想，然后学生才能探知识的本源，求知识的归宿，对于世界一切真理，不难取之无尽，用之无穷了。这就是孟子所说的"自得"，也就是现今教育家所主张的"自动"。所以要想学生自得自动，必先有教学生学的先生。这是教学应该合一的第一个理由。

第二，教的法子必须根据于学的法子。从前的先生，只管照自己的意思去教学生；凡是学生的才能兴味，一概不顾，专门勉强拿学生来凑他的教法，配他的教材。一来先生收效很少，二来学生苦恼太多，这都是教学不合一的流弊。如果让教的法子自然根据学的法子，那时先生就费力少而成功多，学生一方面也就能够乐学了。所以怎样学就须怎样教：学得多，教得多；学得少，教得少；学得快，教得快；学得慢，教得慢。这是教学应该合一的第二个理由。

第三，先生不但要拿他教的法子和学生学的法子联络，并须和他自己的学问联络起来。做先生的，应该一面教一面学，并不是贩买些知识来，就可以终身卖不尽的。现在教育界的通病，就是各人拿从前所学的抄袭过来，传给学生。看他书房里书架上所摆设的，无非是从前读过的几本旧教科书；就是这几本书，也还未必去温习的，何况乎研究新的学问，求新的进步呢？先生既没有进步，学生也就难有进步了。这也是教学分离的流弊。那好的先生就不是这样，他必定是一方面指导学生，一方面研究学问。如同柏林大学包尔孙先生（Fr. Paulsen）说："德国大学的教员，就是科学家。科学家就是教员。"德国学术发达，大半靠着这教学相长的精神。因为时常研究学问，就能时常找到新理。这不但是教诲丰富，学生能多得些益处，而且时常有新的材料发表，也是做先生的一件畅快的事体。因为教育界无限枯寂的生活，都是因为当事的人，封于故步，不能自新所致。孔子说："学而不厌，诲人不倦。"真是过来人阅历之谈。因为必定要学而不厌，然后才能诲人不倦；否则年年照样画葫芦，我却觉得有十分的枯燥。所以要想得教育英才的快乐，首先要把教学合而为一。这是教学应该合一的第三个理由。

总之：一、先生的责任在教学生学，二、先生教的法子必须根据学的法子，三、先生须一面教一面学。这是教学合一的三种理由。第一种和第二种理由是说先生的教应该和学生的学联络，第三种理由是说先生的教应该和先生的学联络。有了这样的联络，然后先生学生都能自得自动，都有机会方法找那无价的新理了。

原载 1919 年 2 月 14 日《时报·教育周刊·世界教育新思潮》第 1 号

普露士教育之基本改革

欧战之后，各国教育都有改革的趋势。但是，其中改革最大最速的莫过于德国，而德国联邦中尤以普露士（今译普鲁士）的教育改革，为最有研究的价值。

普露士为德国联邦的领袖，有土地二十万八千七百八十英方里，战前有人民四十兆十六万五千余人，土地、人民约占德国全国三分之二。所以他的政治和教育，足为全国的代表。

教育和政治最有密切的关系。若欲明白普露士教育上的改革，必须先明白现在普国掌政权的是什么人。德国自从拉撒尔（Lassalle，今译拉萨尔）、马克思（Marx）提倡社会主义以来，五六十年间，社会民主党（Social Democrats）就逐渐膨胀，到一九一二年众议院（Reichstag）选举，该党共得四百二十五万票，占全国总票数三分之一。以票数论，已为德国最大的政党。不过，碍于选举法的限制，选举的人虽多，而被选举的人实少，终不得操纵政权。但是大战争以后，君主推翻，限制全消，社会民主党就一跃而为全国政治的中枢。所以，现在掌普露士国政的，就是社会民主党人。社会民主党所主张的有四大端：一、共和的政治；二、安全的社会；三、建设的法律；四、职业的自由。他们所最反对的，第一是君主，第二是武力，第三是宗教的专制。普国新政府的教育部总长赫尼禧（Herr Hänisch），就根据这几种主义，宣布教育政策三十二条。现在就其主要的讨论一番：

（一）**关于教育宗旨上的改革**　从前普国的教育宗旨，是要养成畏神、自立、爱国的顺民。所谓 God-fearing, selfsupporting, patriotic subject 就是。新政府成立后，就把这个宗旨打消，一面提倡平民主义，一面脱离宗教的束缚。

（二）**关于教育行政上的改革**　普国的中央教育行政，素与宗教行政并在一处，都是归宗教教育部（Ministerium für Geistlichen und Unterrichtsangelegenheiten）管辖。到去年新政府成立，就设文化部（Kultur Ministerium），专司教育行政事宜。部中最重要职员六人，皆由社会党员充任，这是关于中央教育行政的改革。至于地方教育行政，也有一个很大的变动。普国地方教育，很受宗教的影响。中世纪的时候，教育的权柄都操在宗教师手里。后来他们的势力，虽然渐渐减少，然而除了大城之外，宗教师仍然有视察教育的权柄。此次新政府成立，就要把这个权柄收回。一切视察，归有经验的专家主持。这是关于地方教育行政的改革。

（三）**关于学校组织上的改革**　普国新政府对于学校组织上，也有两种主要的改革。第一种就是多设统一学校（Einheitschule）。从前，普国根据于阶级制度，小学有两种：一种为 Volkschule（国民学校），专收平民的子弟而设。进了四年之后，就不能转学。八年毕业之后，就永远不能上进。又一种为 Vorschule（幼儿学校），专收贵族及富绅的子弟。由此毕业，可以自由上达。有了这种不平等的教育，所以社会的阶级更分高下了。这是要设统一学校的第一个缘故。此外又有那复杂的中学制度，有六年毕业的，有九年毕业的，有重古文的，有重实科的。中学的本体，既不一致，而与小学又不充分联络。所以，当时曾有设立统一学校的主张，使有才者都能向上。但是，这种办法，很触君主贵族的忌讳。不久就为柏林会议所取消。到新政府成立的时候，又把这个问题提起来，要厉行推广统一学校。凡根据阶级的学校，一律取消，这可算是共和教育的一个大胜战。关于学校组织上的第二种改革，就是男女同学问题。大战之前，普国小学学生中，男女同学的占总数三分之二，其余三分之一，都是男女分学的。因为普国风俗很不赞成男女同学，天主教徒更加反对。所以学生数多，可以分教的时候，男女都是分教的。小学如此，中学以上是更不必说了。但是，此次新政府成立后，就把限制男女同学的条件取消了。

（四）关于教员上的改革 从前宗教不甚自由，教员往往有教授宗教的义务。新政府以为这种办法，有违宗教自由的精神，就规定教员非自愿不得强令教授宗教。国体未改之前，全国人民有二年军役之义务。教员得减至一年，新政府把这一年也完全免去。从前校长权大，一切校事，教员能够参与的地方很少。新政府特给他们参与校务的权柄，并许他们组织教员同盟（Teachers Union）。大学以上学校，则注重学问自由，使教员得以自由发表意见。又为优待教员起见，特添设班次，减少每班学生名额，使从战场上回来的教员可以安身。这都是普国新政府体恤教员的好意。

（五）**关于课程上的改革**　关于课程上，普国新政府有三种主要的改革。第一，是关于德育的：普国从前和英国一样，把宗教一门，列入正课中，但是没有英国那样的统一。所以，天主教徒有天主教徒的主张，耶稣教徒有耶稣教徒的主张。甚至于教科书也是各色各样的：有天主教的教科书，也有耶稣教的教科书。耶稣教势力圈内的公立学校，不用天主教发行的教科书；天主教势力圈内的公立学校，不用耶稣教发行的教科书。大家分门别户，各是其是。新政府主张宗教和教育分立，所以就把宗教一科，不列入正课，以修身代之。如有宗教师要加授宗教，亦可给他相当的时间从事教授，却不得举行考验，以别于正课。第二，是关于体育的：从前厉行军国民主义的时候，体育一门，很注重兵操。现在政府主张一律废除兵操。第三，就是关于社会主义的：从前政府对于社会主义，没有一处不加以限制，所以不能自由研究发表。新政府既为社会党所组织，就主张在大学校内添设社会主义一科，以资研究。

（六）**关于社会教育上的改革**　美国前驻德白大使，说德国有三宝，其一就是公共戏园。新政府对于社会教育上的第一件事，就是把戏园收归国有。一切皇家戏园都改为国立戏园，皇家乐会都改为国立乐会。将来积极进行社会教育，必更有可观了。

我们大家知道，普露士的教育是最重军国民主义的、阶级制度的。这回大战，把这种教育制度都打破了。最重军国民主义的、阶级制度的学校，一变为平民的共和的学校，岂不是世界的一个大大的幸福么？现在这军国阶级主义的祸根，既然为一阵狂风拔得干干净净，我很希望他在东亚的枝叶，不久也就要凋落了；我更希望当这军国、阶级两主义凋落的时候，那抄袭德国精神的国家，也能回心转意，培植那平民主义的教育，使他能够开花结果，为东亚放一异彩。

原载 1919 年 3 月《新教育》第 1 卷第 2 期

试验教育的实施

　　试验主义与新教育的关系，在第一期《新教育》月刊上已经论过。现在所要继续研究的问题，就是怎样将这实验的教育实行出去。照我看来，建设试验的教育，约有四种主要办法。

　　（一）**应该注意试验的心理学**　心理学是一切教学方法的根据，要想在教学上求进步，必须在心理学上注重试验。现在中国各级师范学校所教的心理学，不是偏重书本的知识，就是偏重主观的研究。推其结果，不独没有发明，就是所教所学的，也是难于明了。所以现在第一件要事，就须提倡试验的心理学。大学校的教育科和高等师范学校，都应当设备相当的心理学仪器。至于初级师范学校，也应当拣那必不可少的设备起来，使教员学生都有试验的机会。心理学有了试验，然后那依据心理的教育也就不致蹈空了。

　　（二）**应该设立试验的学校**　我们现在所有的学校，大概都是按着一定的格式办的，目的有规定，方法有规定。变通的余地既然很少，新理安能发现？就以师范学校的附属学校而论，有为实地教授设的，也有为模范设的，但为试验教育原理设的，简直可以说没有。所以全国实行的课程、管理、教学、设备究竟是否适当，无人过问，也无从问起。为今之计，凡是师范学校及研究教育的机关，都应当注重实验的附属学校；地方上也应当按着特别情形，选择几个学校，做试验的中心点。不过试验的时候，第一要得人，第二要有缜密的计划。随便什么学校，如果合乎这两个条件，就须撤消一切障碍，使它得以自由试验。如不得其人，又无缜密的计划，那仍是轻于尝试，不是真正的试验了。

（三）应当注意应用统计法　教育的原则，不是定于一人的私见，也不是定于一事的偶然。发明教育原理的，必须按着一个目的，将千万的事实征集起来，分类起来，表列起来，再把它们的真相关系一齐发现起来，然后乃能下他的判断。这种方法，就叫做统计法。试验教育是个很繁杂的事体，有了这种方法，才能以简御繁，所以统计法是辅助试验的一种利器，也是建设新教育的一种利器。研究教育的人，果能把这个法子学在脑里，带在身边，必定是受用无穷的。所以研究教育的机关，就须按着程度的高下，加入相当分量的统计法，列为正课，使那从事研究的人，能得一个操纵事实的利器。

（四）应该注重试验的教学法　试验的教学法，有一个最要之点，这要点就是如何养成学生独立思想的能力。现在通用的方法，只是赫尔巴（今译赫尔巴特）的五段教授，总嫌他过于偏重形式。最好是把杜威的思想分析拿来运用。按照杜威先生的意思，第一，要使学生对于一个问题处在疑难的地位；第二，要使他审查所遇见的究竟是什么疑难；第三，要使他想办法解决，使他想出种种可以解决这疑难的方法；第四，要使他推测各种解决方法的效果；第五，要使他将那最有成效的方法试用出去；第六，要使他审查试用的效果，究竟能否解决这个疑难；第七，要使他印证，使他看这试用的法子，是否屡试屡验的。这几种方法，只是一套手续。有了这个方法，再加些应有的设备，必能养成学生一种试验的精神。

上面所举的四种方法当中，前三种是改造教育家应有的手续。他们的目的在使担任教育事业的人，得了一种精神方法，能够发明教育的原理。第四种是改造国民应有的手续，他的目的在使普通国民，得了一种精神方法，能够随时、随地、随事去做发明的工夫。总而言之，会试验的教育家和会试验的国民都是试验教育所要养成的。

原载 1919 年 4 月 14 日《时报·教育周刊·世界教育新，思潮》第 8 号

第一流的教育家

我们常见的教育家有三种：一种是政客的教育家，他只会运动，把持，说官话；一种是书生的教育家，他只会读书，教书，做文章；一种是经验的教育家，他只会盲行，盲动，闷起头来，办……办……办。第一种不必说了，第二、第三两种也都不是最高尚的，依我看来，今日的教育家，必定要在下列两种要素当中得了一种，方才可以算为第一流的人物。

（一）**敢探未发明的新理**　我们在教育界做事的人，胆量太小，对于一切新理，小惊大怪。如同小孩子见生人，怕和他接近。又如同小孩子遇了黑房，怕走进去。究其结果，他的一举一动，不是乞灵古人，就是仿效外国。也如同一个小孩子吃饭、穿衣，都要母亲帮助，走几步路，也要人扶着，真是可怜。我们在教育界任事的人，如果想自立，想进步，就须胆量放大，将试验精神，向那未发明的新理贯射过去；不怕辛苦，不怕疲倦，不怕障碍，不怕失败，一心要把那教育的奥妙新理，一个个的发现出来。这是何等的魄力，教育界有这种魄力的人，不愧受我们崇拜！

（二）**敢入未开化的边疆**　从前的秀才以为"不出门能知天下事"，久而久之，"不出门"就变做"不敢出门"了。我们现在的学子，还没有解脱这种风气。试将各学校的《同学录》拿来一看，毕业生多半是在本地服务，那在外省服务的，已经不可多得，边疆更不必说了。一般有志办学的人，也专门在有学校的地方凑热闹，把那边疆和内地的教育，都置在度外。推其原故，只有一个病根，这病根就是怕。怕难，怕苦，怕孤，怕死，就好好的埋没了一生。我们还要进一步看，在这些地方，究竟是谁的山河？究竟是谁的同胞？教育保国究竟是谁的责任？要晓得国家有一块未开化的土地，有一个未受教育的人民，都是由于我们没尽到责任。责任明白了，就放大胆量，单身匹马，大刀阔斧，做个边疆教育的先锋，把那边疆的门户，一扇一扇的都给它打开。这又是何等的魄力！有这种魄力的人，也不愧受我们崇拜。

敢探未发明的新理，即是创造精神；敢入未开化的边疆，即是开辟精神。创造时，目光要深；开辟时，目光要远。总起来说，创造、开辟都要有胆量。在教育界，有胆量创造的人，即是创造的教育家；有胆量开辟的人，即是开辟的教育家，都是第一流的人物。大丈夫不能舍身试验室，亦当埋骨边疆尘，岂宜随便过去！但是这种人才，究竟要到什么时候才能出现？究竟要由什么学校造就？究竟要用什么方法养成？可算是我们现在最关心的问题。

原载 1919 年 4 月 21 日《时报·教育周刊·世界教育新思潮》第 9 号

新 教 育

今天得有机会，诸同志共聚一堂，研究教育，心中愉快得很。现在把关于新教育上各项要点，略些谈谈。

（一）新教育的需要 我们现在处于二十世纪新世界之中，应该造成一个新国家，这新国家就是富而强的共和国。怎样能够造成这新国家呢？固然要有好的领袖去引导平民，使他们富，使他们强，使他们和衷共济；但是虽有好的领袖，而一般平民不晓得那个领袖是好的，那个领袖是不好的，也是枉然。所以现在所需要的，是一种新的国民教育，拿来引导他们，造就他们，使他们晓得怎样才能做成一个共和的国民，适合于现在的世界。举例来说：有一个后母给她的儿子洗澡，所用的水，时而太冷咧，时而太热咧，这就是不能合着他儿子的需要。我们所研究的新教育，不应该犯这个毛病，一定要合于现在所需要的。

（二）新教育的释义 先说"新"字是什么意思？某处人家因为要请客，一切设备家伙，都去向别家借用，用过之后，就去还了。这是客来则新，客去便旧了，不得为根本的新。我们中国的教育，倘若忽而学日本，忽而学德国，忽而学法国、美国，那是终究是无所适从。所以新字的第一个意义要"自新"。今日新的事，到了明日未必新；明日新的事，到了后日又未必新。即如洗澡，一定要天天洗，才能天天干净。这就是日日新的道理。所以新字的第二个意义要"常新"。又我们所讲的新，不单是属于形式的方面，还要有精神上的新。这样才算是内外一致，不偏不畸。所以新字的第三个意义要"全新"。

次说"教育"是什么东西？照杜威先生说，教育是继续经验的改造（Continuous reconstruction of experience）。我们个人受了周围的影响，常常有变化，或是变好，或是变坏。教育的作用，是使人天天改造，天天进步，天天往好的路上走；就是要用新的学理，新的方法，来改造学生的经验。

（三）新教育的目的　这目的可分两项来说明：第一对于天然界，要使学生有利用他的能力。例如，我们要使光线入室不须空气的时候，就要用玻璃窗。照这样把所有一切光、电、水、空气等，都要被我们操纵指挥。现在中国和外国物质文明的高下，都从这利用天然界能力的强弱上分别出来的。然而其中也有危险的地方，如造出许多杀人的物，扰乱世界，是万万不可的。所以第二项目的，是对于群界要讲求共和主义，使人人都能自由守着自己的本分去做各种事业。一方面利用天然界，一方面谋共同幸福。可说一句，新教育的目的，要养成这种能力，再概括说起来，就是要养成"自主""自立"和"自动"的共和国民。自主的就是要做天然界之主，又要做群界之主。即如选举卖票一事，卖和不卖，到底由自己的主张。果能自主的人，富贵不淫，贫贱不移，威武不屈，人家有什么法子对付他呢？至于自立的人，在天然界群界之中，能够自衣自食，不求靠别人。但是单讲自立，不讲自动，还是没有进步，还是不配做共和国民的资格。要晓得专制国讲服从，共和国也讲服从，不过一是被动的，一是自动的，这就是他们的分别了。

（四）新教育的方法 此番我从南京到上海，再从上海到嘉兴，一直到杭州来，有种种的方法，或是走，或是坐船，或是坐火车，或是坐飞艇。在这几种方法之中，那几种是较好，那一种是最好，而且那一种是最快，这便是方法的考究。要考究这个方法，下列的几条，应该注意的：

（甲）符合目的 杀鸡用鸡刀，杀牛用牛刀，这就是适合的道理；教育也要对着目的设法。现在学校里有兵操一门，是为了养成国民有保护国家的能力而设的。但是照这样"立正""开步"的练习，经过几年之后，能否达到应战之目的，却须要研究的。

（乙）依据经验 怎样做的事，应当怎样教。譬如游水的事，应当到池沼里去学习，不应当在课堂上教授。倘若只管课堂的教授，不去实习，即使学了好几年，恐怕一到池里，仍不免要沉下去的。各种知识有可以从书上求的，不妨从书上去得来；有不可以从书上求的，那应该从别处去得他了。

（丙）共同生活 在学校中不能共同做事，一到社会也是不能的。所以要国民有共和的精神，先要学生有共和的精神；要学生有共和的精神，先要使他有共同的生活，有互助的力量。

（丁）积极设施 教人勿赌博，勿饮酒，这都是消极的禁止。至于积极的办法，要使他们时常去做好的事情，没有机会去做那坏的事情。在学校之中，常常有正当的游戏运动，兴味很好，自然没有工夫去做别的坏事了。

（戊）注重启发 在学校里并非一面教人，一面受教，就算了事。要使学生的精神意志和能力，渐渐地发育成长。孔子说"不愤不启，不悱不发"，我更要进一步说，使他不得不愤，使他不得不悱。杜威先生也说，教学生的法子，先要使他发生疑问；查出他疑难的地方，使他想种种方法，去解决这个问题；从这些方法之中，选出顶有成效的法子，去试试看对不对。如其不对，就换法子；如其对了，再去研究一下。照这方法来解释同类的问题和一切的问题。所以，现在的时候，那海尔巴脱（今译赫尔巴特）的五段教授法等，觉着不大适用了。

（己）鼓励自治　这便是教学生对于学问方面或道德方面，都要使他能够自治自修。

（庚）全部发育　身体和精神，要全体顾到，不可偏于一面。譬如在体育上，耳目口鼻手足，统要使他健全；在智育上，既要使他自知，又要使他能够利用天然界的事物；在德育上，公德和私德，都不可欠缺的。

（辛）唤起兴味　学生有了兴味，就肯用全副精神去做事体，所以"学"和"乐"是不可分离的。学校里面先生都有笑容，学生也有笑容。有些学校，先生板了脸孔，学生都畏惧他，那是难免有逃学的事了。所以设法引起学生的兴味，是很要紧的。

（壬）责成效率　凡做一事，要用最简便、最省力、最省钱、最省时的法子，去收最大的效果。做这件事，用这个方法，在一小时所收的效果是这样，用别个方法止须十分钟或五分钟，就有这样的效果，那后法就比前法为胜了。照此把时间、精力、金钱和效果的比较选择，可以得出一个最好的法子。

以上所讲，都是新教育上普通的说明。至于新教育对于学校课程等的设施和教员学生应当怎样的情形，休息几分钟再讲。

新学校 学校是小的社会，社会是大的学校。所以要使学校成为一个小共和国，须把社会上一切的事，拣选他主要的，一件一件地举行起来。不要使学生在校内是一个人，在校外又是一个人。要使他造成共和国民的根基，须在此练习。对于身体方面、道德方面、政治方面，凡国民所不可不晓得的，都要使他晓得，那学校使成为具体而微的社会了。我国学校的弊病，不但在与社会相隔绝，而且学校里面，全以教员做主，并不使学生参与。要晓得一社会里的事务，该使大家知道的，就该大家参与；该使少数领袖管理的，就该少数领袖参与。这样不靠一人，也不靠少数人，使每个学生、每个教员，晓得这个学校是我的学校，肯与学校同甘苦，那才是共和国社会里的真学校。

新学生 "学"字的意义，是要自己去学，不是坐而受教。先生说什么，学生也说什么，那便如学戏，又如同留声机器一般了。"生"字的意义，是生活或是生存。学生所学的是人生之道。人生之道，有高尚的，有卑下的；有片面的，有全部的；有永久的，有一时的；有精神的，有形式的。我们所求的学，要他天天加增的，是高尚的生活，完全的生活，精神上的生活，永久继续的生活。进一步说，不可学是学，生是生，要学就是生，生就是学。求学的事，是为预备后来的生存呢？还是现在的生存，就是全体生活的一部分呢？既然晓得教育是继续经验的改造，那么对于天然界和群界，自然受他的影响，天天变动，就是天天受教育，差不多从出世到老，与人生为始终的样子。你那一天生存不是学？你那一天学不是生存呢？孔子到了七十岁，方才从心所欲不逾矩，他是一步一步上进的。凡改变我们的，都是先生；就是我们自己都是学生。以前只有在学校里的是学生，一到家里就不是学生；现在都做社会的学生，是从根本上讲，来得着实，不至空虚。虽出校门，仍为学生，就是不出于教育的范围。所以每天的一举一动，都要引他到最高尚、最完备、最能永久、最有精神的地位，那方才是好学生。

新教员 新教员不重在教，重在引导学生怎么样去学。对于教育，第一，要有信仰心。认定教育是大有可为的事，而且不是一时的，是永久有益于世的。不但大学校高等学校如此，即使小学校也是大有可为的。夫勒培尔（今译福禄倍尔）研究小学教育，得称为大教育家。做小学教师的，人人有夫氏的地位，也有他的能力；止须承认，去干就能成功，又如伯斯塔罗齐（今译裴斯泰洛齐）、蒙铁梭利（今译蒙台梭利）都从研究小学教育得名，即如杜威先生，也是研究小学教育的。这都是实在的事，并非虚为赞扬。我从前看见一个土地庙面前对联上，有一句叫"庙小乾坤大"，很可以来比。况我们学校虽小，里头却是包罗万有。做小学教员的，万勿失此机会，正当做一番事业。而且这里头还有一种快乐——照我们自己想想，小学校里学生小，房子小，薪水少，功课多，辛苦得很，那有快乐？其实看小学生天天生长大来，从没有知识，变为有知识，如同一颗种子的由萌芽而生枝叶，而看他开花，看他成熟，这里有极大的快乐。照以上两层——做大事业得大快乐——是为一己的，而况乎要造新国家、新国民、新社会，更非此不行嘛！那不信仰这事的，可以不必在这儿做小学教员。一国之中，并非个个人要做这事的，有的做兵，有的做工，有的做官吏……各人依了他的信仰，去做他的事。一定要看教育是大事业，有大快乐，那无论做小学教员，做中学教员，或做大学教员，都是一样的。第二，要有责任心。不但是自己家中的小孩和课堂中的小孩，我应当负责任；无论这里那里的小孩，要是国中有一个人不受教育，他就不能算为共和国民。在美国一百个人之中，有九十几个受教育。中国一百个人之中，只有一个人受教育。而且二十四个学生中，只有一个女学生。我们要从这少数的人，成为多数的人，要用多少年的工夫？非得终身从事不行。况且我们除了二十岁以前，六十岁以后，正当有为之时，没有多少，即使我们自己一生不成，应当代代做去。切不可当教育事业是住旅馆的样子，住了一夜或几夜之后，不管怎么样，就听他去了。那教育事业，还有发达的希望吗？第三，做新教员的要有共和精神。就是不可摆出做官的态度，事事要和学生同甘苦，要和学生表同情，参与到学生里面去，指导他们。第四，要有开辟精神。时候到了现在，不可专在有教育的地方办教育。要有膨胀的力量，跑到外边去，到乡下地方，或是到蒙古、新疆这些边界的地方，要使中国无地无学生。一定要有单骑匹马勇往无前的气概，有如外国人传教的精神，无论什么都不怕，只怕道理不传出去。要晓得现在中国门户边界的危险，使那个地方的人，晓得共和国的样子，用文化去灌输他，使他耳目熟习，改换他从来的方向，是很要紧的。第五，要有试验的精神。有些人肯求进步，有些人只晓得自划的，除了几本教科书外，没有别的书籍。——诸君已经毕业之后，还在这儿讨论教育，那是最好的。——他人叫我怎样办，我便怎样办，专听上头的命令。

要晓得上头的命令，只不过举其大端，其中详细的情形，必定要我们去试验。用了种种方法，有了结果，再去批评他的好坏，照此屡试屡验，分析综合，方才可下断语。倘使专靠外国，或专靠心中所有，那么，或是以不了了之，或是但凭空想，或是依照古老的法子，或是照外国的法子，统是危险的。从前人说"温故而知新"，但是新的法子从外国传到中国，又传到杭州，我们以为新的时候，他们已经旧了。所以，望大家注意，不可不由自己试验，得出真理，方不至于落人之后哩！

新课程 这要从社会和个性两方面讲。从社会这面讲来，要问这课程是否合乎世界潮流，是否合乎共和精神。学了这课程之后，能否在中国的浙江，或是浙江的杭州，做一个有力的国民。更从个性的一面讲来，谁的事教谁，小孩子的事教小孩子，农人的事去教农人，方才能够适合。我且拿学代数来做个例，看这课程，是否为学生所需要。我有一次对学生发问道："有几多人应用过代数？"那一百人中，止有七八个人举手。又问："不曾用过代数的人举手！"就有九十几个。后再查考那七八个人所用的东西，止须一星期，至多不过一月，就可教了。照这样看来，我们应该有变通的办法。是否为了七八个人去牺牲那九十几个人。那七八个人，或为天文家，或习工业，或学医生，所用代数，不过百分之一罢了。我们不可以为了一个人，去牺牲九十九个人；也不可以为了九十九个人，去牺牲那一个人。总要从社会全体着想，有否其他有用的东西，未列在课程里？或是有用不着的东西，还列在课程里呢？照这样去取舍才行。

新教材 就教科书一端而论，编书的人，有的做过教员，有的竟没有做过教员。就拿他自己的眼光来做标准，不知道各地方的情形怎么样。用了这种书去教授，那里能适合呢？所以教科书止可作为参考，否则硬依了他，还是没有的好。又有一种讲义，当看作账簿一般。社会上各种文化风俗，都写在这账簿上。这账簿有没有用处，或是正确不正确，须要仔细考查。譬如富翁，虽然将他所有的财产，写在账簿上，拿来传给他的儿子，若是不去实地指点他，那几处房子或是田地，是我所有，和这账簿对照一下，他的儿子仍然不晓得底细。也许有几处田地房产，已经卖出；也许有几处买进的，还没有登记上去，总要使他儿子完全明了，那账簿方才有效。要拿教科书上的情形引导把学生看，或是已经变迁的情形，指点他明白。几年前的朝鲜和现在不同；俄国已经分做十几国，更不可以拿从前的来讲。总要明白实际的事情，因为账簿是死的，人是活的，要拿账簿来为我所用，不要将活泼泼的人，为死书所用。要晓得账簿之外，还有许多文化在那里，要靠教科书是有害的。

新教育的考成 我到店里去要一件东西，他拿了别的东西给我，我就不答应了，怎么我要这件，你偏与我那件呢？教育的事，也是这样。要按照目的去考成，方才不会枉费了精神和财力。譬如从农业、工业或商业学校里毕业出来的学生，有几多人在那里做他应当做的事。若是不问他的结果，一味地办去，正如做母亲的人把他的女儿出嫁，不将他长女出外的情形，来加以参考，以致于第二第三个女儿吃着同样的苦头，这是因为不考成的缘故。

再有几层，我在别处已经讲过，暂且不说。总之，大家觉得要教育普及，先要认定目的。做若干事，须得若干的代价，决不是天然能成功的。即就小孩子而论，美国一人需费四元四角五分，中国每人止有六分。试问没有代价的事，能办得好办不好？但这事人人负有责任。我们做教员的，不但教学生，又要想法子使得社会上的人对于教育认为必要。譬如有钱的人，可以教自己的孩子，同时他邻舍的小孩子，因为没得钱受教育，和这小孩子一块儿玩，就把他带坏了。所以单教自己的儿子，还是不中用的。把这种的情形使他们觉悟，人非木石，断没有一定不信的。虽然有些困难的地方，我们总可以用自己的力量去战胜他的。

原载 1919 年 9 月《教育潮》第 1 卷第 4 期

学生自治问题之研究

近世所倡的自动主义有三部分：一、智育，注重自学；二、体育，注重自强；三、德育，注重自治。所以，学生自治这个问题，是自动主义贯彻德育的结果，是我们数千年来保育主义、干涉主义、严格主义的反应，是现在教育界一个极重要的问题。这个问题，包含甚广。我们要问学生应否有自治的机会？如果应该自治，我们又要问学生自治究竟应有几多大的范围？学生应该自治的事体，究竟有哪几种？规定学生自治的范围，又应有何种标准？施行学生自治，又应用何种方法？这几个问题，都是我们所要研究的。总起来说，就是学生自治问题。

学生自治是什么　凡是讨论一种问题，必先要明白问题的性质和它的意义。性质和意义不明了，就不免起人误会。这篇所讨论的学生自治，有三个要点：第一，学生指全校的同学，有团体的意思；第二，自治指自己管理自己，有自己立法、执法、司法的意思；第三，学生自治与别的自治稍有不同，因为学生还在求学时代，就有一种练习自治的意思。把这三点合起来，我们可以下一个定义："学生自治是学生结起团体来，大家学习自己管理自己的手续。"从学校这方面说，就是"为学生预备种种机会，使学生能够大家组织起来，养成他们自己管理自己的能力"。

依这个定义说来，学生自治，不是自由行动，乃是共同治理；不是打消规则，乃是大家立法守法；不是放任，不是和学校宣布独立，乃是练习自治的道理。

学生自治的需要　今日的学生，就是将来的公民；将来所需要的公民，即今日所应当养成的学生。专制国所需的公民，是要他们有被治的习惯；共和国所需的公民，是要他们有共同自治的能力。中国既号称共和国，当然要有能够共同自治的公民。想有能够共同自治的公民，必先有能够共同自治的学生。所以从我们国体上看起来，我们学校一定要养成学生共同自治的能力，否则不应算为共和国的学校。这是第一点。

当今平民主义的潮流，来势至为猛烈，受过它的影响的人，都想将一切的束缚尽行解脱。这固然有他的好处，不过也有他的危险。好处在哪里？大家从此可以充分发挥个人的精神，促进人群的进化。危险在哪里？束缚既然解脱，未必人人能够约束自己的欲望，操纵自己的举止，一旦精神能力向那坏处发泄，天下事就不可为了。一国当中，人民情愿被治，尚可以苟安；人民能够自治，就可以太平；那最危险的国家，就是人民既不愿被治，又不能自治。所以当这渴望自由的时候，最需要的是给他们种种机会得些自治的能力，使他们自由的欲望可以自己约束。所以时势所趋，非学校中提倡自治，不足以除自乱的病源。这是第二点。

我们既要能自治的公民，又要能自治的学生，就不得不问究竟如何可以养成这般公民学生。从学习的原则看起来，事怎样做，就须怎样学。譬如游泳，要在水里游；学游泳，就须在水里学。若不下水，只管在岸上读游泳的书籍，做游泳的动作，纵然学了一世，到了下水的时候，还是要沉下去的。所以专制国要有服从的顺民，必须使做百姓的时常练习服从的道理；久而久之，习惯成自然，大家就不知不觉地只会服从了。共和国要有能自治的国民，也须使做国民的时常练习自治的道理；久而久之，习惯成自然，他们也就能够自治了。所以养成服从的人民，必须用专制的方法；养成共和的人民，必须用自治的方法。如果用专制的方法，可以养成自治的学生公民，那吗，学生自治问题，还可以缓一步说；无奈自治的学生公民，只可拿自治的方法将他们陶熔出来。所以从方法这方面着想，愈觉得学生自治的需要了。这是第三点。

学生自治如果办得妥当有这几种好处：

第一，学生自治可为修身伦理的实验　现今学行并重，不独讲究知识，而且要求所以实验知识的方法。所以学校教课当中，物理有实验，化学有实验，博物有实验，别门功课的、无实验的或有实习，如作文，图画，体操，等等，都于学识之外，加以实地练习的机会。他的目的，无非要由实验实习以求理想与实际的联络，使所做的学问，可以深造。修身伦理一类的学问，最应注意的，在乎实行；但是现今学校中所通行的修身伦理，很少实行的机会；即或有之，亦不过练习仪式而已。所以嘴里讲道德，耳朵听道德，而所行所为却不能合乎道德的标准，无形无影当中，把道德与行为分而为二。若想除去这种弊端，非给学生种种机会，练习道德的行为不可。共和国民最需要的操练，就是自治。在自治上，他们可以养成几种主要习惯：一是对于公共幸福，可以养成主动的兴味；对于公共事业，可以养成担负的能力；对于公共是非，可以养成明了的判断。简单些说：自治可以养成我们对于公共事情上的愿力、智力、才力。照这样看来，学生自治，若办得妥当，可算是实验的修身，实验的伦理。全校就是修身伦理的实验室。照这样办，才算是真正的修身伦理。

第二，学生自治能适应学生之需要　我们办学的人所定的规则，所办的事体，不免有与学生隔膜的。有的时候，我们为学生做的事体越多，越是害学生。因为为人，随便怎样精细周到，总不如人之自为。我们与学生经验不同，环境不同，所以合乎我们意的，未必合乎学生的意。勉强定下来，那适应学生需要的，或者遗漏掉；那不适应学生需要的，反而包括进去。等到颁布之后，学生不能遵守，教职员又不得不执行，却是左右为难。甚至于学生陷于违法，规则失了效力，教职员失了信用。若是开放出去，划出一部分事体出来，让学生自己治理，大家既然都有切肤的关系，所定的办法，容或更能合乎实在情形了。这就是说，有的时候学生自己共同所立的法，比学校里所立的更加近情，更加易行，而这种法律的力量，也更加深入人心。大凡专制国家的人民，平日不晓得法律是什么，只到了犯法之后，才明白有所谓法律。那么，法律的力量，大都发现于犯法之后，这是很有限的。至于自己共同所立之法就不然，从始到终，心目中都有他在，平日一举一动，都为大家自立的法律所影响。所以自己所立之法的力量，大于他人所立的法；大家共同所立之法的力量，大于一人独断的法。

第三，学生自治能辅助风纪之进步　我们的行为，究竟应该对谁负责？对于少数职教员负责呢？还是要对于全校负责呢？按着旧的方法，学生有过失，都责成少数职员监察纠正，其弊病有两种：第一种是少数职员在的时候，就规规矩矩，不在的时候，就肆行无忌；第二种是大家学生以为既有职员负责，我们何必多事，纵然看见同学为非，也只好严守中立。这是大多数的学生所抱持的态度。所以一人司法，大家避法。我们要想大家守法，就须使各人的行为，对于大家负责。换句话说，就是共同自治。

第四，学生自治能促进学生经验之发展　我们培植儿童的时候，若拘束太过，则儿童形容枯槁；如果让他跑，让他跳，让他玩耍，他就能长得活泼有精神。身体如此，道德上的经验又何尝不然。我们德育上的发展，全靠着遇了困难问题的时候，有自由解决的机会。所以遇了一个问题，自己能够想法解决他，就长进了一层判断的经验。问题自决得越多，则经验越发丰富。若是别人代我解决问题，纵然暂时结束，经验却也被旁人拿去了。所以在保育主义之下，只能产生缺乏经验的学生；若想经验丰富，必须自负解决问题的责任。

学生自治如果办得不妥当就要发生这几种弊端：

第一，把学生自治当作争权的器具　大凡团体都有一种特别的势力，这种势力比个人的大得多。用得正当，就能为公众尽义务；用不得当，就能驱公众争权利。学生自治，是一种团体的组织，所以用得不妥当的时候，也有这种危险。

第二，把学生自治误作治人看　这个危险随着第一个顺路下来的。有的时候，这也是个自然的趋势。因为有了团体，一不谨慎，就有驾驭别人的趋势。刘伯明先生说："人当为人中人，不可仅为人上人。"这句话，是我们共和国民的指南针。

第三，学生自治与学校立在对峙地位　学生自治会与学校当有一种协助精神，不可立在对峙的地位，但是办得不妥当，这种对峙的情形，也是免不掉的。不过这是一种很不幸的现象，不是师生之间所宜有的。

第四，闹意气　学生有自治的机会，就不得不多发言论，多立主张，多办交涉，一不小心，大家即刻闹出意气；再由闹意气而彼此分门别户，树立党帜，于是政客的手段，就不得不传到学校里来了。

以上所举的，不过是几种重要的弊端；至于小的弊端，一时难以尽举。总之，学生自治如果办理不善，则凡共和国所发现的危险，都能在学校中发现出来。但是我们要注意，这许多弊端都是办理不妥当的过处，并非学生自治本体上的过处。如果厉行自治的时候，大家不愿争权，而愿服务；不愿凌人，而愿治己；不愿对抗，而愿协助；不愿负气，而愿说理；那吗，自治之弊可去，自治之益可享了。这种利害关头，凡做共和国民的都要练习。我们在学校的时候，有同学的切磋，有教师的辅助，纵因一时不慎，小有失败，究竟容易改良纠正。若在学校里不注意练习，将来到了社会当中，切磋无人，辅导无人，有了错处，只管向那错路上走，小而害己，大而害国。这都是因为做学生的时候，没有练习自治所致的。所以学生自治如果举行，可以收现在之益；纵小有失败，正所以免将来更大的失败。

规定学生自治范围的标准　学生自治的利弊，既如上所说，现在就要问学生自治有什么范围？规定学生自治的范围，应有若何标准？

一、学生自治应以学生应该负责的事体为限。学生愿意负责，又能够负责的事体，均可列入自治范围；那不应该由学生负责的事体，就不应列入自治范围。因自治与责任有联带关系，别人号令而要我负责，就叫做被治；别人负责而由我号令，就叫做治人，都失了自治的本意。所以学生自治，应以学生负责的事为限。

二、事体之愈要观察周到的，愈宜学生共同负责，愈宜学生共同自治。

三、事体参与的人愈宜普及的，愈宜学生共同负责，愈宜学生共同自治。

四、依据上列三种标准而订学生自治的范围时，还须参考学生的年龄程度经验。

学生自治与学校的关系　学生自治会，是学校里面一种团体，自然与学校有密切的关系。这种关系，可以分为两类：一关于权限的，二关于学问的。

一、权限上的关系　学生自治会正式成立之后，学校里面的事体，就可分为二部分：一部分仍旧是学校主持，一部分由学生主持。平常的时候，权限固可以分明；不过既在一个机关里面总有些事体划不清楚的，既然划不清楚，就不能不有一种接洽的机关，使两方面的意思，都可以互相发表沟通，而收圆满的效果。此外还有临时发生而有关全校的事体，学校与学生都宜与闻，更不得不有一种接洽的机关。人数少的学校，可由校长直接担任；人数多的学校，可由校长指定职教员数人担任。学生自治会职员有事时，即可与他们接洽，而学校有事时，也由这几位和学生接洽。有这种接洽的组织，然后学校与学生的声气可通，就没有隔膜的弊病了。

二、学问上的关系　天下不学而能的事情很少，共同自治是共和国立国的根本，非是刻苦研究，断断不能深造。我们举行学生自治的时候，也要把它当作一个学问研究。既要当作一个学问研究，那就有两点要注意：（一）同学的切磋，（二）教员的指导。有人说，现在中国的职教员对于学生自治问题，素未研究，恐怕未必能指导。这句话诚然，但是还有些意思要注意：（一）学校里所有功课，都有教员指导，独于立国根本的学生自治一门，却没有指导，似乎把它太看轻了。（二）若校内没有相当的人，办学的就应当赶紧物色那富于共和思想自治精神的教员，来担任此事。（三）师生本无一定的高下，教学也无十分的界限；人只知教师教授，学生学习；不晓得有的时候，教师倒从学生那里得好多的教训。所以万一找不到相当的人才，就请教职员和学生共同研究也好。总而言之，学生自治这个问题，不但要行，而且还要研究。研究的时候，学校不能不负指导参与的责任。

学生自治与学校既有这两种密切的关系，我们就须打破一切障碍，使师生的感情，可以化为一体，使大家用的力量，都有相成的效果。大家一举一动都接洽，有话好商量，有贡献彼此参考。在这共和的学校当中，无论何人都不应该取那武断的、强迫的、命令的、独行的态度。我们叫人做事的时候，不但要和他说"你做这件事，你应该这样做"，并且要使得他明白"为何做这件事，为何这样做"。彼此明白事之当然，和事之所以然，才能同心同德，透达那共同的目的。

施行学生自治应注意之要点 现在各学校对于学生自治，多愿次第举行。我悉心观察，觉得有几件最要紧的事件，必先预为注意，方能发生美满的效果。

第一，学生自治是学校中一件大事，全体学生都要以大事看待他，认真去做；学校里也须以大事看待他，认真赞助，若以为他是寻常小事，不加注意，没有不失败的。

第二，学生自治如同地方自治。地方自治之权，出于中央；学生自治之权，出自学校。所以学生自治，虽然可以由学生发动，但是学校认可一层，似乎也是应有的手续。

第三，学生自治之有无效力，要看本校对于这个问题是否有相当了解兴味。如果大家都明白他的真意，都觉得他的需要，那吗，行出来必能得大家的赞助。所以未举行学生自治之前，必须利用演讲、辩论、谈话、作文等等养成充分的舆论。

第四，法是为人立的：含糊启争，故宜清楚；繁琐害事，故宜简单。

第五，推测一校学生自治的成败，一看他的领袖就知道。所以要提高学生自治的价值，就须使最好的领袖不得不出来服务。如果好的领袖洁身自好，或有好的领袖而大众不愿推举，都不是自治的好现象。

第六，学校与学生始终宜抱持一种协助贡献的精神。

第七，学校与学生对于学生自治问题，须采取一种试验态度，章程不必详尽，组织不必细密；一面试行，一面改良；虽然中途难免挫折，但到底必有胜利。

结论 总之学生自治，是共和国学校里一件重要的事情。我们若想得美满的效果，须把他当件大事做，当个学问研究，当个美术去欣赏。当件大事做，方才可以成功；当个学问研究，方才可以进步。这两种还不够。因为自治是一种人生的美术，凡美术都有使人欣赏爱慕的能力；那不能使人欣赏的、爱慕的，便不是真美术，也就不是真的学生自治。所以学生自治，必须办到一个地位，使凡参与和旁观的人，都觉得他宝贵，都不得不欣赏他、爱慕他。办到这个地位，才算是高尚的人生美术，才算是真正的学生自治。

原载 1919 年 10 月《新教育》第 2 卷第 2 期

地方教育行政为一种专门事业

市乡教育的界说　地方包含都市和乡村，故地方教育行政有都市和乡村教育行政两种。依克伯利先生所主张：上五千人的地方都可算为都市；不到五千人的，都算为乡村。凡都市皆令脱离县教育行政范围而直隶于省，凡乡村皆令统属于县，县复就地方之大小酌量分区办理乡之教育。因市乡人民密度不同，经济能力不同，环境性质不同，凡此种种影响于课程编制、教学方法、行政组织的又都不同。分治就两受其利，合治就两受其弊，详细情形，当另著文说明。现在只下这一定义：上五千人聚居在一处的叫做市，不足五千人聚居在一处的叫做乡。市教育以一市为行政单位，乡教育以全县为行政单位。我所讨论的就是说：这种市教育行政和这种县教育行政要当它为一种专门事业看待，要以专门的目光研究它，要以专门的学术办理它。

地方教育事业之重要与责任　上说之定义，很是概括的。再进一步，就须将都市和乡村教育的事业责任来讨论一遍。

请先说都市。中国有五十万人口以上的都市十三处，十万人口以上的都市四十七处。十万以下的都市，现在尚无确实消息；但据邮政局九年度一二三等邮局所在地估算，相差不致太远，约在一千六百八十处左右。现设的七千七百六十八处邮寄代办所当中，还不免有好多都市，但确数难定了。有这种情形，所以中数不易求得。我们姑且拿一个五万人口的都市来讨论，都市学龄儿童与人口之百分比，较乡村要低好多。依六三制行义务教育，每百人中应有学龄儿童十六人。故五万人口的都市，约有学童八千，教员二百余。协同二百余教员，培养八千学生，这是何等大的事业，何等大的责任。那百万左右的都市，如北京、上海、广州、汉口、西安等处教育事业的浩繁，责任的重大，更不必说了。

再说乡村教育。乡村教育以县为行政单位。中国二十二行省，四特别区域，共有一千八百四十三县，平均每县一千三百二十七方哩。最小的有千余人，最大的有二百二十七万人，平均每县有二十万人。将县内一二三等都市人口除开，平均每县乡民当有十七万之谱。乡村学龄儿童与人口之百分比，较都市多些。依六三制约计，乡村中每百人应有学龄儿童二十一人。十七万乡民之县，当有学龄儿童三万五千七百人，教员千余人。协同千余教员，培养三万五千七百学生，这事业又何等的大，责任又何等的重！

地方教育所含之专门性质　看上面所说，地方教育的重大，固已有具体的事实可作立论根据，但还不免概括。究竟地方教育非专门家不能解决有几个什么问题？

（一）计划问题

世界潮流，国家大势，以及地方人口增减，财力消长，职业变迁，影响于地方教育者最大。办学的人宜如何默察趋势，熟筹利弊，预拟一逐年进行的计划，使理想依据事实渐次实现，世界、国家、地方面面顾到。预拟这种计划，是否需要专门的学识?

（二）师资问题

学生学业的进退，多半看教员的良否为转移。五万市民之市，须教员二百；十七万乡民之县，须教员千人。这许多教员未来之先，办学的人宜如何酌量需要，分别设法培养选聘；既来之后，宜如何设法辅助指导，使有最良之精神，并如何筹备种种机会，使教员的学问能得相当的研究进步。办理上说种种，是否需要专门的学识？

（三）课程问题

课程为社会需要与个人能力调剂的工具。编制课程的人，必须明了动的社会的种种需要，将他们分析起来，设为目标，再依据儿童个人心理之时期，能力之高下，分别编成最能活用之课程，使社会需要不致偏废，儿童能力不致虚耗。这是一种最精细的手续，是否需要专门的学识？

（四）经费问题

地方财力有限，教育事业无穷。以有限的财力，办无限的事业，支配经济的人，必须分别缓急，酌量进行。这分别缓急四字，包含教育事业各方面的关系。必须将这些关系彻底了解后，才谈得到分别缓急。但是这种了解，是否需要专门的学识。

（五）设备问题

物资环境在教育上之影响，尽人皆知。要有良好的教育，必须有相当的物资环境。校舍、设备、图书、仪器和校外之种种环境，都与教育有密切的关系。空谈自动、自治、自学、自强，是没多用处。有相当之设备，才能发相当之精神。即以校舍论，宜如何构造，才能使他合乎卫生、美术、经济、教育的原理。简括问一句，宜如何选择、支配、联络环境的势力，使教育得收良好的结果，是否需要专门的学识？

（六）考成问题

我们受人民的付托，办理地方的教育，费了这多钱，用了这多人，开了这多学校，教了这多学生，究竟结果如何，应否平心问一问？怎样问法，怎样度量各种教育的历程、结果和度量之后怎样据以切实改进，都是要从专门研究中产出来的。

（七）劝学问题

假使地方人民对于教育，尚无有相当的了解信仰，就不得不做一番感化的工夫。我们宜如何表示教育的真相，证明教育的能力，使人民自觉教育为人生日常所必需，并发共同负担独力兴创的宏愿，这种教育真相的表示，与教育能力的证明，是否需要专门的学识？

主持地方教育行政人员应有之学业　地方教育既有上述几种问题，非专门人才不能圆满解决，那吗办理地方教育人员所应具之资格，可以推想而知。品性方面，暂且不论。现在只举学业一门，拣其最要的讨论一回。

（一）普通学问方面，至少须学哲学、文学、近世文化史、科学精神与方法、社会问题、经济学、美术等课。这种学问，一来能使目光远大，二来能使同情普遍。因教育是一种永久事业，非目光远大不足以立百年之基；教育又是一种社会事业，非同情普遍，不足以收共济之效。

（二）工具学问方面，须于国文之外，至少学习外国语一门。

一可使地方所办学务得与世界潮流接触，二可使自己所得学识与国外同志印证。再，统计法亦为一种重要的工具。得此就可明了别人研究的结果，也可使人明了自己所办事业的真相，并且还有许多问题要借助统计才有相当解决的。至于办事最重效率，所以科学管理一门功课，也是应当学的。

（三）专门学问方面，至少须学教育哲学、教育概论、教学法、教育心理学、中等学校之组织及行政、初等学校之组织及行政、地方教育行政问题、学务调查及报告法、学校建筑与卫生。这许多功课，是纯粹关于教育的。各门的宗旨合起来，是使办学的人能拿教育的方法去达教育的目的。

简单些说，我们理想中的地方办学人员，学业方面，至少须有大学毕业同等程度，加些关于教育行政之专门学识。

结论 现在中国之一千六百八十市和一千八百四十三县，以主持教育的人而论，已需三千五百人。若将协理人员共同计算起来，至少需万余人。中国若想推行义务教育，非将地方办学人员与教员同时分别培养不可。现在培养师资与普及教育的关系，大家已经了解。惟独对于地方办学人员之培养，大家还没有相当的注意。山西、江苏的义务教育计划书中，都没有这回事。最好的省份，不过为他们举行一二次讲习会补救补救。反对的还以为地方教育人人能办，何必讲习。岂晓得这种学习，已非短期讲习所能了事。故中国不想推行义务教育则已，若想推行义务教育，必从培养改良地方办学人员入手。

原载 1921 年 3 月《教育汇刊》第 2 卷第 1 集

我们对于新学制草案应持之态度

第七届全国省教育会联合会（即全国教育会联合会）拟订学制草案，征求全国意见，以为将来修正实施之准备，立意甚好。壬子学制经十年之试验，弱点发见甚多。近一二年来，教育思潮猛进，该学制几有不可终日之势。故此次所提草案，确是适应时势之需求而来的。我们对于这应时而兴的制度，究竟要存何种态度？我以为建设教育，譬如造房屋；学制，譬如房屋之图案。想有适用的房屋，必先有适用的图样。这图样如何能画得适用？我以为画这图的人，第一必须精于工程。第二假使所造的是图书馆，他必定要请教图书馆专家；科学馆，必定要请教科学专家；纱厂，必定要请教明白纱厂管理的人；舞台，必定要请教明白管理舞台的人。有这两种人参议，才能斟酌损益，画出最适用之图样。制定学制，也可以应用这理。不过学制包括的范围更广，所应询问的方面更多了。此次全国省教育会联合会，征集各省教育界的意见，就是为了要顾到各方面的情形。所以我觉得凡对于学制有疑问、有反对、有主张的，都应提出充分讨论、研究、实验，使将来修正之后，各方面之教育，都有充分发展之机会。换句话说，虚心讨论、研究、实验，以构成面面顾到之学制，是我们对于学制草案应有之第一个态度。

　　建筑最忌抄袭：拿别人的图案来造房屋，断难满意。或与经费不符，或与风景不合，或竟不适用。以后虽悔，损失已多。我国兴学以来，最初仿效泰西（一般指欧美各国）。继而学日本，民国四年取法德国，近年特生美国热，都非健全的趋向。学来学去，总是三不象。这次学制草案，颇有独到之处。但是不适国情之抄袭，是否完全没有？要请大家注意。诸先进国，办学久的，几百年；短的，亦数十年。他们的经验，可以给我们参考的，却是不少；而不能采取得益的，亦复很多。今当改革之时，我们对于国外学制的经验，应该明辨择善，决不可舍己从人，轻于吸收。这是我们对于研究新学制草案应有的第二个态度。

　　为造新房绘图易，为改旧房绘图难。因为改旧房时，须利用旧房，以适合改造之需要。然旧房有可利用的；有断不可利用的；有将来要拆而改造时，不得不暂行存留的。这都是绘图的人，应加考虑的事。我们的旧学制，多半应当改革；但因国中特别情形，或亦有宜斟酌保存之处。大凡改制之时，非旧制遭过分之厌恶，即新制得过分之欢迎。这两种趋势，都能使旧制中之优点，处于不利之地位。所以我们欢迎新学制出现的时候，也得回过头来看看掉了东西没有？这是我们对于新学制草案应有的第三个态度。

　　图案是重要的，但只是建筑房屋的初步。学制是重要的，亦只是建设教育的初步。徒有学制，不能使人乐学；也如徒有图案，不能使人安居。如何使纸面上的图案，变成可以安居之房屋；与如何使纸面上之学制，变成最优良最有效率之教育，是一相仿的事业。不知要费几许金钱、脑力、时间去经营，才能成就我们所想成就的。我们切不可存学制一定即了事的观念。我们更要承认，学制以后之事业问题是无穷尽的。无穷尽的事业，要我们继续不已地去办理他。无穷尽的问题，要我们继续不已地去解决他。所以学制虽是个重要问题，但只是前程万里的第一步。他原来是如此，就应如此看待他。这是我们对于新学制草案应有的第四个态度。

总之，当这学制将改未改之时，我们应当用科学的方法态度，考察社会个人之需要能力，和各种生活事业必不可少之基础准备，修正出一个适用之学制。至于外国的经验，如有适用的，采取他；如有不适用的，就回避他。本国以前的经验，如有适用的，就保存他；如不适用，就除掉他。去与取，只问适不适，不问新和旧。能如此，才能制成独创的学制——适合国情，适合个性，适合事业学问需求的学制。

原载 1922 年 1 月《新教育》第 4 卷第 2 期

评学制草案标准

我们当改造一种制度之时，常受一种或数种原理信念的支配指导。这次学制草案所采用之六种标准，也就是这种原理和信念的表现。论到所表现的是否合宜，我们必须先看学制的功用，才能加以判断。学制的功用何在？

学制是一种普遍的教育的组织。他的功用是要按着各种生活事业之需要划分各种学问的途径，规定各种学问的分量，使社会与个人都能依据他们的能力，在各种学问上适应他们的需要。照这样看来，学制所应当包含的有三种要素：

（一）**社会之需要与能力** 各种社会对于学问上之需要，有同的，有不同的。他们设学的能力，有大有小。

（二）**个人之需要与能力** 各种学生对于学问上之需要有同的，有不同的。他们求学的能力，有大有小。

（三）**生活事业本体之需要** 各种生活事业在学问上所需之基础有同的，有不同的。他们所需的准备的最低限度有大有小；这种基础与准备之伸缩可能，也有大小之不同。

我们且依据这三种要素来观察这次学制草案之标准。第一条标准——根据共和国体，发挥平民教育精神——和第二条标准——适应社会进化的需要——都属于社会共同的需要方面。第五条标准——多留地方伸缩余地，并且顾到各地不同的需要。若第五条与第四条——注意国民经济能力——第六条——使教育易于普及——合起来看，我们可以说各地设学的能力的大小也顾到了。第三条——发展青年个性使得选择自由——对于个人的需要已有相当的重视。就这条与第四条合起来看，似乎学生求学能力大小之不同，亦已隐隐的含在里面。再看说明（四）与（五），可以晓得学制草案对于学生求学的能力，是很注意的。

故此次所拟的标准对于社会之需要能力和个人之需要能力两种要素已经顾得周到，但对于生活事业本体上之需要，却无显明之表示。虽有几处——如中等教育段——很能体贴这种意思，但因为未曾明白表示，所以顾此失彼，不能彻底地应用出去。

生活与事业本体之需要是规定学制很重要之标准，我们分段落定分量时应当受他的制裁和指导。例如社会需要医生也有力开办医学，某生需要学医也有力学医，但是社会应办几年之医科大学，某生应学几年之基本学问才可学医，应学几年之医道方可行医——这都是要由医道本体的要求定的。医学之分量基础宜如此定，准备别种生活事业之分量与基础亦宜如此定。故先依各种生活事业之需要，规定各种学问之分量，再就社会个人的能力所及，酌量变通，以应社会与个人的需要，或是建设学制可以参考之一法。

原载 1922 年 1 月《新教育》第 4 卷第 2 期

新学制与师范教育

新学制草案里所规定之师范教育有六种：一是三年普通科三年师范科的六年师范教育；二是招收初级中学毕业生学习之三年师范教育；三是四年的高等师范；四是大学的师范科；五是相当年期的师范讲习所；六是高级中学职业科里附设的职业教员养成科。高等师范和师范讲习所大概依照旧制。第一和第二两种是依据"三三制"的办法定的；中学校得兼办师范科是适应本年中学校设立师范组的趋势定的；大学师范科是适应近年大学设立教育科的趋势定的；职业教员养成科是适应近年职业教育的需要定的，这几点都可受我们的欢迎。但就全部看起来，新学制草案中之师范教育段很有几个缺点可以商榷。我先提出几条普通原则和师范教育的现状来讨论，然后再看师范教育段的缺点究竟是哪几种，并应该如何去修正。

（一）教育界要什么人才，就该培养什么人才。教育界所需要的人才可分四种：一是教育行政人员，二是各种指导员，三是各种学校校长和职员，四是各种教员。吾国自办师范教育以来，无论高等师范、初等师范，只顾到第四项，只是以造就教员为目的，对于教育行政人员、指导员、校长和职员的训练都没有相当的注意。虽然师范学校里面有管理法、教育法令一类的功课，但是很不完备。那开通的省区有时也为办学人员开短期的讲习会，但无系统的研究，无相当的材料，无继续的机会，故不能使他们得充分的修养。大家都以为这种种职务可以不学而能，人人会干，无须特别的训练，更无须科学的研究。结果只好把他们交付给土绅士和小政客去办理。中国学务不发达的原因固多，但是教育行政办学指导人员之不得相当培养也是个很重要的原因。所以我主张，凡教育界需要的人才都应当受相当的培养。我们教育界需要什么人才，即须造就什么人才。我们应当有广义的师范教育——虽所培养的人以教员为大多数，但目的方法并不以培养教员为限。

再进一步，就培养师资而论，现在师范教育的功效也是迁就的，片面的。

试看国内的高等师范，他们对于培养中学校和师范学校的教员，毫无分别。难道师范学校里所要的各科教员，可以和中学校一样的吗？这是高等师范最迁就的一点。

初级师范大多数设在都市里面，毕业生所受的教育既不能应济乡村的特别需要，而他们饱尝都市幸福的滋味，熏染都市生活的习气，非到必不得已时，决不愿到乡下去服务，于是乡村学校的师资最感缺乏了。补救这种缺乏的方法就是所谓之师范讲习所。但是这种师范讲习所，我们既不以正式学校看待他，所以因陋就简，办理不能适当。总之，就中国现在所办的师范教育而论，城里的人叨便宜，乡下的人吃大亏。我们要乡村教员，就应培养乡村教员以应济乡村的特别需要。

再进一步，就培养都市教员而论，现在的初级师范教育也有应该斟酌的地方。初级师范毕业生的心理是很愿意做高等小学的教员，他们在国民小学里做教员，似乎是不得已的。初级师范对于初等小学和高等小学教员的养成很少分别。目的不分明，所以办法也很笼统，高等小学和初等小学都不免有所迁就。近来师范学校内也有采分组制的，这是为高等小学应济需要的一种办法。山西于民国八年设立大规模的国民师范学校，专以培养国民小学教员为目的。由这两种趋势看来，高等小学教员与初等小学教员的养成似乎应该有些分别。

总之，教育界要什么人才，就该培养什么人才。教员之外，教育界还要什么人才，就该培养什么人才。教员的种类有因学校等级分的，有因市乡情形分的，也有因学科性质分的。我们要什么教员就须培养什么教员。

（二）教育界各种人才要什么，就该教他什么，要多少时候教得了，就该教他多少时候。如果因为种种情形一时教不了，就该把那必不可少的先教他，以后再找机会继续地教他；到了困难渐渐地解除之后，就该渐渐地看那必不可少的学识技能之外还缺什么就教他什么，还缺多少就教他多少；时期的长短都依这种情形酌量伸缩。这条很明显，可无须举例。最难的是进一步地分析的工夫。究竟一位县教育局长、市教育局长、中学校长、初级师范国文指导员、高级中学理化指导员、小学校长、前四年的小学教员、幼稚园教员应当学的是什么？要多少时候学了？如果一时不能学了，究有什么可以缓学？可以缓学的究须多少时间才能补足？我以为这种分析的手续没有办到之先，若想定各种人员养成的时期总是勉强的。我们最需要这种分析的手续，但不能立刻办到；我姑且提出来做为继续共同研究的起点。

（三）谁在那里教就教谁。若想把教育办有成效，必须依据实际情形。我们试把眼睛打开一看，实际上究竟有那几种人在那里从事教育？大学堂的毕业生、专门学校的毕业生、高等师范的毕业生、中学校的毕业生、初级师范的毕业生、实业学校的毕业生，甚至从高等小学出来的科举出身的先生，都是实际上在那里操教育权。除开高等和初级师范的学生外，其余的几乎是完全没有受过特别训练的。他们既在那里实施教育，自有受训练的必要。论到教师所能受的训练，学校出身与科举出身的教师，当然不能一致。

科举出身的教师现在还是很多，恐怕十年之内他们的数目不能大减。南京现有私塾五百六十余所，广州私塾千余所，塾师多由科举出身，在他们势力下的学生各以万计。我以为既有这许多科举出身之人实际上在那里操纵儿童的教育，我们决不能不设法使他们得些相当的训练。因为谁在那里教，就该教谁；塾师在那里教，就该教塾师。一天有塾师即一天要训练塾师如何改良。

论到未受训练的学校出身的教师，我姑且把那些从专门和实业学校里出来的除开，专论从大学、中学、高等小学出来的教师。

大学校出来的毕业生或学生（包括国立、教会立、私立）除入政界、商界、实业界服务或留学外，多到中等学校里去充当教员。这些人当在大学肄业的时候，有好多已经发现充当教员的动机了。如果学校里乘他们未毕业之前，给他们些关于教育上的训练，必定是很有效力的。

中学校的毕业生除升学的和闲在家里的外，大多数是在那里做教员。我信中学毕业生充当教员的当不下三分之一。这两年来，我曾提议在中学里设师范科。现在已有几处在那里试办。有人说：中学里没有相当的环境、设备和附属小学。若设师范科恐怕将来出来的毕业生一定没有师范学校里出来的好。这或者是不错的。但就事实论，我们不能拿师范学校的毕业生来和中学师范科的毕业生比；我们所应该比较的是未受训练的中学毕业生和中学师范科的毕业生。总之，中学毕业生是不是在那里教人？是。受过训练没有？没有。要不要训练？要。好，设师范科。

高等小学出来的学生，有好多在那里做国民小学教员。开通的地方少些，越到内地去越多。我不但主张在中学里设师范科，我并曾主张高等小学末年亦得设师范课程。也有人反对说：现在师范毕业生程度已嫌太低，我们何能教十三岁左右的高等小学毕业生去做教员？我也请大家只须在事实上着想。第一，实际上高等小学的毕业生要去做教员的并不止十三岁。第二，我们要看实际上有没有高等小学毕业生在那里做教员？如果没有，或是太少，当然无须。如果有的，当然要训练。相当的训练是有益无损的，是断断乎有胜于无的。我再举一例，假使一个人家有两个孩子，大的在高等小学里做学生，小的在家里没有人教，左近也没有国民学校可进。在这种情形之下，我们应当怎样？还是任小孩子失学呢，还是叫大的孩子每天放学回家时教他？当然叫大的孩子教他。大的孩子能不能教？能。如果高等小学里曾经教他怎样教人的法子，这大的孩子是不是更会教些？当然更加会教。这大的孩子受过训练后，有没有初级师范毕业生教得好？当然没有。

那么怎样不请初级师范毕业生来教？请不起，这样经济得多。我并不是主张个个地方都是教高等小学程度的学生去做教员，也不是主张一个地方是永远应该如此的。大概教员的程度应当取渐进主义。本地各种情形进步到什么地位，师范教育的程度亦宜提高到什么地位。时候未到而不肯降低和时候到了而不知提高是一样的错误。

总之，实际上在那里从事教育的人的种类，是师范教育一个很重要的指南针。这些人一来要求办师范教育的人给他们补充学识的机会，二来暗示办师范教育的人说："像我们这一类的人后来陆续出来做教员的还不在少数，你们应该预先去培养他们。"

照上面所提的普通原则看起来，新学制草案之师范教育段，有列应当注意之点：

一、师范教育段，是不敷学制的需要的。师范教育段只有高等师范学校（与大学师范科同）和师范学校（毕业期限与高级中学等）两等；学制上所规定之学校有小学、初级中学、高级中学等级，故师范教育段不敷学制上各学校对于人才之需要。

二、高等师范规定四年，师范学校规定六年毕业，觉得太呆板，并没有逐渐提高的机会。如果把教育界各种人才所需要的学识技能分析之后再来规定年限，我觉得那时规定的年限，决不像这样一致。

三、最低的师范教育要十二年毕业。依中国现在的情形看来，十省有九省够不上这个标准。就是最开通的省分，当也有好多区域是够不上这个标准的。若专靠师范讲习所来救济，那么既不以正式学校看待他，结果必不能圆满。所以我觉得现在的师范教育有低下一格的必要。

四、高等师范入学之资格毕业之程度既与大学同，似宜以单科大学称呼他。因为这种机关不止培养师资，简直就可称他为教育科大学。那设在综合的大学里面的，就叫他为大学教育科。

五、师范讲习所的目的应该订得清楚。既是辅助义务教育的临时办法，他的宗旨就宜以训练未受学校教育人员充当教员为限。那受过学校教育的人要做教员，就叫他们依据程度去进相当之师范学校。

六、职业教师之培养专在高级中学职业科里面规定，也觉得呆板。

七、学问是进化不已的，从事教育的人应当有继续研究的机会，故师范补习教育亦应占一位置。

依据上面所说的，我对于学制草案中之师范教育段要提出意见如下：

一、初级师范以培养小学前四年之教员为目的，招收六年的小学毕业同等学力的来校学习，修业年限一年以上。初级中学能设师范科者听。

二、中级师范以培养六年的小学的后二年与高等小学（如高等小学不完全取消）教师为目的，但同时得培养小学办学人员，招收六年的小学毕业同等学力的来校学习；修业年限四年以上，前期为普通科，后期为师范科。

三、中级师范学校得办完全科或专招初级中学毕业同等学力的学子，教以相当时期之师范教育，高级中学得设中级师范科。

四、兼办初级中级师范的学校，称为初、中两级师范学校。

五、高级师范以培养地方教育行政人员、初级中学同等程度之办学人员、指导员、教员为目的；招收高级中学毕业同等学力的来校学习，修业年限三年以下。

六、教育科大学以培养教育学者、教育行政人员、学校行政人员及高级中学同等程度之指导员、教师为目的。修业年限四年以上。（现在高等师范学校最宜改良的是内容和方法，增加年限而不改良内容和方法是无益的。如能改良内容和方法，就不增加年限也无妨。先去改良内容和方法，有余力时，再图增加年限，似是解决这问题的顺序。）

七、大学得设教育科及高级师范。

八、教育研究院修业年限一年以上，招收大学毕业生研究。

九、幼稚师范学校可独立设置，或附设在其他师范学校内。

十、师范讲习所以训练非学校毕业人员充当教师，并继续补充他们的学识技能为目的，期限不定。

十一、各种师范学校得设师范补习学校，以继续补充学校出身之教师之学识技能为目的，期限不定。

十二、为推行职业教育计，大学实科及高级中学之职业科内得附设职业教员养成科。但教育科大学、高级师范和中级师范内能培养职业师资者听。

总之，学制是要依据社会个人的需要能力和生活事业本体的需要定的。师范教育一面是为学制上各种教育准备人才，故要顾到学制上的需要；一面是一种事业，自然又要顾到他自己本体上的需要。上面对于各种师范教育所拟的年限虽是很可活动的，但还是假定的办法。我很希望研究师范教育的同志，早些把教育界各种职务所需之学识、技能，详细分析，再会合起来，看他们究竟要几多时候可以学得会，学得好。如果社会的财力人力和个人的境遇一时不能使我们透达圆满的目的，我们也可依据所分析的结果，拣那可缓的，留到后来陆续补充，以后再随社会个人能力的增进，逐渐地去谋提高和改良。

原载 1922 年 3 月《新教育》第 4 卷第 3 期

女子教育在学制上占领地位之十五周年纪念

中国自有新的女子教育，已将近八十年；英国教士在中国创设女学，实在一八四四年；天主教士在中国开设女学实在一八四八年；本国私人开设女学，实在一八九七年；这都是女子教育很可纪念之事。经这六十余年的酝酿，到了光绪三十三年正月二十四日，合阳历民国前五年，西历一九〇七年三月八日，始颁布《女子师范学堂章程》三十六条，《女子小学堂章程》二十六条。这是第一次女子教育在学制上占领地位，更是中国女子教育可以纪念的一天。这次女子学制的特点如下：

（一）女子教育与男子教育是分开的。

（二）女子初等小学和师范学堂都比男子的少一年。

（三）女子中学尚未占领地位，女子教育到师范学堂为止。

这时各种女学校，已经有了三九一所，共有学生一一，九三六人，约占全体学生数百分之二。换句话说，当时一百个学生当中，有九十八个男学生，两个女学生；男学生数四十九倍于女学生数。

这是十五年前的情形。十五年以来的进步也可以约举如下：

（一）女子教育到现在已与男子教育立在平等的地位。小学、中学、大学里，女子都可以得到教育。

（二）女子与男子并且可以同学。小学、大学里的男女同学，几已视为常事。教育界对于中学男女同学问题，意见虽不一致，但有好几个地方，已经在那里实行，可见得社会至少已许他们试办了。

（三）现在中国女学生的确数，我们是不能晓得清楚。就民国第四次教育统计看起来，在民国五年的时候，全国有女学生一八〇九四九人，占学生总数百分之四。分省的统计，比较近些。江苏最近调查有学生五一〇，五〇六人；女学生六七，二六六人，占总数百分之十三。山西近年推行义务教育最力，据民国九年八月调查表所列，全省国民学校学生总数为六四五，一四八人；女学生数为八〇，五八三，已占学生总数百分之十二点五了。

照上面所说的看来，中国女子教育的进步，不能算不快。这是很可以纪念的。但是女子教育急待解决的问题正还不少。现在择其紧要的，提出几个来和大家商榷。

（一）最好的省分如江苏、山西二省，女学生只占总数百分之十二或十三；那最不发达的地方如甘肃（民国五年统计）每一百学生中得不到一个女学生；甚至如新疆省（民国五年统计）连一个女学生还没有看见报告。如何使各省都有女学生，使个个女子都能得到教育的机会，是不是我们今后的责任？

（二）别的地方我不清楚，民国十年南京的教育情形我曾经调查过。私塾学生一二，五五六人中有一，六五一女生，约占总数百分之十三；幼稚园七七人中有三九女生，约占总数百分之五一；初等小学生七，四一三人中有二，三九八女生，约占总数百分之三二；高等小学生三，七九六人中有七一〇女生，约占总数百分之一九；中学生四，二六八人中有六五二女生，约占总数百分之一五；高等专门大学学生一，一二一人中有九十七女生，约占总数百分之九，愈到高头，女生愈少。如何使各级教育女子所得教育之机会，都能平均，是不是我们今后之责任？

（三）现今社会变迁很快。女子教育与社会生活，很有许多隔阂的地方。如何改良女子教育的内容方法，使能适应进化社会之需要，是不是我们今后之责任？

（四）北京实际教育调查社讨论教员兼课问题，多主张力革兼职制度。有人就说：如果北大、北高不许教员兼课，北京女子高等师范就难请到第一流的教员；因为女高薪额比男学校低，所以不易维持。这不但北京女子高师是如此，别的女学校也有同样的困难。如何使服务女校的人和服务男校的人得同等的待遇，以促进女子教育的改良，是不是我们今后之责任？

（五）受过高等教育的女子，现在已不在少数。至少似宜有几个人担负研究女子教育责任。这几年来在中国女子教育上有研究的人，我只遇到一位。这一位就是美国露懿士女士。他的《中国女子教育论》和《四川女子教育报告》都是很有价值的。

这也是我们本国女子此后应当勉力担负的一种责任。

（六）各国对于普及教育运动最力的，无过于女子的会社。中国受过教育和现受教育的女子，总不下五十万人。此刻又当各处提倡普及教育的时候，如果每一受过教育女子发愿每年劝一幼女入学，引一老妇改良，并群策群力，组织团体，做全部的提倡事业，那女子教育必有不可限量的进步。女子教育，本是全国人民所应担负的责任，但受过教育的女子，更是当仁不能让的。

原载 1922 年 3 月《新教育》第 4 卷第 3 期

教育者的机会与责任

今天我讲题是教育者之机会与责任，但是今天到会的，除教育者外，又有受教育的学生，提倡教育的办学者。我这题目，和上面种种人有什么关系呢？我想，学生对于教育发生的影响，自己首当其冲，自然要去看看教育者是否已经利用他的机会，尽了他的责任。办学者是督察教育者的人，更有急需了解教育者的机会与责任的必要。所以我这演讲，实在是以上三种人都应当注意的。

先从机会方面讲。教育者应当知道教育是无名无利且没有尊荣的事。教育者所得的机会，纯系服务的机会，贡献的机会，而无丝毫名利尊荣之可言。他的机会，可分四种：

（一）有可教之人；

（二）可教者而未能完全教；

（三）可教者而未能平均教；

（四）已受教而未能教好。

以上四种，都是予教育者以实施教育的机会。且先就第一种讲：

第一种是因为社会上有许多可教之人，所以教育者才能实行他的教育，倘若无人可教，则教育者就失其机会而无用武之地了。孔子曰："生而知之者上也。"美国某哲学家，对于他这句话很有怀疑，他反驳孔子说："生而知之者下也。"可是他的话确乎也有根据，譬如最下等的动物——细胞，彼从母体脱离后，凡彼母亲会做的事，彼都会做。再推到小牛，彼虽然不似细胞那样快，但是不用隔多时，举凡彼母亲的事，彼也会做了。小猴子却又不同，彼有几个月要在彼母亲的怀里，因为彼又是较高于小牛的动物。人又不然了，人在小孩子的时期，最早要候二三年后，始能行动，后来又慢慢由幼稚园——至于大学，去学他的技能，以做他父亲会做的事。总之，幼稚时间长，所以可教；教育者的机会，也是因为有可教的小孩子啊！

第二种是说可教的人没有完全受教。如中国有四万万之众，照现在统计表计算，只有五百四十万个学生，换言之，只有一百分之一点五是学生；一百人之中，能受教育的只有一个半人。这一百分之九十八点五的不能受教育者，都打着我们教育者的门，并且告诉我们说："现在是你们的机会到了，有一个人不入学校，就是你们还没有实行你们的机会。"

第三种是就受教的人说的。中国现在受教有三桩不平均的地方：（一）女子教育，（二）乡村教育，（三）老人教育。

第一桩，女子教育在中国最不注重。中国全国，有一千三百余县没有女子高等小学，又有五百余县没有一个女学生。若照百分法计算起来，男学生占学生中百分之九十五，女子却只占百分之五；以家庭论，一百个家庭，只有五个是男女同受教育——好家庭了。所以为家庭幸福计，男女都应受同等的教育。女子教育的重要有三：

甲、女子同为人类，自应有知识技能，去谋独立生活。譬如四万万根柱子擎着大厦，设若有二万万根是腐朽——不能用的木材，则此大厦必将倾倒，这是很明显的例子。——所以女子必须受教育，去共同担负社会的责任。

乙、女子富于感化性，能将坏的男子变好，并且可以溶化男子的性情与人格。诸位不信，请看看你们的亲友，定可得着个很显著的证明——所以欲使男子不致堕落，非从女子教育着手不可。

丙、女子受教育，必定十分顾及他子女的教育，不似男子的敷衍疏忽。——所以普及女子教育，不但可以收家庭教育的好果，并且可以巩固子孙的教育啦！

第二桩，不平均是城乡学校的相差，城里学校林立，乡下一个学校都没有。以赋税论，乡下人出钱，比城里人多些；他们的代价，至少也应当和城里平均，才是公允的办法。故乡村教育，应为教育者所注意。

第三桩，是小孩子可以受教育，而老年人则无受教育之机会。一班教育者，也只顾及小孩子的教育，对于老年人很少加以注意，这也是件不平均的事。中国现在内外交焚，社会多故，如若候着那班小孩子去改造，非待二三十年后不能奏效。所以欲免除目前的危险，必须兼顾着老幼的教育。

许多女子，乡村人，老年人，都打着我们教育者的门，如求雨一般地哀求我们放他们进来。这也是我们的机会到了！

第四种机会，是因为小孩子虽然受教，但是没有教好。如已教好，我们教育者又无机会了。没有教好者，可以分四层讲：

甲、人为物质环境中的人，好教育必定可以给学生以能力，使他为物质环境中的主宰，去号召环境。如玻璃窗就是我们对于物质环境发展的使命之一。我们要想拒绝风，欢迎日光，所以就造一个玻璃窗子去施行我们拒风迎光的使命，教讨厌的风出去，可爱的日光进来。又如我们喜欢日光和风，但是想拒绝蚊蝇，所以又造了一种纱窗去行我们的使命。这种使命，并非空谈，因为我们有能力确可使这些自然的环境，听我们调度。故学校应给学生使命环境的能力，去做环境的主宰。以上不过是表明人对付环境的两个例子。

水也是自然环境之一，但是不能对付彼，常常为彼所戕杀。如去年门罗博士到苏州参观教育，同行有四位女学士。过桥的时候，女学士的车子忽然翻落桥底；当时船家和兵士都束手无策，等到想法捞起，已经死了一个。我们从这件事，得着一个教训，就是"学生、船夫、兵士都不会下水"，以致人为自然环境的"水"所杀。

人在青年时发育最快。身体的发育，犹如商人获利一样。可是商人获利是最危险的事，偶一不慎，当悖出如其所入。我们青年生长时，亦有危险，学校讲求体育，应问此种体育是否增加学生的体健，使他们不致有种种不测之事发生？

这种学生的父兄，也带了他瘦且弱的子弟，打我们教育者的门，厉声问我们教的是什么教育？

乙、人不但是物质环境中之一人，也是人中之一人。人有团体，有个人，在这团体和个人中，便发生相对的关系。此种关系，应互相联络，以发展人性之美感。在此阶级制度破产时，我们绝不承认社会上还有什么"人上人""人下人"，但是"人中人"我们是逃不掉的。我们既然都是人中之一人，那么，人与人自然会有相互的关系了。这种关系，能否高尚优美，尚属疑问。且就现在的选举说吧，被选人手里执着些洋钱，选举人手里执着一张票，他们所发生的关系，是洋钱的关系，选举的关系罢了！这种关系，能合乎高尚的条件吗？

再看留学生的选举如何？记得从前中央学会选举时，自称为博士、硕士的留学生，不也是一样的舞弊吗？其他如大学毕业生、中学毕业生以及未毕业的中学生，他们又是怎样？他们为什么拿着清高的人格，去结交金钱？去结交政客？做金钱的奴隶？做政客的走狗？这样的学生，对得起国家社会吗？对得起父母吗？对得起自己的人格吗？

国家、社会、父母，都带着他的子孙，打我们教育者的门，骂我们为何太不认真，以致教出这种子弟！

丙、好教育应当给学生一种技能，使他可以贡献社会。换言之，好教育是养成学生技能的教育，使学生可以独立生活。譬如社会上的农夫、裁缝、商人、工人、教员……他们都有贡献社会的技能，他们各人贡献他们所做的事，可以使社会得着许多便利。倘若有一个人没有能力，则此人必分大家的利，而造成社会的恐慌了！所以教育的成绩，就是"技能"；教育就是"技能教育"。——且拿现在的师范生做个譬喻：现在师范毕业学生只有十分之八可以服务，十分之一可以升学，其余的十分之一，却做了高等游民了。再看中学毕业生，也只有三分之一可以服务，三分之一可以升学，其余三分之一，也就做了游民了！但是他们虽然不能服务，倒不惯受着清闲的日子，反做出许多不正当的事业，实在危险啊！

这种游民式学生的父兄，也打着我们教育者的门，问我们何以教出这种不会做正当事的子弟？并且教我们重新改过课程，使毕业的学生皆可独立。

丁、人不能没有休息，但休息是人最险之时。人无论怎样忙，都没有损害，倘若休息，则魔鬼立至。我们可以看出社会上许多恶事，都是在休息时候做的。所以学校里有音乐，便是给学生以正当的娱乐，使学生不致在休息时间做出恶事。可是学生回到家里，既无教员同学和他盘桓，又没有经济设置音乐去助他的娱乐，难免不发生其他的事来。所以学校应当使学生在休息时有正当的愉快。

这又是我们教育者的机会了！

总之，以上皆是我们教育者的机会。平常人对于机会怎样对待呢？大约可以看出四种情形来：

（A）**候机会** 有一班教育者天天骂机会不来，好像穷妇人想发财一样，但是机会不是观望的，所以等着机会是极愚拙的事，可以料定永远不会收着成效的。

（B）**失机会** 又有一班教育者，他明明看见机会来了，等到用手去捉彼，彼又跑掉了。如此一次，二次，三次……仍旧不能得着机会。因为机会生在转得极快的圆盘子上，倘如没有极敏捷的手去捉彼，总会失败的。

（C）**着不见机会** 机会是极微细的东西，有时且要用显微镜和望远镜去找彼。一班近视眼的教育者，若不利用那两种镜子，是很难看见机会的。

（D）**空想机会**　还有些教育者，机会没有来，到处自炫，就像得着机会一样。犹如两个近视眼比看匾，在匾没挂起来的时候，都去用手摸了匾。后来共请一位公证人去批评，他们各人述了自己的心得，公证人忍不住笑了，因为这匾还没有挂上，他们都是"未见空言"咧！

这类"未见空言"的教育者，他们一味的空想，结果总没有机会去枉顾他一次。

现在再谈谈好的教育者。我以为好教育者，应当具有灵敏的手去抓机会，并且要带千里镜去找机会，机会找着了，就用手去抓住彼——不断地抓住彼，还要尽力地发展彼。

再说一说教育者的责任。简单一句话，教育者的责任就是"不辜负机会，利用机会，能用千里镜去找机会，会拿灵敏的手去抓机会。"

办学者和学生都应当看看教育者是否利用他的机会；如果没有利用他的机会，便是他没有尽责。尽责的教育者，可以使学生发生"快乐"与"不快乐"两种感想；但是不尽责的教育者，也可以得着这两种情形，这是什么缘故？

因为教育者尽责，可以使学生在物质环境中做好人，教他学习一种技能去主宰环境。这种教育者，学生对于他有合意的，有不合意的。合意者不生问题，不合意的学生只请他认定教育者是否教我们做一个好人。如是，那我们就应当忍耐着成全这教育者的机会。设若教育者不负责——辜负了机会——不使学生求学，我们这时候，应当知道学生有好有坏，教育者也有尽责与不尽责，不尽责的教育者常为坏学生所欢迎，同时也被好学生唾弃。做好学生，好教育者，更应当对于坏教育者、坏学生，加以严厉的驱逐，使这学校成为好的学校。

这桩事，无论是教育者、学生、办学者，皆当注意。我们不能辜负这机会与责任，自然要奋斗。攻击坏教育者、坏学生，是我们不可不奋斗的事——尤其是安徽不可不奋斗的事！

原载 1922 年 7 月《民国日报·觉悟》

教育与科学方法

今天所要讲的不是教育研究法，是"教育与科学方法"。就是科学方法在教育上的应用。人生到处都遇见困难，到处都充满了问题。有的是天然界给我们出题目，有的是社会上给我们出题目，有的是空气、光线、花草给我们出题目。既然题目有这么多，我们应付这些问题的方法也分好几种。有的人见古人怎样解决，我们也怎样解决，这种解决是不对的，是没进步的。因为古时现象不是与今日现象一样。所以以古进今的办法往往是错的。有的人依外国的方法来解决问题：日本怎样办教育，我们也怎样办教育；德国怎样办，我们也怎样办；美国怎样办，我们也怎样办，这种解决也是不对。因为从人家发明之后，未必公开，或不愿公开。从不愿公开到公开，已经若干时间，再从公开到中国，我们刚以为新，不知人家早已为旧了。还有的人是闭门空想，自以为得意的了不得，其实仅自空想也是没用的，因四面八方的问题，不给他磨练也是不行。此外还有一种人也不依古，也不依外，是以不了了之。像以上种种方法，都不能解决我们的问题。能解决我们的问题的，唯有科学的方法。

什么是科学方法呢？科学方法是有步骤的，是有线索的。第一步要觉得有困难。如牛顿看见苹果落地，别人不知看了几千百

次，都没觉得有困难，唯有牛顿觉着有困难，所以他发现地球的

次，都没觉得有困难，唯有牛顿觉着有困难，所以他发现地球的吸力。教育方面也是如此。有的人上课看不出有什么问题，学风之坏也不注意，所以就不会有问题。第二步得要晓得困难的所在。就是要找出困难之点来，如一个人坐在那里发脾汗，是觉着有困难了。用什么方法来解决这个困难，这就跳到第三步。从此想出种种方法来解决。有的画符放在辫子里，有的请巫婆，有的到庙里烧香祷告，有的请医生，有的吃金鸡纳霜。有了这些法子然后再去选择，这就到了第四步。自以为老太婆的法子好，就去试一试；不能解决之后，再用其他法子，最后唯有吃金鸡纳霜渐渐地好了。但此刻还不能骤下"金鸡纳霜能治脾汗"的断语，因为焉知不是吃饭时吃了别的东西吃好的呢？所以必须实验一番，这就到第五步了。如在同一情形之下，无论中外、男女、老幼吃了都是灵的，那么，金鸡纳霜能治脾汗就不会错的。

经过这五步工夫，然后才可解决一个问题。这五步方法是科学的方法。无论是化学，是物理，是生物学，都用这个方法以解决困难。但科学方法也有几个要素：

（一）**客观的**　凡事应用客观的考查。有诸内必形诸外。在教育上的观察，就是看你的学说于学生的反应怎样？教员与学生的关系怎样？要考查一校的行政，应看他的建筑、设备怎样？如以秤秤桌子，我虽不知此桌的重量，但我晓得所放的秤码是多少。

（二）**数目的观念**　凡有性质的东西都有些数量。如光（light）有性质，一般人都如此说，物理学家也说可以量的。又如灵魂是有质量的，将来也须用数量去量——如果不能，则灵魂是没有的。数量中又有两个观念：（a）量的观念。有数量就可去

量，如布、米、油等。（b）要量的正确。量不正确也是无用。就是反对量的，他也在那里量，但他们用的法子很粗浅，专用一己的主观。如中国教员看卷子，有时喜怒哀乐都影响到他们定的分数。高下在心，毫不正确，这是中国人的毛病。我想不但学理化的人对于数目要正确，就是学教育的人也要正确。"差不多"三字是我国人的大毛病。与人约定时间总是迟到（但上火车总是早到）。所以孟禄调查教育时说："中国人对于数目不正确。如要改良中国的教育，非从数目入手不可。"

以上说的是科学步骤与观念，要用这步骤观念，应用到教育上去。

现在教育问题很多。从前人对于教育问题都是囫囵吞枣，犯了一种浮泛的毛病。各个人都会办教育，各个人都可做教育总长，都是教育专家。究竟教育问题是不是如此简单？还是无人不会呢？我们要知道教育在先进国里是一种专门科学，非专门人才不能去办。中国就不是如此。不过这几年还算进的快就是了。五年前南高师教育和心理都是一人担任。自我到了之后，才将教育与心理分开。一年之后，授教育学者是一人，教育行政者又是一人。这是近五六年来教育的趋势。如各人担任一个活的问题，或一人一个，或数人一个，延长研究下去，这问题总有解决的时候。若真多少年下去还不能解决，那恐非人力所能解决的了。

现时要研究的问题有教育行政、儿童、工具、课程种种。又如把科学应用到教育行政上去，课堂上教授是不是好的办法？教员、学生都太劳苦是不是有益的事情？

现在教育有两种：（一）如一个新学生坐在洋车上，叫车夫拉着拼命地跑几十里，结果自然是学生逸，车夫苦。但让学生自己再回来恐怕还是不能。（二）如一去不坐车，不识路就问警察，自然是辛苦一点，但走到回来时，包管还能回来的。兹将教育重要部分略说一说。

（一）组织 此时课堂组织最好的有达尔顿实验室的方法（Dalton laboratory plan，今译道尔顿实验室）。室中有种种杂志、图画，还有导师，任学生自由翻阅，与导师共同讨论，还要每礼拜聚会一次。这种法子到底好不好？可去试验试验。把各个学生试验了，测量了，假设其情形相同，是不是可得同一的结果？然后就知究为班级制好呢？还是达尔顿的方法好？又如研究习惯究为遗传的力量大呢？还是社会环境的力量大？把一对双生的儿童授以同样教育，看他们的差别究竟是哪个大。同时以同胞生的儿童授以不同的教育，再看他们的差异怎样？

（二）教材 以上法子也可应用教材上去。如我们所教的字是不是学生需要的，究竟何者为最需要？何者为次要？何者为不需要？我们应来解决。现在有些需要的未有放到教科书里，有些不需要的反倒放入了。我们可以拿几百万字的书来测验，看哪一个字发现次数最多？其最多者为需要，其次多数发现者乃是次要。将发现多的给学生，而次多的暂不授予。还有一点要注意的，就是学生有一年、二年离校的，我们就得将最需要的教他。可是其中有个困难，或者最需要的字比较着难读难写些，但我们可以想法给他避免。有人说中国字难认，所以不识字的人很多，外国人也说将来怕不能与各国的文化竞争。其实不然，试看长沙青年会所编的《千字课》教授男女学生就知道了。他那里边有男生一千二百人，女生六百人，四个月将一千字授毕，每日仅费一点半钟。学生多半是商家学徒，而学生年龄以十二、三、四、五、六岁的居多。我觉着这一种办法，给我们一个好大的希望，今天拿来不过举个例罢了。

（三）**工具**　无斧不能砍木，无剪不能裁衣，无刀不能做厨子，无工具不能做教育的事业。教育工具可以从外国运的，可以从中国找的。从外国运来的第一是统计法。有了统计法我们可以比较，可以把偶然的找出个根本原理来，如同望远镜可帮助我们眼睛看的清楚，在材料中可找出一定的线索。所以统计是不可看轻的。第二就是测验。近来教育改进社要做二十四种测验，因为此种工具是不能从外国运的（就是运来也不适用）。测验是看学生先天的聪明智慧怎样？使学校有个好的标准，由此可晓得某级学生有什么成绩？如治病的听肺器一样，可以看出病来。欲知病之所在，非测量不可。测验也是如此。得要细细地看结果怎样。如办学的成绩都可测验的。但没有统计，也测不出来；没有测验，也统计不出来；二者是互相为用。如甲校一个学生花四十九元，乙校学生仅花四元半，我们就可测量他谁是谁不是。如测验得花四元半的能达到平常的标准，那花四十九元就太费了。反转过来，如花四十九元的刚好，那花四元半的未免太省了。这就是统计与测量互相为用的地方。总之，每人都存用科学方法去办教育的决心，每人都去研究或解决一个小的问题，我敢说不出三十年，中国教育准有好的成效。

原载 1923 年 1 月 15 日《民国日报》

论平民读书处之得失

平民读书处自试办以来，我们好几位同志一方面亲自试行，一方面静观效果，一方面用思想去引导实行，一方面用实行来纠正思想。现在平民读书处成立了好几千：衙门里，会社里，学校里，商店里，工厂里，家庭里，轮船里，寺庙里，监狱里，善堂里，济良所里都有了他们的脚迹。平民读书处在各种环境和情形之下，都经过了相当的试验：有的成功，有的失败，有的由失败变为成功，有的由成功转为失败。我们平心静气地观察他们的现象，推究他们的因果，觉得成功有成功的要素，失败也有失败的缘由。或得或失，都不是偶然的。我现在要把我们所见到的，一条一条地列举起来，做为推行平民读书处的同志的参考，还望大家把试办的心得来指教我们。

一　平民读书处之成功要素

平民读书处有六种成功要素。统观所有的平民读书处，完全有了下列六种要素的，就完全成功；那缺少一部分要素的，就不免有一部分失败。

（一）主人要肯负督促之责　这是最重要、最重要的成功要素。凡平民读书处设立的地方，必定要那个地方主人肯负督促的责任。家庭里要家长负责督促，店铺里要店主负责督促，推而至于一切机关里都要他们的主持人员负责督促，才可开办。如果做主人的敷衍了事，或明里承认负责，暗中阻止；或一时热心，终归懈怠，都是不能成功的。主人的督促并非难事，不必费什么时间。他只须于开办的时候，告诉大家说："从今天起，大家都要抽空读书，会读的人教人，不会读的人跟人学。"过一个星期可以问一句："你读了几课了？"到了一个月可以问一句："你读完一本了吗？"到了两个月、三个月、四个月，都可以仿照这样问问大家，他们就自然而然地用功了。这种督促的法子并不费事。我想凡做主人的都应当为全国读书运动负这点责任。现在修正的《平民读书处组织大纲》的里面，要家长、店主和机关主持人员担任处长，就是要重视这种督促的专责。

（二）**至少必须有一个会认字的人做助教**　平民读书处是以内里的人教内里的人。无论家里、店里、机关里，总得要有一位识字的人才能一个教两个，两个教四个的干起来。只要一个这样的人就行了。那肚里清通的固然顶好，就是半通甚至于不通的人，也是可以的。有了这一个人，加上了相当的指导，就有办法；倘若像这样一个人也没有，那就要从造就他入手了。

（三）**助教要有专责感**　若一个读书处里面，有几个识字的人，几个不识字的人，那么某人教某人都要指定，或让他们自己认定。因为责任不专，不易督促。如此指定，教的人和学的人都明白责任之所在。

（四）**指导要有定期**　平民读书处的指导员一人，管一个读书处至十个读书处不等，看本人的精神、能力、热心、时间而定。指导员的功用就是指导助教，鼓励学生。他一方面引他们朝着正路走，一方面叫他们不致懈怠。最好指导员每星期到读书处去一次，每次指导助教六课，并使学生挑读一段以验成绩。对于程度高些的助教，可以酌减指导次数。倘使指导员能用实用方法，如写信之类引起学生兴味更好。如学生中发现懒惰，或助教中发现懈怠情事，就须加劝勉。劝勉不听，再与处长协商办法。

（五）**全体要一律读书**　除特别情形外，无论家庭里，店铺里或机关里的人，均须一律读书。若是这个人读那个人不读，或是要别人读而亲人反不读，精神一定提不起来，并且彼此推诿的事情不久就要发现。所以不办平民读书处就算了，要想办平民读书处，就得要男女，老少，大小，主仆，一律读书。

（六）**读书要与饭碗发生关系**　无论什么社会里的人，大概约有三分之一光景，除非有别人督促强迫，很不愿意读书。但是空言督促还是没有多大效力的。要想有效力就要使不读书的人觉得饭碗不稳。安徽教育厅有二十一位公役，内中有六个人起初不愿意读书。厅长只说了"不愿读书的人不得在厅里做事"一句话，大家都读了。协和医院里定了一个办法，凡是考不及格的都不得加薪，也是把读书和饭碗发生了一个密切的关系。如果个个家长、店主以及机关的主持人员肯把这层办到，那真是可以事半功倍了。

二　平民读书处的四忌

我们开办平民读书处，不但要注意成功的要素，并且要回避忌讳。有好多平民读书处的失败，都是因为犯了这些忌讳的缘故。所以我特为需要提出来作为一种警告，以免大家重蹈覆辙。

（一）忌生　平民读书处要在熟人的地方尽先推行。因为熟的地方对于我们本人既无怀疑，那么对于我们介绍的平民教育也就可以放心，若没有特别困难，必定是欢迎的；并且开办之后可以按着定期过去指导，很少不便的地方。至于生的地方，他们对于我们本人既不相知，自然不晓得我们葫芦里要卖什么药。客气的敷衍我们几句话，不客气的就要给我们钉子碰了。纵然开得起来，只怕时常去指导，他们又要觉得我们讨厌了。所以平民读书处要在熟的地方推行，不可在生的地方推行。我们自己的家庭、商店和自己主管的机关，都是我们用武之地。渐渐的我们可以把读书处的办法，介绍给朋友亲戚。我们可以拿我们自己的地方做一个中心，渐渐的对凡与我们有往来，有关系的人去介绍或推行。凡与我们有关系的裁缝司务、剃头司务、送煤炭的、卖柴的、挑水的、布店、米店、纸店、杂货店，等等，凡是认得我们的地方，都是我们推行平民读书处的地方。不过生的地方，假使有自动的要求，我们当然是可以替他开办的。

（二）忌招外面学生　平民读书处和平民学校根本不同的地方就是以内里的人教内里的人。因为他们一个根本原则就是为着那些不能进学校的人设立的。那外面的人既能到别人家的平民读书处去读书，就应当到平民学校去读书了。招外面的人到自己家里或店里来读书有种种不方便的地方。有好多人起初的时候热心过度，要收纳外面的学生，到了后来，很觉得不讨好，或者就变成平民学校了。殊不知外面来学的人既多，我们开始的时候，就要照平民学校办理，不可照读书处的办法办理。

（三）忌引生人参观　平民读书处不宜引生人参观。参观平民学校是可以行的，参观平民读书处是要讨人厌的。我们有几处成绩优良的平民读书处，就是因为参观、照相破坏掉了。

（四）忌带政治、宗教色彩　我们办平民教育就要纯粹地去办平民教育，断不可带一丝一毫政治、宗教的作用。我们办平民读书处对于这点更要格外留意，一不谨慎就要失败。

我们对于平民读书处如果注意上面所举的成功要素，并且免除上面所举的忌讳，我敢说办一个就有一个成功，办十个就有十个成功。不过所谓成功要素和忌讳，都是从现在的社会情形里面发生出来的。如果社会情形变更，那么上面所列举的种种当中，也有不能不变更的地方。比如社会对于平民教育倘已到了充分了解的时候，或政府对于平民教育倘已下了强迫令，那么我们也无须用如许力气使他成功，并不必避除如许忌讳才免失败。不过一定要等到那个时候到了，我们方能放手做去。现在还是要多方留神，才有把握。

原载 1924 年 4 月 21 日《申报·教育与人生》第 24 期

平民教育概论

一　平民教育之效能

中国现在所推行的平民教育，是一个平民读书运动。我们要用最短的时间，最少的银钱，去教一般人民读好书，做好人。我们深信读书的能力是各种教育的基础。会读书的人对于人类和国家应尽之责任，应享之权利，可以多明白些。他们读了书，对于自己生计最有关系的职业，也可以从书籍报纸上多得些改进的知识和最新的方法，一般无知识的人对于子女的教育漠不关心，若是自己会读书就明白读书的重要，再也不肯让自己的儿女失学，所以今日之平民教育就是将来普及教育的先声。至于顺带学些写信、记帐的法子，于个人很有莫大的便利，自然是不消说了。

二　平民教育问题的范围

中国没有正确统计，暂且以传说之四万万人估计，觉得平民教育这个问题之大，实可令人惊讶。照中华教育改进社估计，十二岁以上之粗识字义的人数，只有八千万人。再除开十二岁以下的小孩子约计一万万二千万人，属于义务教育范围，其余之二万万人都是我们的平民教育应当为他们负责的。这二万万人有一人不会读书看报，就是我们有一份责任未尽。

三 中国平民教育之经过

这个问题二十多年前已经有人注意了。清朝的简字运动就想解决这个问题，没有多大成效。注音字母也有一部分人拿来做速成教育的工具，他的命运尚在试验中。"五四"以后，学生由爱国运动进而从事社会服务，教导人民，自动开设的平民学校遍地都是。虽办法不无流弊，却能引起我们对于平民教育改善的兴味。最后，晏阳初先生用一千字编成课本，在长沙、烟台、嘉兴等处从事试验平民教育，更为省钱省时。在这事之前，有毕来思先生编的《由浅入深》和唐景安先生用六百字编的课本，都能引起一部分人的注意。这都是局部的试验。去年六月，熊秉三夫人参观嘉兴平民学校之后，就偕同晏阳初先生和我们筹备中华平民教育促进会的组织，同时推举朱经农先生和我依据国情及平民需要编辑课本，并推请王伯秋先生在南京主持平民教育之试验。八月，乘中华教育改进社年会在清华学校开会之期，邀集各省区教育厅、教育会代表到会讨论进行方针及计划。中华平民教育促进会总会即于此时成立。十月开始推行，离现在为时不过九个月，已推行到二十省区，读本会《平民千字课》的人民已有五十万人。由此可见，全国对于平民教育有极热烈的欢迎和极浓厚的兴趣。

四　平民教育现行系统

中华平民教育促进会总会是个全国的总机关，有董事部总其成。董事有两种：一为省区董事，每省区二人；二为执行董事，一共九人，推举在京之会员担任。董事部聘请总干事担任进行事宜。

总会之下，有省、县、市、乡平民教育促进会分会，管理一省、一县、一市、一乡的平民教育事宜。一市中之各街和一乡中之各村，都要设平民教育委员会以担负此街、此村之平民教育。现在省区设分会的已有二十省区。省区之下未有确数。一条街的平民教育正在北京之羊市大街和南京之府东大街试办；一个村乡的平民教育正在休宁之隆阜和西村等处试办。

五　教育组织

教育组织最要符合社会情形和人民生活的习惯。因此我们对于平民教育主张，采用三种形式以适应各种人民的需要：

（一）**平民学校**　这个采用班次制度。大班一二百人以上用幻灯教；小班三四十人以上用挂图、挂课教。这和通常的班级教学差不多，无须解释。

（二）**平民读书处**　但是社会里有许多人因职务或别种关系不能按照钟点来校上课，我们就不得不为他们想个变通的办法。这办法就是平民读书处，以一家、一店、一机关为单位。请家里、店里、机关里识字的人教不识字的人。教的人是内里的，学的人也是里头的。这是内里识字的人同化内里不识字的人的办法。如果主人负责督促，助教每星期受一次训练，并加以定期的指导，平民读书处可以解决一部分的问题。山东第一师范现在以一个学校的同志办一千多人的平民教育，就是采用这个办法。

（三）平民问字处 这是南京平民教育促进会总务董事王伯秋先生发明的。社会上有些人不但不能按时上学，并且家里无人教导，因此平民学校和平民读书处都不能解决。这些人大半属于流动性质，如做小本生意的人或车夫之流。平民问字处就设在有人教字的店铺里、家庭里或机关里。凡承认担任教字的店铺、家庭、机关，随便什么人要问《千字课》里的字，都可以向他们问。比如摆摊的人摆在哪个平民问字处门口，就可乘空向他们请教；车夫停在哪个平民问字处门口，也可乘无人坐车的时候学几个字。这个法子现在南京试验。

六 教材教具

平民教育重要的工具是课本《千字课》。这部书的一千多字是根据陈鹤琴先生调查的《字汇》选择的。编书的大目标有四：（一）是自主的精神，（二）是互助的精神，（三）是涵养的精神，（四）是改进的精神。全书九十六课，用九十六天，每天一个钟点就可以教完。我们的方针是要求其易懂而有趣味，使他们读了第一课就想读第二课，用他们自然的兴味，来维持他们的恒心和努力。现在仍旧照这个方针在这里修改，总希望愈改愈适用。

辅助教具之最重要的有二：一是幻灯，现由青年会在那里力求改良，总要他格外价廉合用；二是挂图，比幻灯便宜些，宜于小班用。

七 考成

平民学校和平民读书处的学生普通四个月毕业。毕业之时，用测验方法考一下。及格的发给识字国民文凭（Certificate for Literate Citizenship）；考不及格可以下次再考，考到及格为止。教师的奖励看及格学生数目而定。凡教了三十人，经考试及格的可得平民良师的证书（Certificate of Peopte's Teacher）。其他对于平民教育出力及捐资的人员，都有相当的奖励，或由本会发给，或请政府发给。各地同志并不为奖励始肯出力，本会之发给奖励只是对于他们有价值的工作，加以相当之承认。

八 经费问题

平民教育的经费现在已经节省到最低限度。我们的《千字课》承商务印书馆之帮忙，几乎是照本钱出卖。一角洋钱可以买一部，共四本。如果采用读书处的办法，只须两角钱就可教一个人。平民学校贵些，每人也不过四五角钱。加用幻灯，每人至多一元钱也就够了。

我们希望省、县的平民教育，都列入正式预算。国家也应将筹定的款，辅助各地勇猛进行。这虽是我们应有的计划，但我们并不等候政府筹定的款才去进行。我们要教育普及，尤其要担负普及。我们现在要试行一种"一元捐"的办法，使社会大多数人民，都为平民教育挑一个小小的担子，并使他们个个人都和平民教育发生一点密切的关系。我们深信为公益捐钱，也是一种很有价值的教育。我们要社会学给与，不要他们学受取或看别人给与。我们相信这种"一元捐"推行之后，再加点附加税，就可以够用了。

九　强迫是一种必要手续

社会上有三种人：（一）是自动要读书的；（二）是经劝导后才愿读书的；（三）非强迫不愿读的。我们就经验上观察，十人中怕有三人或四人非强迫不行；此外还有二人或三人，有了强迫的办法就可赶快去读。所以强迫是必要的。强迫有两种：一是社会自动的强迫。例如改进社等机关对听差的宣言："从今天起，不愿读书的不能在本社服务。""自民国十四年一月一日起，无识字国民文凭的人不能在本社服务。"协和医院对工役的宣言："在一定时期内，没有读了《千字课》不得加薪。"一类的办法，都是自动的强迫。至于政府的强迫令，也是重要的。芜湖房道尹、察哈尔张都统、河南王教育厅长都曾考虑过强迫平民教育的办法，陆续总有地方可以实现。他们所考虑的办法中有四条很值得实行的：（一）是县知事以下以推行平民教育为考成之一；（二）是预行布告人民某年某月某日以后，十二岁以上之人民出入城门应经警察持《千字课》抽验，会读者放行，不会读者罚铜元一枚；（三）"愚民捐"（Ignorance Tax）在某年某月某日以后，凡机关里、店铺里、家庭里或任何组织里，如有不会读《千字课》之十二岁以上之人，每月纳"愚民捐"洋一角，到会读为止。"愚民捐"由主人及本人各任半数；（四）凡主人有阻碍属下读书行为，一经发觉，得酌量罚款。

十　下乡运动

中国以农立国，十有八九住在乡下。平民教育是到民间去的运动，就是到乡下去的运动。现在有一个方法很有效力。学校里到夏天和冬天都要放假，大多数的学生都要回到自己的村、乡里去。我们劝他们带《千字课》回家宣传平民教育。入手办法有三种：（一）是把村、乡里识字的人找来给他们一种短期的训练，教他们如何教自己家里的人；（二）把村里不识字中之聪明的招来，每天教他们四课，同时叫他们每人回家教一课。只须一个月他们就可读会四本书并教毕一本。他们一面学，一面教，一个月之后都可以做乡村里的教师了；（三）大一点的乡村里总有私塾，可以劝导私塾先生采用《千字课》，并用空闲时间为乡人开班教《千字课》本。

乡村平民教育当推香山慈幼院对于西山附近乡村的规划为最有系统。他以各小学为一中心点，令附近每家来一人上学，学好后回家教别人。读书之外，还教些实用的职业。我们很希望这个计划能成事实。

十一　女子不识字问题

不识字的最大多数就是女子。平民学校因年龄较大又未经学校训练，不便男女同学，更使这个问题难于解决。我们现在采用的办法是：（一）为女子专办女子平民学校；（二）家庭中多办平民读书处，使自己的人教自己的人；（三）劝女学生寒暑假回乡教乡村里的妇女；（四）极力提倡女子学校教育造就女子领袖，使女子平民教育可以尽量推广。

十二　继续的平民教育

四个月的《千字课》教育，虽然有些实用，但和完备的教育比较起来，真是微乎其微。况且受过这种教育之后，如何去维持，使他们不致忘却并能运用，真是一个最重要的问题。所以我们一面推行，一面就计划继续的办法。（一）我们要和国内最大的日报合作，编辑一个《平民周刊》，一面随报附送，一面单行发卖，使平民毕业学生，可以得到看报的乐趣，又可以得些世事的消息和做人的道理。现请定朱经农先生为总编辑，由《申报》印行，定于六月二十八号出版，每周行销六万份。（二）我们请了专家四十几位分任编辑《平民丛书》数十种，供给平民阅览。对于上列二事，改进社很出力帮忙。为了充分推广起见，我们要在火车上、轮船上甚至于三家村、五家店，都要设法分销，使平民便于购买。又请图书馆专家，规划设立平民阅览室，以便平民可以到适中地点看书看报。中华职业教育社也在编辑《平民职业小丛书》，也是很有益的。（三）有些学生对于四个月之后，很想继续受职业的训练，求生计上之改善。这是更加要紧的。我们为分工起见，希望中华职业教育社特别加以注意。（四）平民学生当中已经发现有特别聪明的学生，这些学生应当再受国家或社会充分的培植。我们对于他们特别加以注意，并要扶助他的升学。

十三　训练相当人才

这是一个大规模的运动，义务繁，责任重，必须训练多数相当的人才分工合作才能按期收效。第一要训练的就是推行干事。各地对于平民教育既有如许热心，总会最大的责任是派遣有干才的人员，帮助各地组织、指导他们进行，并给各地办理平民教育的人一种相当的训练。总会对于省区，省区对于各县各市，各县对于各乡，各市对于各街，都应负训练指导之责，才能收一致之效。第二要训练的就是教师。平民学校教师采用讨论会办法，寓训练于讨论之中。平民读书处助教就须用师范班办法加以有规律之训练。第三，省视学、县视学是地方提倡平民教育最可收效之人。宜有短期之讲习会，详细讨论推行平民教育之办法以利进行，这种讲习会不久就要召集。

十四　官民一致合作之效力

自平民教育开办以来，固然免不了一部分人的怀疑和少数人的阻碍。但因平民教育运动宗旨纯正，国人相信从事者始终以人民幸福为前提，绝无政治、宗教或任何主义之色彩，所以到处受欢迎。各地推行平民教育的时候，军、政、警、绅、工、商、学、宗教各界无不通力合作，这种一团和气的现象真是少见的。学界对于此事之热心是一件预料的到的事。多数的教员、学生本着他们诲人不倦的精神，担任教学，研究推广等事，实在可以佩服。商界对于此事也有热心提倡者。都市里提倡平民教育一大半要靠商界。汉口各商团联合会周会长（即周景堂）尤其热心，他手创的几个平民学校都很有成绩。听说他还有二十五个学校正在筹备中。汉口商界是可以为全国模范的。工厂主人提倡此事最力的有武昌李紫云先生。我们很希望全国的工厂继起提倡工人的平民教育。南京有五十几位说书人，在说书的时候，把读书的好处，夹在说书当中劝导听者。他们还逢三、六、九的日子，到四城演讲读书的重要。他们还编道情（Folk Lore or Popular Songs）唱给人民听，劝他们读书。这些说书人最明白平民心理，真是最好的平民教师。我们很希望全国的说书人都起来为平民服务。各地政府对于平民教育表同情的有很多。江苏首先捐助巨款开办南京平民教育的试验，湖北也极力提倡。江西、察哈尔等处都很出力，近来奉天令军队数万人受平民教育，尤为平民教育前途最可庆贺的一件事。民政长官中最先提倡平民教育的为江苏韩紫石省长。安徽前省长吕调元令省公署卫队、公役受《千字课》教育，可惜中途为马联甲长皖时所停止。湖北省长公署也办了一班，已经毕业，现正在筹备继续。安徽教育厅长江彤侯令全厅公役一律读书，为强迫平民教育之第一幕，中间虽经谢学霖厅长任上之停顿，但新任教育厅长卢绍刘已经恢复，进行顺利。赣、鄂二教育厅也相继举办，为全省树之风气，甚为可喜。芜湖房道尹、察哈尔张道尹都很提倡。县公署里办平民教育的也有许多处。警察为推行平民教育最要人员之一。在都市中，警察与商界有同等的力量。南京警官亲自教平民学生，警士帮助劝学非常热心。武昌警察总署及分区共办平民读书处二十九处，不识字之警察、公役一律读书，不愿读书的开除。这是何等的有效力！九江的警察也很提倡。监狱里的犯人除做工外没有别事做。我们正可借此机会教他们读好书，做好人。现在新监里教《千字课》有安庆、南昌、南京、武昌、汉口各处。还有利用识字犯人教不识字的犯人的，真是可喜。

十五　南北对于平民教育一致提倡之好现象

对于平民教育不但各界合作，而且南北也是合作的。广东、云南、湖南、东三省、四川以及其他各省区都协力进行。这真是所谓人同此心，心同此理。中国政治虽不统一，但教育是统一的。我们深信统一的教育可以促成统一的国家。

十六　结语

我们的希望是：处处读书，人人明理。如照现在国人对于此事的合作和热度观察，十年之内当有相当的成效。但我们不能以普及四个月一千字的教育为满足。我们应当随国民经济能力之改进，将他们所应受之教育继长增高到能养成健全的人格时，才能安心。这是我们共同的希望，也是我们今后共同努力的方向。

原载 1924 年 10 月《中华教育界》第 14 卷第 4 期

南京安徽公学创学旨趣

　　南京在清朝为两江之都会，和安徽有密切的历史关系；就地理说，又和安徽十分接近。中国兴学以来，南京即为全国教育中心之一。安徽的学者和学子来此传道授业的，素来很多。清朝即有上江公学之设，民国成立后，因故停办，殊为憾事。"五四"以后，安徽学潮屡起，学生不能安心肄业，纷纷投到南京求学的，源源不绝。但南京学校格于种种限制，有志有才的学生不免向隅。安徽旅宁同乡会和旅宁同学会，看此景况，深表同情，就联合起来共谋上江公学之恢复。于十二年秋季开学，改名为南京安徽公学。所以，安徽公学的设立，是迫于一种不能自已的同情心。因为安徽旅宁前一辈的人，对于后一辈的少年，发生了一种学问上的同情心，才有安徽公学的产生。

　　有了这种同情的基础，所以我们最注重师生接近，最注重以人教人。教职员和学生愿意共生活，共甘苦。要学生做的事，教职员躬亲共做；要学生学的知识，教职员躬亲共学；要学生守的规矩，教职员躬亲共守。我们深信这种共学、共事、共修养的方法，是真正的教育。师生有了共甘苦的生活，就能渐渐地发生相亲相爱的关系。教师对学生，学生对教师，教师对教师，学生对学生，精神都要融洽，都要知无不言，言无不尽。一校之中，人与人的隔阂完全打通，才算是真正的精神交通，才算是真正的人格教育。

在共同生活中，教师必须力求长进。好的学生在学问和修养上，每每欢喜和教师赛跑。后生可畏，正是此意。我们极愿意学生能有一天跑在我们前头，这是我们对于后辈应有之希望。学术的进化在此。但我们却不能懈怠，不能放松，一定要鞭策自己努力跑在学生前头去引导他们，这是我们应有的责任。师道之可敬在此。所以我们要一面教，一面学。我们要虚心尽量接受选择与本职本科及修养有关系之学术经验来帮助我们研究。要教学生向前进，向上进，非自己努力向前进、向上进不可。

安徽公学是个贫穷的学校。办贫穷的学校如同管贫穷的家事一样。用一文钱，必问："这一文钱该用吗？"费一分光阴，必问："这一分光阴该费吗？"光阴与钱都有限，该用才用，不该用必不用；用必尽其效。爱惜光阴，就是不为无益害有益。将无益的时间腾出，则从事有益的时间有余裕了。然后学生可以从容问学，怡然修养，既不匆忙劳碌，那身心自然渐渐地有润泽了。节省经费，不是因陋就简，乃是移无用为有用。我们既不甘于简陋，来源又不易开，要想收相当的效果，自非革除浪费不为功。用最少的经费，办理相当的教育，是我们很想彻底努力的一个小试验。

现今办学的人，每存新旧宽严之见。我们只问是非好坏，不问新旧宽严。是的、好的，虽旧必存；非的、坏的，虽新必除。应宽则宽，应严则严。随时、随地、随人而施教育，初无丝毫之成见。我们承认欲望的力量，我们不应放纵他们，也不应闭塞他们。我们不应让他们陷溺，也不应让他们枯槁。欲望有遂达的必要，也有整理的必要。如何可以使学生的欲望在群己相益的途径上行走，是我们最关心的一个问题。总之，必使学生得学之乐而耐学之苦，才是正轨。若一任学生趋乐避苦，这是哄骗小孩的糖果子，决不是造就人才的教育。

最后，我们要谈谈我们心中所共悬而藉以引导我们进行的目标。

一，我们都是学生，教师的一部分生活也是学生——就要负学问的责任。做学问最忌的是玄想，武断，尽信书；以差不多自足，以一家言自封。我们要极力的锻炼学生，使他们得到观察，知疑，假设，试验，印证，推想，会通，分析，正确种种能力和态度，去探求真理的泉源。简单些说，我们研究学问，要有科学的精神。

二，我们是物质环境当中的人。我们对于四周的环境，最忌是苟安，同流合污，听天由命，不了了之。有进取性的人，要求改造。但是驱了乌合之众，叫嚣乱斫算得改造吗？改造应当秉着美术的精神，去运用科学发明的结果，来支配环境，使环境现出和谐的气象。我们要有欣赏性的改造，不要有恐怖性鬼脸式的改造。换句话说，我们改造环境，要有美术的精神。

三，我们不但是物质环境当中的人，并且是人中人。做人中人的道理很多，最要紧的是"富贵不能淫，贫贱不能移，威武不能屈"这种精神，必须有独立的意志，独立的思想，独立的生计和耐劳的筋骨，耐饿的体肤，耐困乏的身，去做他摇不动的基础。近今国人气节，销磨殆尽，最堪痛心。倘不赶早在本身、后辈身上培植一种不可屈挠的精神，将何以为国呢？至于今日少数具有刚性的领袖，又因缺少度量，自取失败，并以此丧失国家的元气，至为可惜。那么推己及人的恕道，和大公无我的容量，也是做人中人的最重要的精神。把这几种精神合起来，我找不到一个更好的名词，就称他为大丈夫的精神罢。我们处世应变，要有大丈夫的精神。

科学的精神，美术的精神，大丈夫的精神，都不是凭空所能得来的。我们要在"必有事焉"上下手。我们要以事为我们活动的中心。研究学问要以事为中心，改造环境要以事为中心，处世应变也要以事为中心。我们要用科学的精神在事上去求学问，用美术的精神在事上去谋改造，用大丈夫的精神在事上去炼应变。我们愿意一同努力朝着这三个目标行走。活一天，走一天；活到老，走到老。

原载 1924 年 12 月 8 日《申报·教育与人生》

中国教育政策之商榷

国家运用教育以达立国之目的时，在天然与社会环境中，必遇种种助力与障碍。因助力与障碍而发生进行上之种种问题。解决此种种问题，必须预拟种种合乎实际情形之公式，俾能运用助力排除障碍以谋目的之贯彻。此种种公式谓之教育政策。中国教育政策因教育当局而变。教育当局或以无政策进，无政策退；或有政策而偏于主观，将全国之教育供一人之武断，流弊何堪设想！是宜集思广益，审查国情，确定全国公认之教育政策，以达国家建设之目的。今兹所提，实为个人之意见，志在引起教育同志之讨论批评，俾现代教育政策可以符合公意，早观厥成。此本讲所以出于商榷之意也。

政策一 正式学校教育为国家之公器，应超然于宗教、党纲之上。

政策二 培养国家观念、爱国实力及大国民之气概。

政策三 运用科学，征服自然，其道在选择有科学天才之儿童，加以特别训练。对于有科学天才之专家，予以研究机会，并以极尊荣之名誉，鼓励有关国计民生之发明。

政策四 训练人民，为本身及国家作最有效力及随机应变之组织。

政策五　灌输经济学识，俾人民明了经济学之基本原理，以应付现代之劳资问题。

政策六　对于已在职业界服务之人民，教以改良旧职业之学识技能。

政策七　厉行身教，以谋学风之整顿。

政策八　发展国民性及各省区人民之优点，以尽其特别贡献。

政策九　下级行政机关，应有自动进行之自由，并负切实办理之责任。高级行政机关，应建立最低限度之标准，并负督促指导、补助提倡、联络纠正之责。

政策十　用人以贤者在位、能者在职为标准。

政策十一　办理学务，必须有计划预算以为进行之指导。

政策十二　应兴应革事宜，必须根据客观的调查及分析的研究。

政策十三　增进并运用各种力量，以适应及改良各种需要。

政策十四　确定并保护渐进敷用之教育税，以应进化国家之需要。

政策十五　保护教育机会均等。

政策十六　各省区、蒙、藏应逐渐设立大学，至少一所。吸收硕学通才，以为产生文化，整理文化及主张正谊之中心。先着手设立文化院，以植大学之基。

政策十七　培植蒙贤治蒙，藏贤治藏，并培植五族共和之公民资格，以谋国内民族之合作。

政策十八　提倡以乡村学校为改造乡村生活之中心，乡村教员为改造乡村生活之灵魂。其具体办法，应设试验乡村师范学校以实验之。

政策十九　本国大学毕业后，始准留学。留学时至少必须有一年游历各国，以减少未来领袖思想上不必须之冲突。

政策二十　用批评态度，介绍外国文化，整理本国文化。

政策二十一　扶助交通，以利教育之推行。

政策二十二　鼓励专家研究试验符合本国国情适应生活需要之各种学校教育，以作学校化学校之根据。

原载 1925 年 9 月《新教育》第 11 卷第 2 期

学生的精神

　　知行此次因全国教育联合会事来湘，今天得与诸君见面，这是很愉快的。知行是世界的学生，诸君是学校的学生，今天是以学生资格，对诸君谈话。有些议论，也许诸君是不愿听的。但是"忠言逆耳利于行"，诸君或者能够原谅。

　　我现在要讲的题目，就是"学生的精神"。在我未说这题目之先，有点意思对诸君说一说：现在中国许多学生及一般教员，有一个很大的通病，就是容易"自满"。不论研究何种学科，只有相当的了解，即洋洋自得、心满意足。尤其是在过教员生活的，觉得自己处在教师地位，不必再去用功研究了。中国"四书"上有两句话说："学而不厌，诲人不倦。"这真真是千古不灭的格言，并且是两句不能分开的话。因为要"学而不厌"，才能够做到"诲人不倦"。例如我们来教一班小学生，倘若自己全不加以研究，只照着别人编的书本，自己抄的老笔记，依样画葫的教去，当学生的，固然不能受多大的益，当教师的，也觉得不胜其烦，没有多大的趣味。如是的粉笔生涯，不能不厌烦了。倘若当教师的，自己天天去研究，有所得的，即随时输之于学生，如此则学生受益较多，即当教师者，也觉得有无穷的乐趣。所以学生求学，固然要"学而不厌"，就是当了教员，还是要继续的"学而不厌"。这可说是我现在要讲的"学生的精神"的先决问题。

现在开始来讲"学生的精神"了。学生精神,大约分之为三点:

（一）学生求学须具有科学的精神　我们不论研究什么学科,总要看一个明白,想一个透彻,多发些疑问,切不可武断盲从。例如别人要我们信仰国家主义,我们必须明了国家主义的内容是否合于现代社会,才定信仰不信仰的方针。其他,社会主义亦然,无政府主义亦然……尤其我们研究科学之时,碰到一个问题来了,"知之则知之,不知则不知"。因为我们自己知道自己不知的地方,那还有能够知道的一日;倘若不知的而认以为知,那么,不知道的,终究没有知道的日子了;还可说是自己斩断自己求学的机能,所以我们学生求学,第一步就要有科学的精神。

（二）要改造社会必具有委婉的精神　我们在任何环境里面做事,不可过于急进。譬如园丁栽花木,倘只执一镰斧,乱砍荆棘,我相信花木,亦必随之而受伤。务须从旁着想,怎样才能使荆棘去掉,那么,非用委婉的工夫不可。改造社会,也是一样,尤其是我们学生,因为是领导民众的中坚分子,倘用乱刀斩麻的手段,必引起一般民众起畏惧之心,怎样还讲得社会改造?所以我们要社会改造,也需要用委婉的精神,走到民众前头,慢慢地领他们向前走,并且还要告示他们向前走的方法。如此才有社会改造的希望。不然,任你如何轰轰烈烈倡社会改造,社会还是不能改造的。

（三）应付环境必具有坚强人格和百折不回的精神　我们处

在任何环境里面，必抱有坚强人格，不可自由摇动，尤其到了利害生死关头之时，必富有"富贵不能淫，贫贱不能移，威武不能屈"的气慨。这才算得一个真正的大丈夫，真正的国民。现在中国一班学生——其实不仅是学生——在普通情形的时候，各人的性格，好像没有多大的区别。但到危急存亡利害相冲的关头，就看得清清楚楚，各人露出自己的本来面目。中国民众的不能团结，这就是一个很大的原因。所以我们处在任何的环境里面，坚强不摇的人格及不屈不挠的精神，决不能少的，尤其在我们学生时代。我现在要举一段历史例子给诸君听，就是明朝的方孝孺先生，当燕王棣篡位之时，使他草《即位诏》，他大书"燕王篡位"四字，因此被夷十族。当燕王篡位之时，势力胜过现在的任何军阀，但不能压迫方先生一笔锥。可见方先生的人格及不怕死的精神，真令人钦佩而尊敬，亦可证明读书人不可忘掉气节。

学生的精神，大概分为上列三点。我觉得在今日的学生中，亟宜注意的。因时间仓卒，说得不周到处，请诸君原谅！

原载 1925 年 12 月 1 日《民国日报》

师范教育下乡运动

上月十四、十五两日，江苏省立师范分校联合会在黄渡举行第二届常会，他们的附属小学也组织了一个联合会，于十五日举行成立典礼。这两件事是关心乡村教育的人应得注意的。

中国的师范学校多半设在城里，对于农村儿童的需要苦于不能适应。城居的师范生平日娇养惯了，自然是不愿到乡间去的。就是乡下招来的师范生，经过几年的城市化，也不愿回乡服务了。所以师范学校虽多，乡村学校的教员依然缺乏。做教员的大有城里没人请才到乡下去之势。这种教员安能久于其职，又安能胜乡村领袖之重任呢？江苏义务教育期成会袁观澜、顾述之二先生觉得乡村教师需要之急，而培养之法更不能不改善，所以发起每个师范学校在乡间设立分校，以为造就乡村师资之所；每分校并设附属小学一所，以资乡村师范学生之实习。现在一师、二师、三师、四师、五师都设有分校和分校的附属小学。这个师范分校联合会和分校附小联合会就是这些师范学校的分校和分校附小组织成功的。他们的宗旨在联络研究共谋各该校教育上之改进及乡村教育之发展。我国师范学校以合作及研究精神图谋乡村教育之发展的，实以此为起点。

这次分校联合会总共商议了四十一个案件，内中有好几个案件都是很关重要的。这次会议最出色的一件事就是各种乡村教育问题之分门研究，如公民科、史地科、国语科、数学科、教育科、农业科、理科、音乐科、图画手工科、体育科、童子军、各门的课程大纲及农场作业分配、推广农村教育、学业成绩考查法、训育、健康教育、师范生实习等问题都有委员会负责研究。这种分门的研究总比囫囵的空谈要切实些。

我以为乡村师范学校负有训练乡村教师、改造乡村生活的使命。师范学校在乡村里设分校，在乡村的环境里训练乡村师资，已经是朝着正当的方向进行了。我们的第二步办法就是要充分运用乡村环境来做这种训练的工夫。我们要想每一个乡村师范毕业生将来能负改造一个乡村之责任，就须当他未毕业之前教他运用各种学识去作改造乡村之实习。这个实习的场所，就是眼面前的乡村，师范所在地的乡村。舍去眼面前的事业不干而高谈将来的事业，舍去实际生活不改而单在书本课程上做工夫，怕是没有多大成效的。我们不要以为把师范学校搬下乡去就算变成了乡村师范学校。不能训练学生改造眼面前的乡村生活，决不是真正的乡村师范学校。

江苏师范分校尚属试办性质，他的效果，尚难预测。但他们对于乡村教育那点通力合作分门研究及实地试验的精神，却是很宝贵而为全国师范学校所应取法的。

原载 1926 年 1 月 8 日《新教育评论》第 1 卷第 6 期

整个的校长

去年我对南开中学学生演讲"学做一个人"，曾经提出五种"非整个的人"，内中有一种就是分心的人。分心的人是个命分式的人，不是个整个的人。整个的人的中心，只放在一桩主要的事上。他的心分散在几处，就是几分之一的人。这类人包括兼差的官吏，跨党的党人，多妻的丈夫。俗语说"心挂两头"就是这类人。这类人是命分式的人，不是整个的人。

做一个学校校长，谈何容易！说得小些，他关系千百人的学业前途；说得大些，他关系国家与学术之兴衰。这种事业之责任不值得一个整个的人去担负吗？现在不然。能力大的人，要干几个校长。能力不够或时间不敷分配的，就要找几个人，合起伙来，共干一个校长。我要很诚恳地进一个忠告：一个人干几个校长，或几个人干一个校长，都不是整个的校长，都是命分式的校长。试问，世界上有几个第一流的学校是命分式的校长创造出来的？国家把整个的学校交给你，要你用整个的心去做整个的校长。为个人计，这样可以发展专业的精神，增进职务的效率。为学校计，与其做大人名流的附属机关，不如做一个学者的专心事业。具体地说：去年教育部所开的总长兼校长和校长兼校长的例不但不应沿袭，并且应当根本铲除。我希望现在以总长兼校长的诸公都自动地辞去总长或校长，以校长兼校长的诸公都自动地以担任一校校长为限。至于某大学设立会办一层，似有几人合做校长之情形；此种新例，亦不可开。总之，为国家教育计，为个人精力计，一个人只可担任一个学校校长。整个的学校应当有整个的校长，不应当有命分式的校长。

原载 1926 年 2 月 5 日《新教育评论》第 1 卷第 10 期

我之学校观

学校的势力不小。他能教坏的变好，也能教好的变坏。他能叫人做龙，也能叫人做蛇。他能叫人多活几岁，也能叫人早死几年。

学校以生活为中心。一天之内，从早到晚莫非生活，即莫非教育之所在。一人之身，从心到手莫非生活，即莫非教育之所在。一校之内，从厨房到厕所莫非生活，即莫非教育之所在。学校有死的，有活的。那以学生全人全校全天的生活为中心的，才算是活学校。死学校只专在书本上做工夫。间于二者之间的，可算是不死不活的学校。

学校是师生共同生活的处所。他们必须是共甘苦。甘苦共尝才能得到精神的沟通，感情的融洽。国家大事，世界大势，亦必须师生共同关心。学校里师生应当相依为命不能生隔阂，更不能分阶级。人格要互相感化，习惯要互相锻炼。人只晓得先生感化学生、锻炼学生，而不知学生彼此感化锻炼和感化锻炼先生力量之大。先生与青年相处，不知不觉的，精神要年轻几岁，这是先生受学生的感化。学生质疑问难，先生学业片刻不能懈怠，是先生受学生的锻炼。这是不可避免的，也是好现象。总之：师生共同生活到什么程度，学校生气也发扬到什么地步，这是丝毫不可以假借的。李白诗说："黄河之水天上来，奔流到海不复回。"这好比是学生的精神。办学如治水，我们必须以导河的办法把学生的精神宣导出去，使他们能在有益人生的事上去活动，倘不能因势利导，反而强事压制，那么决堤泛滥之祸不能幸免了。

康健是生活的出发点，亦就是学校教育的出发点。学问、道德应当有一个活泼稳固的基础，这基础就是康健。俗话说："百病从口入。"同志们务必注意，办学校是要从厨房饭厅办起的。

生活之发荣滋长，必须有吸收滋养料的容量。学校教职员必须虚心，学而不厌。我以为，不但教师要学而不厌，就是职员也要学而不厌。因为既以生活为学校的中心，那么各种事务都要含有教育的意义。从校长起一直到厨司校工，各有各的职务，即各有各的学问要增进。增进之法有二：一是各有应读之书必须读；二是各有应联之专家同志必须联。一个学校要想有美满的生活，必须和知识的泉源通根水管，使得新知识可以源源而来。

学校生活只是社会生活一部分。学校不是道士观、和尚庙，必须与社会生活息息相通。要有化社会的能力，先要情愿社会化。

学校生活是社会生活的起点。远处着眼，近处着手，改造社会环境要从改造学校环境做起。全校师生应当以美术的精神共同改造学校环境。凡应当改造的，一丝一毫都不肯轻松放过，才能表现真精神。师生不能共同改造学校环境而侈谈社会改造，未免自欺欺人。

高尚的生活精神不用钱买，不靠钱振作，也不能以没有钱推诿。用钱可以买来的东西，没有钱自然买不来。用钱买不来的东西，没有钱也是可以得到的。高尚的精神如同山间明月、江上清风一样，是取之无尽，用之无穷的。没有钱是一事，没有精神又是一事。有钱而无精神和无钱而有精神的学校，我都见识过。精神是不靠钱买的，精神是在我们身上；我们肯放几分精神，就有几分精神。不关有没有钱，只问我肯不肯把精神放出来。

我们要学校生活生长得敏捷圆满，就得要把他放在光天化日之下。太阳光底下可以滋长，黑暗里面免不掉微生物。所以我主张学校要给人看。做父母的，管学务的，以及纳教育税的人都要看学校，要学校改良。做校长的，做教育的，都要欢迎人参观批评，以补自己之不足。学校放在太阳光里必能生长，必能继续不断地生长。

我对于学校悬格并不要高，只希望大家把学校办到一个地步：情愿送亲子弟入校求学就算好了。清朝往往有办学的人不令子弟入学，时论以为不恕。现每主持省县教育者，亦颇有以子弟无好学校进为虑，甚至送入外人设立学校肄业，真正令人不解。我要有一句话奉劝办学同志，这句话就是"待学生如亲子弟"。

十五、九、二十。

原载 1926 年 11 月 5 日《微音》第 27、28 期合刊

创设乡村幼稚园宣言书

从福禄伯发明幼稚园以来，世人渐渐地觉得幼儿教育之重要；从蒙铁梭利毕生研究幼儿教育以来，世人渐渐地觉得幼稚园之效力；从小学校注意比较家庭送来与幼稚园升来的学生性质，世人乃渐渐地觉得幼儿教育实为人生之基础，不可不乘早给他建立得稳。儿童学者告诉我们，凡人生所需之重要习惯、倾向、态度，多半可以在六岁以前培养成功。换句话说，六岁以前是人格陶冶最重要的时期。这个时期培养得好，以后只须顺着他继长增高地培养上去，自然成为社会优良的分子；倘使培养得不好，那么，习惯成了不易改，倾向定了不易移，态度决了不易变。这些儿童升到学校里来，教师需费尽九牛二虎之力去纠正他们已成的坏习惯、坏倾向、坏态度，真可算为事倍功半。至于不负责的教师，哪里顾得到这些。他们只一味地放任，偶然亲自看见了也不过给儿童一个消极的处分。于是坏习惯、坏倾向、坏态度蓬蓬勃勃地长，不到自害害人不止。这是必然的趋势。

有志儿童幸福的人和有志改良社会的人，看此情形就大呼特呼地提倡广设幼稚园。但提倡的力竭声嘶，而响应的寥若晨星。都市之中尚有几个点缀门面，乡村当中简直找不到他们的踪迹。这也难怪，照现在的情形看来，幼稚园倘不经根本的改革，不但是乡村里推不进去，就是都市里面也容不了多少。

依我看来，现在国内的幼稚园害了三种大病：一是外国病。试一参观今日所谓之幼稚园，耳目所接，那样不是外国货？他们弹的是外国钢琴，唱的是外国歌，讲的是外国故事，玩的是外国玩具，甚至于吃的是外国点心。中国的幼稚园几乎成了外国货的贩卖场，先生做了外国货的贩子，可怜的儿童居然做了外国货的主顾。二是花钱病。国内幼稚园花钱太多，有时超过小学好几倍。这固然难怪，外国货哪有便宜的。既然样样仰给于外国，自然费钱很多；费钱既多，自然不易推广。三是富贵病。幼稚园既是多花钱，就得多弄钱，学费于是不得不高。学费高，只有富贵子弟可以享受他的幸福。所以，幼稚园只是富贵人家的专用品，平民是没有份的。

我们现在所要创办的乡村幼稚园，就要改革这三种弊病。我们下了决心，要把外国的幼稚园化成中国的幼稚园；把费钱的幼稚园化成省钱的幼稚园；把富贵的幼稚园化成平民的幼稚园。

一、建设中国的幼稚园　我们在这里要力谋幼儿教育之适合国情，不采取狭义的国家主义。我们要充分运用眼面前的音乐、诗歌、故事、玩具及自然界陶冶儿童，外国材料之具有普遍性、永久性的亦当选粹使用，但必以家园所出的为中心。

二、建设省钱的幼稚园　打破外国偶像是省钱的第一个办法。我们第二个办法就是训练本乡师资教导本乡儿童。一村之中必有一二天资聪敏、同情富厚之妇女。我们就希望她们经过相当训练之后，出来担任乡村幼稚的教师。她们既可得一新职业之出路，又可使幼稚园之薪金不致超过寻常小学额数。岂不是一举两得？这些妇女中最可有贡献而应最先训练的，无过于乡村校长教员之夫人、姊妹及年长的女学生。她们受过训练之后，只要有人加以提倡，幼稚园就可一举而成。第三个办法就是运用本村小学手工科及本村工匠仿制玩具，如此办来一个钱可以抵数钱之用。三个办法同时并进，可以实现省钱的幼稚园。

三、建设平民的幼稚园　幼稚园花钱既省，取费自廉，平民的儿童当能享受机会均等。教师取之乡间，与村儿生活气味相投，身易亲近。这两件事都可以叫幼稚园向平民方面行走。但一个制度是否真能平民化，要看他是否应济平民的需要。就我们所观察，乡村幼稚园确是农民普遍的永久的需求。试一看乡村生活，当农忙之时，主妇更是要忙得天昏地黑。她要多烧茶水，多弄饭菜，多洗衣服，有时还要她在田园里工作，哪里还有空去管小孩子。那做哥哥，做姊妹的也是送饭，挑水，看牛，打草鞋，忙个不了，谁也没有工夫陪小弟弟、小妹妹玩。所以农忙之时，村中幼儿不是跟前跟后，就是没人照应，真好像是个大累，倘使乡村幼稚园办的得当，他们就可以送来照料。一方面父母又可以免去拖累，一方面儿童又能快快乐乐地玩耍，岂不是"得其所哉"！小学儿童，年龄较大，可以做事，农忙时颇能助父母一臂之力，要他上学，不啻减少农民谋生能力，所以有如登天之难。幼稚园则不然。他所招收的儿童，正是农民要解脱的担负，要他们进来，正是给农民一种便利。倘使办理得当，乡村幼稚园，可以先小学而普及。幼稚园既是应济平民的需要，自有彻底平民化之可能。我们只须扫除当路的障碍，使他早日实现就是了。

建设一个中国的、省钱的、平民的乡村幼稚园不是一说就可以成功的。我们必须用科学方法去试验，必须用科学方法去建设。我们对于幼稚园之种种理论设施都要问他一个究竟，问他一个彻底。我们要幼稚园里样样活动都要站得住。我们要这种种活动都用科学的方法，来建设一个省钱的、平民的、适合国情的乡村幼稚园。将来全国同志起而提倡，使个个乡村都有这样一个幼稚园，使个个幼儿都能享受幼稚园的幸福，那更是我们所朝夕祷祝的了。

原载 1926 年 10 月 29 日《新教育评论》第 2 卷第 22 期

南京中等学校训育研究会

南京中等学校近来组织了一个训育研究会，于本月九日开成立会，并于二十一日开第一次常会。这个研究会是由国立、省立、私立中等学校担任训育的职员组织而成的，可算是一个地方训育人员第一次对于训育问题之大协作。历来办学的人谈到学生品行问题就联想到宽严的观念。其实从前学校一味盲目的压制，近年学校一味盲目的放任，都是不应该走的错路。训育问题不是笼统的宽严问题。究竟什么事应当严？什么事应当宽？应当严的如何严法？应当宽的如何宽法？什么叫做严？什么叫做宽？我怕专在笼统的宽严问题上做工夫总寻不出什么条理来，所以希望担任训育的人，第一要打破宽严的观念，要在宽严以外去谋解决。真正的训育是品格修养之指导。我们要在"事"上去指导学生修养他们的品格。事应当怎样做，学生就应当怎样修养，先生就应当怎样指导。各种事有各种做法，指导修养之法也跟了它不同。同是一事，处不同之地，当不同之时，遇不同之人，那做的方法及指导修养的方法也就不能尽同了。怎样可以拿一个笼统的宽严观念来制裁他们呢？

训育上的第二个不幸的事体就是担任训育人员的消极作用。他们惯用种种方法去找学生错处。学生是犯过的，他们是记过的。他们和学生是两个阶级，在两个世界里活着，他们对于学生的问题困难漠不关心。我们希望今后办训育的人要打破侦探的技术，丢开判官的面具。他们应该与学生共生活，共甘苦，做他们的朋友，帮助学生在积极活动上行走。他们也不应当忘记同学互相感化的影响，最好还要运用同学去感化同学——运用朋友去感化朋友。

训育上还有个最不幸的事体，这事就是教育与训育分家，把教育看作知识范围以内的事，训育看作品行范围以内的事；以为学习知识与修养品行是受不同的原理支配的，甚至于一校之中管教务与训育者不相接洽，或背道而驰。殊不知学习知识与修养品行是受同一学习心理定律之支配的，我们如果强为分家，必至自相矛盾，必至教知识的不管品行，管品行的不学无术。所以我们希望担任训育的人，要打破知识品行分家的二元论，而在知识品行合一上研究些办法出来。

训育难办，中等学校的训育更难办，当今中国之中等学校训育尤其难办。然而难处即是有兴味处。他所以难是因为他问题繁多而复杂；他所以有兴味是因为他给我们研究的机会极丰富而不可限量。品行养成之要素是在一举一动前所下的判断。我们问题中之最大问题是如何引导学生于一举一动前能下最明白的判断。这样一来，即刻牵涉到善恶、是非、曲直、公私、义利之分。这样一来，即刻牵涉到个人所处的地位、时会及发生关系的人。这样一来，问题可就多了，可就难了，可就真有兴味了。知道这里的难处，欣赏这里的兴味，才可以干训育的事。任训育者不是查房间，管请假，记过，发奖品就算了事。他的最大责任是引导学生参与现代人生切要的生活，于一举一动前能下最明白的判断。全体教职员都有这个责任，即全体教职员都负有一部分训育上之任务，不过任训育者总其成罢了。

南京训育研究会的成立，就是一件很有价值的事。从此各人可以把实际的具体问题提出交换意见，共谋改进。最好是活动些，大家可以伸缩自如；不可勉强规定一致的办法，以致造成机械的、呆板的训育系统。这种会的贡献就在唤起各人之主动思想，倘使每人提出经验上发生的问题，叫参与讨论的人都不得不慎重考虑，去谋适当的解决，便是很有价值了。像这样的训育研究会才值得推广哩。

原载 1926 年 11 月 5 日《新教育评论》第 2 卷第 23 期

我们的信条

"我们的信条"虽是我用笔写的,但不是我创的。我参观诸位先生在学校里实际的工作,心里不由引起了好多印象,积起来共有十八项,我就依着次序编成这套信条。所以这是诸位先生自己原来的信条,早已接受实行,今日只是大家共同温习一遍,并下定决心,终身奉行,始终如一。

我们从事乡村教育的同志,要把我们整个的心献给我们三万万四千万的农民。我们要向着农民"烧心香"。我们心里要充满那农民的甘苦。我们要常常念着农民的痛苦,常常念着他们所想得的幸福,我们必须有一个"农民甘苦化的心"才配为农民服务,才配担负改造乡村生活的新使命。倘使个个乡村教师的心都经过了"农民甘苦化",我深信他们必定能够叫中国个个乡村变做天堂,变做乐园,变做中华民国的健全的自治单位。这是我们绝大的机会,也就是我们绝大的责任。

一、我们深信教育是国家万年根本大计。

二、我们深信生活是教育的中心。

三、我们深信健康是生活的出发点,也就是教育的出发点。

四、我们深信教育应当培植生活力,使学生向上长。

五、我们深信教育应当把环境的阻力化为助力。

六、我们深信教法、学法、做法合一。

七、我们深信师生共生活，共甘苦，为最好的教育。

八、我们深信教师应当以身作则。

九、我们深信教师必须学而不厌，才能诲人不倦。

十、我们深信教师应当运用困难，以发展思想及奋斗精神。

十一、我们深信教师应当做人民的朋友。

十二、我们深信乡村学校应当做改造乡村生活的中心。

十三、我们深信乡村教师应当做改造乡村生活的灵魂。

十四、我们深信乡村教师必须有农夫的身手、科学的头脑、改造社会的精神。

十五、我们深信乡村教师应当用科学的方法去征服自然，美术的观念去改造社会。

十六、我们深信乡村教师要用最少的经费办最好的教育。

十七、我们深信最高尚的精神是人生无价之宝，非金钱所能买得来，就不必靠金钱而后振作，尤不可因钱少而推诿。

十八、我们深信如果全国教师对于儿童教育都有"鞠躬尽瘁，死而后已"的决心，必能为我们民族创造一个伟大的新生命。

原载 1926 年 12 月 10 日《新教育评论》第 3 卷第 2 期

中国师范教育建设论

教什么？怎样教？教谁？谁教？这是师范学校的几个基本问题。要想把师范学校办得好，必须把这些问题先弄明白。

师范学校首先要问的是：教什么？这是教材问题。施教的人不能无中生有，他必得要运用环境所已有的事物去引起学生之活动。所以遇了"教什么"这个问题，我们暂时可以下一句答语：有什么，学什么；学什么，教什么；教什么，就拿什么来训练教师。但是世界上有的东西，无计其数；所有的未必是所需要的。因此，我们姑且又要加上一句答语：要什么，学什么；学什么，教什么；教什么，就拿什么来训练教师。

所有和所要都知道了，我们立刻发生教法问题。我们要接着问一问：怎样教？教的法子要根据学的法子，学的法子要根据做的法子。教法、学法、做法是应当合一的。我们对于这个问题所建议的答语是：事怎样做就怎样学；怎样学就怎样教；怎样教就怎样训练教师。

教什么和怎样教决不是凌空可以规定的。他们都包含"人"的问题。这问题就是：教谁？人不同，则教的东西，教的方法，教的分量，教的次序都跟着不同了。我们要晓得受教的人在生长历程中之能力需要，然后才晓得要教他什么和怎样教他；晓得了要教他什么和怎样教他，然后才能晓得如何去训练那教他的先生。

预备要做先生的是哪种人？他对于教师职业的兴味、才能如何？他充当某种教师是否可以愉快胜任？现在实际在那儿当教师的是谁？师范学校所期望于他所训练的人有多少能做适当的教师？这也是师范学校要考虑的问题。我们的建议是：谁在那儿教，谁欢喜教，谁能教得好就应当训练谁。

就上面所说的，总起来看，我们知道师范学校，是要运用环境所有所需的事物，归纳于他所要传布的那种学校里面，依据做学教合一原则，实地训练有特殊兴味才干的人，使他们可以按着学生能力需要，指导学生享受环境之所有并应济环境之所需。这个定义包含三大部分：一是师范学校本身的工作，二是中心学校的工作，三是环境里的幼年人生活。这三大部分应当发生有机体的关系，使得他们的血脉可以流通，精神可以一贯。他们中间不当有丝毫的隔膜。一看这个定义，我们立刻晓得师范学校的出发点就是他所要传布的中心学校，中心学校的出发点就是环境里的幼年人生活，由此我们也就可以明白建设师范教育之历程。

环境里的幼年人生活既是中心学校的中心，我们首先就要把他弄个明白。我们要晓得幼年人在生长历程中有什么能力，有什么需要。我们虽不能完全知道，但是学者已经研究出来的，我们必须充分明了。幼年人不是孤立的，他是环境当中的一个人。环境对于幼年人的生活有两种大的力量。一是助力。自然界的光线、空气、食物饮料在常态之下，都是扶助人类生长的东西。社会里的语言文字、真知灼见以及别人的互相提携，也都有扶助我们生长的作用。二是阻力。例如狂风、暴雨、水患、旱灾、虫害种种，都是自然界与人为难的东西。社会方面的贪官、污吏、劣绅、土棍、盗贼以及一切不良的制度风俗，也是我们生长的挡路物。可是阻力倘不太大，可以化为助力。逆境令人奋斗，生长历程中发生了困难才能触动思想，引起进步。人的脑袋就是这样长大的，文明也是这样进化的。我们应用自然界和社会界的助力、阻力去培植幼年人的生活力，使他可以做个健全分子去征服自然，改造社会。因此，我们又要问自然界与社会界对于幼年人的生长有什么助力？有什么阻力？他们对于幼年人生长的贡献是什么？他们有什么缺憾要人力补天工之不足？一个环境对于幼年人生长之助力、阻力、贡献、缺憾，要具体地分析开来，才能指导教育的实施。倘使囫囵吞枣，似乎没有多大用处。分析出来的具体事实必定是整千整万，学校自然不能完全采纳进去。所以进一步的工作就是估量每件事实的价值。价值估量之后再做选择的工夫，把价值最低的除开，需要可缓的除开，学校不必教不能教的除开，留下来的容纳到学校里去，编成教材，制为课程，佐以相当设备，配以相当程序，使教师指导学生脚踏实地地去做去学。这样一来，中心学校就可以办成了。这种学校是有根的；他的根安在环境里，吸收环境的肥料、阳光，化作自己的生命；所以他能长大，抽条，发叶，开花，结果。这种学校是与自然生活、社会生活连为一气的。他能适应环境的生活，也能改造环境的生活。他是本地的土壤里产生出来的，他自能在相类的环境里传播。我们可以祝他说："恭喜你多福，多寿，多儿子，儿子又生孙，孙又生儿子，子子孙孙生到无穷期。个个都像你，个个胜过你。"中心学校有了办法，再办师范学校。师范学校的使命，是要运用中心学校之精神及方法去培养师资。他与中心学校的关系也是有机体的，也是要一贯的。中心学校是他的中心而不是他的附属品。中心学校也不应以附属品看待自己。正名定义，附属学校这个名字要不得。实习学校的名字好得多，但是这个名字包含了"思想与实习分家"的意味，也不是最好的。师范学校的各门功课都有专业的中心目的，大部分都应当与中心学校联串起来。例如教育学、心理学等等功课若是附加的性质，决不能发生很大的效力。这种功课应当与实地教学熔为一炉，大部分应当采取理科实验指南的体裁以谋教学做三者之合一。我们进行时对于师范生本身之能力与需要当然要同时顾到。因为师范生将来出去办学的环境与中心学校的环境必定不能一模一样；要想师范生对于新环境有所贡献，必得要同时给他们一种因地制宜的本领。

师范毕业生得了中心学校的有效办法和因地制宜的本领，就能到别的环境里去办一个学校。这个学校的精神与中心学校是一贯的，但不是刻印板的，不是照样画葫芦的。他要适应他的特殊环境，也要改造他的特殊环境。

这个学校对于学生所要培植的也是生活力。他的目的是要造就有生活力的学生，使得个人的生活力更加润泽丰富强健，更能抵御病痛，胜过困难，解决问题，担当责任，学校必须给学生一种生活力，使他们可以单独或共同去征服自然，改造社会。

我们这里所建议的步骤是一气呵成的：自然社会里的生活产生活的中心学校，活的中心学校产生活的师范学校，活的师范学校产生活的教师，活的教师产生有生活力的国民。

这个建设历程，从头到尾，都是息息相通的，倘使发现不衔接，不联络，不适应的地方，到处可以互相参考纠正，随改随进。所以中心学校随着自然社会生活继续不断地改进，师范学校随着中心学校继续不断地改进，地方学校随着师范学校继续不断地改进，自然社会生活又随着地方学校继续不断地改进。

上述师范教育的建设历程，倘用下图表示，更能一目了然：

中国师范教育建设图

说明：

自然社会里的幼年生活是中心学校之中心。

中心学校是师范学校之中心。

一，二，三，四，五，是师范毕业生办的学校。

生活力代表师范毕业生所办学校培养之学生。

训练初级师范教员之高等师范或师范大学，可于师范学校外加一圈，并类推。

师范学校既以中心学校为中心，那么，有哪一种的中心学校就有哪一种的师范学校：有幼稚园为中心学校，就可以办幼稚师范；有小学为中心学校，就可以办初级师范；有中学或师范为中心学校，就可以办高等师范或师范大学；有各种职业机关或学校做中心学校，就可以办各种职业师范。

师范学校既以中心学校为中心，就得跟着中心学校跑。凡有好的中心学校的地方都可以办个师范；凡是没有好的中心学校的地方，都可以取消师范的招牌。否则就应当根本改造中心学校和各方面的关系，使他名实相符。师范学校人数也可不拘，看中心学校的容量而定。他能容几个人就是几个人，不必勉强。一个师范可以有几个中心学校；一个中心学校也可以做几个师范学校的公共中心。例如一个乡村师范可以有几个单级学校，几个复式学校，几个单式学校做他的中心学校。又例如一个好的中心小学里可以容纳初级中学、高级中学，甚至于大学程度的师范生在这里学习。初级中学程度的人在这里学习之后可以去当初小的教师，高级中学程度的人在这里学习之后可以去当高小的教师，大学程度的学生在这里学习之后可以去办初级师范或县立师范。

中心学校的成立有两种方式都可以施行。一是另起炉灶来创设；二是找那虚心研究，热心任事、成绩昭著并富有普遍性之学校特约改造，立为中心学校。这两种方式可以按照情形酌量采择施行。

有了中心学校，就可以在中心学校左近建筑或租借房屋开办师范班或师范学校。收录师范生可有两种办法。一是本校招收新生始终其事，予以完全训练。这种办法规模较大，需用人才、设备、经费也较多。二是招收他校将毕业而有志充当教师之学生或有相当程度之在职之教职员，加以相当时期之训练。照这种办法，师范部只须准备宿舍、图书、讨论室，指导人才及所需之其他设备，就可开办。这是比较轻而易举的。毕业后发给修业证书，俟办成有生活力之学校，始发给正式毕业证书。原肄业学校如因本校没有师范训练，亦得依照规定手续保送相当学生来此学习。毕业证书可由两校合发。这种种办法，各级师范都可适用。

上面所说的是建设中国师范教育的根本原理与实施概要。中国师范教育因清朝办理失策，以致师范学校与附属学校隔阂，附属学校与实际生活隔阂。我们所以有这种隔阂，是因为我们的师范教育或是从主观的头脑里空想出来的，或是间接从外国运输进来的，不是从自己的亲切经验里长上来的。这种师范教育倘不根本改造，直接可以造成不死不活的教师，间接可以造成不死不活的国民。有生活力的国民，是要靠着有生活力的教师培养的；有生活力的教师，又是要靠着有生活力的师范学校训练的。中国今日教育最急切的问题，是旧师范教育之如何改造，新师范教育之如何建设。国家所托命之师范教育，是决不容我们轻松放过的。我们很希望全国同志会精聚神来对付这个问题。

原载 1926 年 12 月 3 日《新教育评论》第 3 卷第 1 期

试验乡村师范学校答客问

乡村师范学校是什么？

乡村师范学校是依据乡村实际生活，造就乡村学校教师、校长、辅导员的地方。

为什么要加上试验两个字？

中国乡村教育走错了路，现在已经到了山穷水尽，不得不另找生路。试验就是用科学的方法去采新的生路。我们在前面已经看着一线光明，不能说是十分有把握，但深愿"试他一试"。

这个学校是谁办的？

这个学校是中华教育改进社结合少数乡村教育同志办的。

中华教育改进社为什么要发这种宏愿？

中华教育改进社三年以来对于乡村教育素所注意，近来更觉得这件事是立国的根本大计。估计起来，中国有一百万个乡村，就须有一百万所学校，最少就须有一百万位教师。各个乡村里都应当有学校，更应当有好学校。要有好的学校，先要有好的教师。好的教师有生成的，有学成的。生成的好教师如同凤毛麟角，不可多得，恐怕一百万位乡村教师当中，九十九万九千九百位是要用特殊的训练把他们培养成功的。这是一件伟大的事业，要全国同志运用心力、财力才能办到。本社不忍放弃国家一分子的责任，所以很情愿在万难中设立这个小小的试验乡村师范，为的是要造就好的乡村教师去办理好的乡村学校。

乡村教师要怎样才算好？

好的乡村教师，第一有农夫的身手，第二有科学的头脑，第三有改造社会的精神。他足迹所到的地方，一年能使学校气象生动，二年能使社会信仰教育，三年能使科学农业著效，四年能使村自治告成，五年能使活的教育普及，十年能使荒山成林，废人生利。这种教师就是改造乡村生活的灵魂。

乡村学校要怎样才算好？

有了这样好教师，就算是好的乡村学校；好的乡村学校，就是改造乡村生活的中心。

现在中国有没有这种学校？

现在中国有少数乡村学校确是朝着这条路走。他们的精神确系要令人起敬。如同燕子矶小学、尧化门小学、开原小学都是卓有成绩的乡村学校。最近改造的江宁县立师范学校、明陵小学、笆斗山小学，成绩也有可观。别的地方一定也有这种学校，因为不晓得清楚，不能列举。这几个学校假使再给他们五年或十年的时间，当能使这些乡村得到一种新生命，开创一个新纪元。

这些学校为什么办得这样好？

因为他们的教职员有办理乡村方面的天才，并且有虚心研究学问的精神。

这些学校与试验乡村师范要发生什么关系？

因为地点接近燕子矶小学和尧化门小学，已经特约为试验乡村师范学校的中心小学，其他学校就辅助分工研究关于乡村小学的种种问题。

何谓中心小学？

中心小学以乡村实际生活为中心，同时又为试验乡村师范的中心。平常师范学校的小学叫做附属小学，我们要打破附属品的观念，所以称他为中心小学。中心小学是师范学校的主脑，不是师范学校的附属品。中心小学是师范学校的母亲，不是师范学校的儿子。中心小学是太阳，师范学校是行星。师范学校的使命是要传布中心学校的精神、方法和因地制宜的本领。

试验乡村师范学校依据中心小学办理，已经听得明白，但究竟采用什么方法使他实现呢？

我们的一条鞭的方法就是教学做合一。

什么是教学做合一？

教学做合一是：教的法子根据学的法子，学的法子根据做的法子。事怎样做就怎样学，怎样学就怎样教。比如种田这件事要在田里做，就要在田里学，也就要在田里教。教学做有一个共同的中心，这个中心就是"事"，就是实际生活；教学做都要在"必有事焉"上用功。

试验乡村师范的课程与平常学校有什么不同的地方？

试验乡村师范的全部课程就是全部生活，我们没有课外的生活也没有生活外的课。约略分起来，共有五门：一、中心小学生活教学做。二、中心小学行政教学做。三、师范学校第一院院务教学做。四、征服天然环境教学做。五、改造社会环境教学做。

什么是第一院？

我们的师范学校将来要分两院，第一院是招收他校末一年半的学生及相等程度之在职人员，加以一年半的训练；第二院是完全师范制，一切训练，都由本校始终其事。因为第一种办法较为轻而易举，所以先办第一院。

什么是院务教学做？

我们第一院里面种种事务都是要学生分任去做的，什么文牍、会计、庶务、烧饭、种菜，都是要学生轮流学习的。全校只用一个校工担任挑水一类的事，其余一切操作，都列为正课，由学生躬亲从事。

师范生要学习烧饭种菜，这是什么道理？

乡村里当教师，不会烹饪，就要吃苦。我们晓得师范生初到乡村去充当教师，有的时候，不免饿得肚皮叫，就是因为他们不会炊事。从前科举时代文人因过考需要，大多数都会烹饪。现在讲究洋八股，反把这些实用的本领挥之门外，简直比科举还坏。所以我们这里的口号是："不会种菜，不算学生""不会烧饭，不得毕业"。

教师处于什么地位？

本校各科教师都称为指导员，不称为教员。他们指导学生教学做，他们与学生共教、共学、共做、共生活。不但如此，高级程度学生对于低级程度学生也要负指导之责。

什么资格的学生可以进来呢？

初级中等学校，高级中等学校，专门大学校末了一年半的学生和在职教职员有同等程度的都可以投考。但是他们必须有农事或土木工经验，方才有考取的把握。这是顶重要的资格，这两个条件完全没有的人不必来考。凡是小名士、书呆子、文凭迷的都最好不来。如果有人想办乡村小学，为预储师资起见，保送合格学生来学，学成就去办学，这是我们最欢迎的。

考些什么功课？

我们所要考的有五样东西：一、农事或土木工操作，二、智慧测验，三、常识测验，四、作国文一篇，五、三分钟演说。

收录多少学生呢？

我们现在暂定为二十名。倘使我们在这两个月当中经费可以多筹些，如果合格学生很多，我们也可以多收几名。倘使合格学生很少，我们就少取几名；只要有一个合格学生，我们都是要开办的。我们教一个学生和教一千个学生一样的起劲，因为如果这个学生是个人才，他对于乡村教育必有相当的贡献。一个人是千万人的出发点。倘使我们这次招生只能得到一个真学生，我们也就心满意足了。

毕业年限怎样？

我们的修业年限暂订为一年半，但不是一定不移的，可以按照实在情形酌量伸缩。不过修业后必须服务半年，经本校派员考查，确有精神表现，才发给各种毕业证书。

费用要多少呢？

本校学费一概不收，收膳费每月暂以五元为最高额，由师生共同经管。杂费依最节省限度另订。学生种田，照佃户租田公允办法，每年赚钱多少，看自己运用心力的勤惰巧拙，统归本人所用，帐目完全公开。

试验乡村师范学校设在何处？

这个学校设在南京神策门外迈皋桥，离燕子矶、尧化门都很近。我们准备了田园二百亩，供师生耕种；荒山数座，供师生造林；最少数经费，供师生自造茅草屋居住。

茅草屋怎样布置？

每个茅草屋住十一个人：十位学生，一位指导员。里面有阅书室、会客室、饭厅和盥洗室、厕所。屋外后面附一个小厨房；厨房之后，有一个小菜园。

茅草屋没有造成住在何处？

住在帐篷里。谁的茅草屋没有造好，谁就要住在帐篷里。十一个人都要受茅草屋指导员的指导，按照图样建造一个优美的、卫生的、坚固的、合用的、省钱的茅草屋。个个人都要参加，都要动手。教师不但是教书，学生不但是读书，他们是到这里来共同创造一个学校。从院长起以及到学生，谁不造成茅草屋，谁就永久住在帐篷里。

宿舍之外还有什么？

本校一切建筑都是茅草屋。除宿舍外，我们要有图书馆、科学馆、教室、娱乐室、操室、温室、陈列所、医院、动物园、指导员家属住宅，都要逐渐使他们成立，但总依据茅草屋的形式建筑。

简括些说起来，试验乡村师范的精神究竟何在？

本校的精神可以拿本校校旗之意义来代表。旗之中心有一个小圆圈，里面有个"活"字，代表所要培养之生活力。圈外有个等边三角，代表学教做三者合一。三角上面有一个"心"放在当中，表示关心农民甘苦之意。左边有一支笔，右边有一把锄头。
三角之外有一大圆圈放射光芒，好比是太阳光。四面有一百个金
色星布满全旗，代表一百万个学校，改造一百万个乡村，使个个
乡村都得到光，合起来造成中华民国的伟大的光。

原载 1927 年 1 月 16 日《乡教丛讯》第 1 卷第 2 期

中国乡村教育之根本改造

中国乡村教育走错了路！他教人离开乡下向城里跑，他教人吃饭不种稻，穿衣不种棉，做房子不造林；他教人羡慕奢华，看不起务农；他教人分利不生利；他教农夫子弟变成书呆子；他教富的变穷，穷的变得格外穷；他教强的变弱，弱的变得格外弱。前面是万丈悬崖，同志们务须把马勒住，另找生路！

生路是什么？就是建设适合乡村实际生活的活教育。我们要从乡村实际生活产生活的中心学校；从活的中心学校产生活的乡村师范；从活的乡村师范产生活的教师；从活的教师产生活的学生，活的国民。活的乡村教育要有活的乡村教师；活的乡村教师要有农夫的身手、科学的头脑、改造社会的精神。活的乡村教育要有活的方法，活的方法就是教学做合一：教的法子根据学的法子，学的法子根据做的法子；事怎样做，就怎样学；怎样学，就怎样做。活的乡村教育要用活的环境，不用死的书本。他要运用环境里的活势力，去发展学生的活本领——征服自然改造社会的活本领。他其实要叫学生在征服自然改造社会上去运用环境的活势力，以培植他自己的活本领。活的乡村教育，要教人生利。他要叫荒山成林，叫瘠地长五谷。他要教农民自立、自治、自卫。他要叫乡村变为西天乐园，村民都变为快乐的活神仙。以后看学校的标准，不是校舍如何，设备如何，乃是学生生活力丰富不丰富。村中荒地都开垦了吗？荒山都造了林吗？村道已四通八达了吗？村中人人都能自食其力吗？村政已经成了村民自有、自治、自享的活动吗？这种活的教育，不是教育界或任何团体单独办得成功的。我们要有一个大规模联合，才能希望成功。那应当联合中之最应当联合的，就是教育与农业携手。中国乡村教育之所以没有实效，是因为教育与农业都是各干各的，不学闻问。教育没有农业，便成为空洞的教育，分利的教育，消耗的教育。农业没有教育，就失了促进的媒介。倘有好的乡村学校，深知选种、调肥、预防虫害之种种科学农业，做个中心机关，农业推广就有了根据地、大本营。一切进行，必有一日千里之势。所以第一要教育与农业携手。那最应当携手的虽是教育与农业，但要求其充分有效，教育更须与别的伟大势力携手。教育与银行充分联络，就可推翻重利；教育与科学机关充分联络，就可破除迷信；教育与卫生机关充分联络，就可预防疾病；教育与道路工程机关充分联络，就可改良路政。总之乡村学校，是今日中国改造乡村生活之唯一可能的中心！他对于改造乡村生活的力量大小，要看他对于别方面势力联络的范围多少而定。乡村教育关系三万万六千万人民之幸福！办得好，能叫农民上天堂；办得不好，能叫农民下地狱。我们教育界同志，应当有一个总反省，总忏悔，总自新。我们的新使命，是要征集一百万个同志，创设一百万所学校，改造一百万个乡村。我们以至诚之意，欢迎全国同胞一齐出来，加入这个运动！赞助他发展，督促他进行，一心一德的来为中国一百万个乡村创造一个新生命。叫中国一个个的乡村都有充分的新生命，合起来造成中华民国的伟大的新生命。

原载 1927 年 1 月 1 日《乡教丛讯》第 1 卷第 1 期

教学做合一

"教学做合一"是本校的校训。我们学校的基础就是立在这五个字上,再也没有一件事比明了这五个字还重要了。说来倒很奇怪,我在本校从来没有演讲过这个题目,同志们也从没有一个人对这五个字发生过疑问。大家都好像觉得这是我们晓庄的家常便饭,用不着多嘴饶舌了。

可是我近来遇了两件事,使我觉得同志中实在还有不明了校训的意义的。一是看见一位指导员的教学做草案里面把活动分成三方面,叫做教的方面、学的方面、做的方面。这是教学做分家,不是教学做合一。二是看见一位同学在《乡教丛讯》上发表一篇关于晓庄小学的文章。在这篇文章里,他说:"晓庄小学学生的课外作业就是农事教学做。"在教学做合一的学校的辞典里并没有"课外作业"。课外作业是生活与课程离婚的宣言,也就是教学做离婚之宣言。今年春天洪深先生创办电影演员养成所,招生广告上有采用"教""学""做"办法字样,当时我一见这张广告,就觉得洪先生没有十分了解教学做合一。倘使他真正了解,他必定要写"教学做"办法,决不会写作"教""学""做"办法。他的误解和我上述的两个误解是相类的。

我接连受了这两次刺激,觉得非彻底的、原原本本的和大家讨论明白，怕要闹出绝大的误解。思想上发生误解则实际上必定要引起矛盾。所以把这个题目来演讲一次是万不可少的。我自回国以后，看见国内学校里先生只管教，学生只管受教的情形，就认定有改革之必要。这种情形，以大学为最坏。导师叫作教授，大家以被称教授为荣。他的方法叫作教授法，他好像拿知识来赈济人的。我当时主张以教学法来代替教授法，在南京高等师范学校校务会议席上辩论二小时，不能通过，我也因此不接受教育专修科主任名义。八年，应《时报·教育新思潮》主干蒋梦麟先生之征，撰"教学合一"一文，主张教的方法要根据学的方法。此时苏州师范学校首先赞成采用教学法。继而"五四"事起，南京高等师范同事无暇坚持，我就把全部课程中之教授法一律改为教学法。这是实现教学合一的起源。后来新学制颁布，我进一步主张：事怎样做就怎样学，怎样学就怎样教；教的法子要根据学的法子，学的法子要根据做的法子。这是民国十一年的事，教学做合一的理论已经成立了，但是教学做合一之名尚未出现。

前年在南开大学演讲时，我仍用教学合一之题，张伯苓先生拟改为学做合一，我于是豁然贯通，直称为教学做合一。去年撰"中国师范教育建设论"时，即将教学做合一之原理作有系统之叙述。我现在要把最近的思想组织起来作进一步之叙述。教学做是一件事，不是三件事。我们要在做上教，在做上学。在做上教的是先生，在做上学的是学生。从先生对学生的关系说，做便是教；从学生对先生的关系说，做便是学。先生拿做来教乃是真教；学生拿做来学，方是实学。不在做上用工夫，教固不成教，学也不成为学。

从广义的教育观看，先生与学生并没有严格的分别。实际上，如果破除成见，六十岁的老翁可以跟六岁的儿童学好些事情。会的教人，不会的跟人学，是我们不知不觉中天天有的现象。因此教学做是合一的。因为一个活动对事说是做，对己说是学，对人说是教。比如种田这件事是要在田里做的，便须在田里学，在田里教。游泳也是如此。游水是在水里做的事，便须在水里学，在水里教。再进一步说，关于种稻的讲解，不是为讲解而讲解，乃是为种稻而讲解；关于种稻而看书，不是为看书而看书，乃是为种稻而看书。想把种稻教得好，要讲什么话就讲什么话，要看什么书就看什么书。我们不能说种稻是做，看书是学，讲解是教。为种稻而讲解，讲解也是做；为种稻而看书，看书也是做。这是种稻的教学做合一。

一切生活的教学做都要如此方为一贯。否则教自教，学自学，连做也不是真做了。所以做是学的中心，也就是教的中心。"做"既占如此重要的位置，宝山县立师范学校竟把"教学做合一"改为"做学教合一"，这是格外有意思的。

十一月二日

原载 1928 年 4 月上海亚东图书馆版《中国教育改造》

在劳力上劳心

　　昨天我讲"教学做合一"的时候，曾经提及"做"是学之中心，可见做之重要。那么我们必须明白"做"是什么，才能明白教学做合一。盲行盲动是做吗？不是。胡思乱想是做吗？不是。只有手到心到才是真正的做。

　　世界上有四种人：一种是劳心的人，一种是劳力的人，一种是劳心兼劳力的人，一种是在劳力上劳心的人。二元论的哲学把劳力的和劳心的人分成两个阶级：劳心的专门在心上做工夫，劳力的专门在苦力上讨生活。劳力的人只管闷起头来干，劳心的人只管闭起眼睛来想。劳力的人，便成了无所用心，受人制裁；劳心的人便成了高等游民，愚弄无知，以致弄成"劳心者治人，劳力者治于人"的现象。不但如此，劳力而不劳心，则一切动作都是囿于故常，不能开创新的途径；劳心而不劳力，则一切思想难免玄之又玄，不能印证于经验。劳力与劳心分家，则一切进步发明都是不可能了。所以单单劳力，单单劳心，都不能算是真正之做。真正之做，须是在劳力上劳心。在劳力上劳心，是真的一元论。

　　在这里我们应当连带讨论那似是而非的伪一元论。一次我和一位朋友讨论本校主张在劳力上劳心，我的朋友说："你们是劳力与劳心并重吗？"我说："我们是主张在劳力上劳心，不是主张劳力与劳心并重。"劳心与劳力并重虽似一元论，实在是以一人之身而分为两段：一段是劳心生活，一段是劳力生活。这种人的心与力都是劳而没有意识的。这种人的劳心或劳力都不能算是真正之做。真正之做只是在劳力上劳心，用心以制力。这样做的人要用心思去指挥力量，使能轻重得宜，以明对象变化的道理。这种人能以人力胜天工。世界上一切发明都是从他那里来的。他能改造世界，叫世界变色。

我们中国所讲的科学原理，古时有"致知在格物"一语，朱子用"在即物而穷其理"来解释，似乎是没有毛病的了。但是王阳明跟着朱子的话进行，便走入歧途。他叫钱友同格竹，格了三天，病了。他老先生便自告奋勇，亲自出马去格竹——即竹而穷竹理——格了七天，格不出什么道理来，也就病了。他不怪他自己格得不对，反而说天下之物本无可格，所能格的，只有自己的身心。他于是从格物跳到格心，中国的科学兴趣的嫩芽便因此枯萎了。假使他老先生起初不是迷信朱子的呆板的即物穷理，而是运用心思指挥力量以求物之变化，那便不致于堕入迷途。

在劳力上劳心，是一切发明之母。事事在劳力上劳心，便可得事物之真理。人人在劳力上劳心便可无废人，便可无阶级。征服天然势力，创造大同社会，是立在同一的哲学基础上的。这个哲学的基础，便是"在劳力上劳心"。我们必须把人间的劳心者、劳力者、劳心兼劳力者一齐化为在劳力上劳心的人，然后万物之真理都可一一探获，人间之阶级都可一一化除，而我们理想之极乐世界乃有实现之可能。这个担子是要教师挑的。唯独贯彻在劳力上劳心的教育，才能造就在劳力上劳心的人类；也唯独在劳力上劳心的人类，才能征服自然势力，创造大同社会。

最后，我想打一个预防针，以免误解。一次有一位朋友告诉我说："你们在劳心上劳力的主张，我极端的赞成。"我说："如果是在劳心上劳力，我便极端不赞成了。我们的主张是'在劳力上劳心'，不是'在劳心上劳力'。"

十一月三日

原载 1928 年 4 月上海亚东图书馆版《中国教育改造》

以教人者教己

"以教人者教己"是本校根本方法之一，我们也必须说得很明白，方知他效用之大。

昨天邵先生教纳税计算法，就是"以教人者教己"的例证。邵先生因为要教大家计算纳税，所以就去搜集种种材料，并把这些材料融会贯通起来，然后和盘托出，教大家计算。他因为要教大家，所以先教自己。他是用教大家的材料教自己。他年年纳税，但是总没有明白其中的内幕，今年为什么就弄得这样彻底明白呢？因为要教你们，所以他自己便不得不格外明白了。他从教纳税上学得的益处怕比学生要多得多哩。

近来韩先生教武术，不是要一位同学发口令吗？这便是以教人者教己。这位同学发口令时便是以同学教同学。因为要他发口令，所以他对于这套武术的步骤就格外明了，他在发口令上学，便是以教人者教己。

第三中心小学潘先生是素来没有学过园艺的，但是第三中心小学有园艺一门功课，他必得教。既然要教园艺，他对于园艺便要格外学得清楚些。他拿园艺教小学生的时候便是拿园艺来教自己。

我们从昨天起开始，交际教学做。第一次轮到的，便是孙从贞女士。今天有客来，便须由她招待，来宾到校必定要问许多问题，孙女士必须一一答复。但她是一位新学生，对于学校的经过历史，现在状况，及未来计划都是没有充分明了。因为要答复来宾的问题，她必须预先把这些事情弄得十分明白，才不致给来宾问倒。她答复来宾的问题时，从广义的教育看来，她便是在那儿教，来宾便是在那儿学。为了要答复来宾的问题，她自己就不得不先去弄得十分明白，这便是以教人者教己。

我们平常看报，多半是随随便便的。假使我们要教小学生回家报告国家大事，那么我们看报的时候，便不得不聚精会神了。我们这样看报，比起寻常的效率不知道要大得几多倍哩！这便是借着小孩讲国家大事来教自己明了国家大事。这便是以教人者教己。

又比如锄头舞的歌词是我做的，对于这套歌词，诸位总以为我做了之后便是十分明了了。其实不然。我拿这歌词教燕子矶小学生时，方把他弄得十分明白。以前或可以说只有七八分明白，没有十分明白，自己做的歌词还要等到教人之后才能十分明白，由此可见"以教人者教己"的效力之宏。

从这些例证上，我们可以归纳出一条最重要的学理。这学理就是："为学而学，不如为教而学之亲切。为教而学，必须设身处地，努力使人明白；既要努力使人明白，自己便自然而然地格外明白了。"

十一月五日

原载 1928 年 4 月上海亚东图书馆版《中国教育改造》

艺友制师范教育答客问

——关于南京六校招收艺友之解释

艺友制是什么？

艺是艺术，也可作手艺解。友就是朋友。凡用朋友之道教人学做艺术或手艺便是艺友制。

艺友制如何可以应用到师范教育上来？

师范教育的功用是培养教师。教师的生活是艺术生活。教师的职务也是一种手艺，应当亲自动手去干的。那些高谈阔论，妄自尊大，不屑与三百六十行为伍的都不是真教师。学做教师有两种途径：一是从师，二是访友。跟朋友操练比从师来得格外自然，格外有效力。所以要想做好教师，最好是和好教师做朋友。凡用朋友之道教人学做教师，便是艺友制师范教育。

艺友制是如何发现的？

发现艺友制之起因有二：一是由于感觉现行师范教育之缺憾，二是由于感觉各种行业施行艺徒制之实效。现行师范教育将学理与实习分为二事，简直是以大书呆子教小书呆子，所出的人才和普通中学不相上下。国内少数优良小学全凭天才做台柱，至于师范教育的贡献还是微乎其微。大多数受过师范训练的人，至今办不出一个可以令人佩服的学校，岂不是大可叹息的事吗？我

155

们再看看木匠徒弟所做的桌椅，裁缝徒弟所做的衣服，漆匠徒弟所做的牌匾，不由人要觉得十分惭愧的。艺友制便是这种叹息惭愧的土壤里面发生出来的一根嫩苗。现在中国职业界有一个不好的趋势，这趋势便是以仿效学校为荣。所以有汽车学校、理发学校、洗衣学校，这种学校，那种学校，不一而足。谁知道一染上了学校气，便是失败之母。我可以断定黎锦晖、黎明晖办的中华歌舞团，比他们办的中华歌舞学校效力要大得多。三百六十行虽然不可跟学堂学，但是学堂实在应当跟着三百六十行学才好。我们这艺友制，便是要跟三百六十行学点乖，好去培植些真人才。

那么，艺友制是否要起而代替师范学校？

不是的。师范学校应当根本改造，不应当废除。现在各省归并师范的潮流，是欠深谋远虑的。不过，我们主张的艺友制是要和师范学校相辅而行的，不是拿来替代师范学校的。

徒弟制既行之有效，何不爽爽快快地就称他为艺徒制的师范教育？

艺徒制虽是有效力，但也有缺点。徒是步行的意思，倘若师傅引着徒弟一同步行，当然是很好的；但是有许多师傅坐着汽车要徒弟跟着跑，那就不好了。平常工匠待艺徒如奴仆，秘诀心得又不肯轻传，以致事业不能进步，光阴多耗于没有教育价值之工作。所以艺徒的名词，最好不再沿用。换一个友字，则艺徒的好处一概吸收，坏处一概避免了。

艺友制究竟是使用什么方法？

艺友制的根本方法是教学做合一。事怎样做便怎样学，怎样学便怎样教。教的法子根据学的法子，学的法子根据做的法子。

先行先知的在做上教，后行后知的在做上学。大家共教共学共做才是真正的艺友制，唯独艺友制才是彻底的教学做合一。

什么地方能行艺友制？

凡学校有一艺之长的教师便可招收艺友。从幼稚园以及到研究所，只要这个条件符合，都可试行艺友制。假使中国现有之二十万学校个个有把握，便个个可收艺友，个个可做训练教师之中心，每年训练一位，只要五年便可解决普及四年小学教育所要之师资问题，但是一百个学校当中至少有九十个是没有把握的，我们的责任是要使没有把握的学校变为有把握的学校，使有把握的学校个个都变做训练教师的一个小小的中心。

艺友制的理论，看来似乎是站得住，但是有没有地方实行过，结果好不好？

我们考察乡村学校后，觉得燕子矶小学、尧化门小学、开原小学的办法很可为他校取法，便于前年与这几个学校约设铺位，使远道来校参观的人可以留校作较长时期之研究。这便是艺友制之发端。后来江问渔先生要在板浦创办小学，便派了他的侄儿江君希彭到燕子矶小学过了三个月的生活，很得实益，这是第一个具体的例子。去年秋季燕子矶幼稚园成立，丁夫人和两位女毕业生随着张、徐二指导学办乡村幼稚园，进步也很快。至此，我们对于这种办法发生了极大的希望。我们深信这种办法不但是最有效力之教师培植法，并且是解除乡村教师寂寞和推广普及教育师资之重要途径。这时我们还找不到一个更适当的名词，只好迁就称他为徒弟制；但是总觉得徒弟制这个名词不能完全表出我们的真意，所以迟迟地不愿发表。今年一月五日早晨忽然想出"艺友制"三字来代表这种办法，大家都欢喜得很。现在南京六校已经联合开始招收艺友，市教育局陈鹤琴课长并拟在市立实验小学及幼稚园中试行。就已往结果观察，我们以为只要有人负责指导，艺友制是值得一试的。

十七，一，八

原载 1928 年 4 月上海亚东图书馆版《中国教育改造》

《中国教育改造》自序

这部书代表我在中国教育里摸黑路所见着的几线光明。从"教授"写到"教学"，从"教学"写到"教学做"，人家怕要疑我前后思想矛盾。其实我的矛盾处，便是我的长进处。当选择旧稿时，我曾下了一个决心，凡是为外国教育制度拉东洋车的文字一概删除不留，所留的都是我所体验出来的。所以我所写的便是我所信的，也就是我所行的。

当吾母六十寿辰，我立志要将吾父母传给我最好的精神，在中国教育上充分表现出来，作为我献与她的寿礼。她所最欢喜的是她的四个孙儿，她常呼他们为她的蟠桃。因此，我便想到最好的寿礼，无过于把她爱蟠桃的心推广出去，使全国的蟠桃都得到他们所应得的爱护。自从这天以后我便深刻地注意到小朋友们所受的教育。我踏进蟠桃园去看了一看，知道这蟠桃园已由玉皇大帝交给专好"升赏"的猴王看管了。玉皇大帝所以叫他看管的意思只是怕他"后来闲中生事，不若与他一件事管了，庶免别生事端"。谁知他不当一件事做，往往在园里"耍了一会儿，吃了几个桃子，变做二寸长的一个人儿，在大树梢头浓叶之下睡着了"。再抬头看看，只有小桃，中桃，后树上的大桃，"只有几个毛蒂青皮的，原来熟的都是猴王吃了"。这不是中国儿童教育的缩影

159

吗！我们要想彻底改造蟠桃园，不但是要请出如来法掌去收服猴王，还要"瑶池王母自栽培"才能使他"夭夭灼灼花盈树，颗颗株株果压枝"咧。纸上的教育改造能有多大效力？大家愿把整个的心捧出来献给小孩子才能实现真正的改造。这部书最多不过是画了几条路线罢了，倘使遇不着有心改造的人，便与废纸何异？

陶行知　一七年清明日

原载 1928 年 4 月上海亚东图书馆版《中国教育改造》

生活工具主义之教育

"教育以生活为中心"，这句话已经成为今日学校里的口头禅，但是细考实际，教育自教育，生活自生活，依然渺不相关。这是因为什么缘故？我们先前以"老八股"不适用，所以废科举，兴学堂；但是新学办了三十年，依然换汤不换药，卖尽气力，不过把"老八股"变成"洋八股"罢了。"老八股"与民众生活无关，"洋八股"依然与民众生活无关。但是新学校何以变成"洋八股"，何以与民众生活无关？这其中必有道理。

人的生活，必须有相当工具，才能表现出来。工具充分，才有充分的表现；工具优美，才有优美的表现；工具伟大，才有伟大的表现。"老八股"与"洋八股"虽有新旧之不同，但都是靠着片面的工具来表现的，这片面的工具就是文字与书本。文字与书本只是人生工具之一种，"老八股"与"洋八股"教育拿它当作人生的唯一工具看待，把整个的生活都从这个小孔里表现出去，岂不要把生活剥削得黄皮骨瘦吗？文字书本，倘能用的得当，还不失为人生工具之一；但是"老八股"与"洋八股"的学生们却不用它们来学"生"，偏偏要用它们来学"死"。中国教育所以弄到山穷水尽，没得路走，是因为大家专靠文字书本做唯一无二的工具，并且把文字书本这个工具用错了。我们要想纠正中国教育，使它适应于中国国民全部生活之需要，第一就须承认文字书本只是人生工具的一种，此外还有许多工具要运用来透达人生之欲望；第二就须承认我们从前运用文字书本的方法是错的，以后要把它们用的更加得当些。

现在有一班人，开口就说：西方的物质文明比东方好，东方的精神文明比西方高。这句话初听似乎有理，我实在是百索不得其解。精神与物质接触必定要靠着工具。工具愈巧，则精神愈能向着物质发挥。工具能达到什么地方，即精神能达到什么地方。动物以四肢百体为工具，所以它的精神活动，亦以四肢百体的力量所能达到的地方为限。人的特别本领，就是不专靠自己的身体为工具。人能发明非身体的工具，制造非身体的工具，应用非身体的工具。文明人与野蛮人的最大分别，就是文明人能把这些非身体的工具发明得格外多，制造得格外精巧，运用得格外普遍。有了望远镜，人的精神就能到火星里去游览；有了显微镜，人的精神就能认识那叫人生痨病的不是痨病鬼，乃是痨病虫。今年五月七日第一次飞渡大西洋的飞行家林白，从德国柏林通电话到美国和他的老母谈话，是精神交通破天荒的成功，也是物质文明破天荒的成功。精神文明与物质文明是合而为一的。这合而为一的媒介就是工具。

教育是什么？教育是教人发明工具，制造工具，运用工具。生活教育教人发明生活工具，制造生活工具，运用生活工具。空谈生活教育是没有用的。真正的生活教育，必以生活工具为出发点。没有工具则精神不能发挥，生活无由表现。观察一个国家或一个学校的教育是否合乎实际生活，只须看它有无生活工具。倘使有了，再进一步看它是否充分运用所有的生活工具。教育有无创造力，也只须看它能否发明人生新工具或新人生工具。中国教育已到绝境，千万不要空谈教育，千万不要空谈生活；只有发明工具，制造工具，运用工具是真教育，是真生活。

原载 1928 年 4 月上海亚东图书馆版《中国教育改造》

如何使幼稚教育普及

教人要从小教起。幼儿比如幼苗，必须培养得宜，方能发荣滋长，否则幼年受了损伤，即不夭折，也难成才。所以小学教育是建国之根本，幼稚教育尤为根本之根本。小学教育应当普及，幼稚教育也应当普及。如何使幼稚教育普及是我们最关心的一个问题。依我看来，进行幼稚教育之普及要有三个步骤。

（一）改变我们的态度　一般人的态度，总以小孩子的教育不关重要，早学一两年或迟学一两年，没有多大关系。我们很漠视小孩子的需要、能力、兴味、情感。因此，便不知不觉地漠视了他们的教育，把他们付托给老妈子，付托给街上的伙伴。在这种心理之下幼稚园是不会发达的。我们要想提倡幼稚园必须根本化除这种漠视小孩子的态度。我们必须唤醒国人明白幼年的生活是最重要的生活，幼年的教育是最重要的教育。

关心幼儿的父母，明白幼稚教育之重要，并且愿意送子女进幼稚园。但是他们有一种牢不可破的成见也是要不得的。这成见就是不愿他们的子女与贫苦人家的子女为伍。他们以为自己的子女是好的，贫苦人家的子女是不好的。他们以为贫苦人家的子女进了幼稚园便要把他们的子女带坏了。因此，幼稚园便成了富贵人家和伪知识阶级的专利品。我们应当知道民国只有"人中人"，没有"人上人"，也就没有"人下人"。"人中人"是要从"孩中孩"造就出来的。教育者的使命，是要运用好孩子化坏孩子，不应当把好孩子和坏孩子分开，更不应当以为富贵人家的孩子是好孩子，贫苦人家的孩子是环孩子；尤其不可迁就富贵人家的意见，排斥贫苦人家的儿女。富贵人家及伪知识阶级的父母倘不愿把亲生子女做新中国被打倒之候补者，就应当把自己的子女和不幸的人家的子女放在一个幼稚园里去受陶冶。办理幼稚园的先生倘若不愿把幼稚园当作富贵太太们打麻将时用之临时托儿所，便应当把整个的幼稚园献给全社会的儿童。可是这样一来，幼稚园教师便须明白他们的使命：不是随随便便地放任，乃是要运用好孩子化坏孩子，运用坏孩子的好处化好孩子的坏处。

承认幼年生活教育之重要，是普及幼稚园之出发点；承认幼稚园为全社会幼儿的教育场所，是普及正当幼稚园的出发点。我们必须得到这两种态度，幼稚园才有普及的希望。

（二）改变幼稚园的办法 幼稚园的办法善费钱的，不想法节省，必不容易普及。最需要幼稚园的地方是乡村与女工区。女工区的幼稚园，还可由工厂担负经费，纵使用费太多，尚易筹措。乡间是民穷财尽，费钱较少之小学尚且不易普及，何况费钱加倍的幼稚园呢？所以在乡间推行幼稚园好比是牵只骆驼穿针眼。我们必须向着省钱的方针去谋根本改造，幼稚园才有下乡的希望，才有普及的希望。

（三）改变训练教师的制度 普及教育的最大难关是教师的训练。我们要想普及幼稚教育至少需要教师一百五十万人。这是一个最难的问题，因为不但是经费浩大，并且训练不得其法，受了办理幼稚园的训练，不一定去办幼稚园，或者是去办出一个不合国情的幼稚园，那就糟了。幼稚师范是要办的，但幼稚师范必须根本改造，才能培养新幼稚园之师资。纵然如此，我们也不能专靠正式幼稚师范去培养全部的师资。我们现在探得一条新途径，很能使我们乐观。试验乡村师范学校的幼稚师范院在燕子矶设了一所乡村幼稚园，叫做第二中心幼稚园。开办之初便收了三位徒弟，跟着幼稚教师徐先生（即徐世璧）学办幼稚园，张宗麟先生任指导。前天他和我谈起，幼稚园的徒弟制似可推行到小学里去，并且可以解除乡村小学教员的一个大问题——生活寂寞。我说："这是的的确确的。徒弟制不但能解除生活寂寞，并且能促进普及教育之进行。"普及小学教育及幼稚教育，非行徒弟制不可。倘以优良幼稚园为中心，每所每年训练两三位徒弟，那么，多办一所幼稚园，即是多加一所训练师资的地方。这是再好没有的办法。我看三百六十行，行行有徒弟，行行都普及。木匠到处都有，他是怎样办到这个地步的？徒弟制。裁缝匠、泥水匠、石匠、铁匠和三万万四千万种田匠，哪一行不是这样普及的呢？老实说，教学做合一主义便是沥清过的徒弟制。徒弟制的流弊是：劳力而不劳心，师傅不肯完全传授，对于徒弟之虐待。假使我们能采徒弟制之精华而除去他的流弊，必定是很有成效的。若把这种办法应用到幼稚园里来，我是深信他能帮助幼稚教育普及的。我和陈鹤琴先生近来有一次很畅快的谈话。他主张拿鼓楼幼稚园来试一试。鼓楼幼稚园是最富研究性的，现在发了宏愿，要招收徒弟来做推广幼稚师资之试验，是再好没有的了。

以上所说的普及幼稚教育的三个步骤，不过是我个人所见到的，一定有许多遗漏的地方。关心幼儿幸福的同志，倘以别的好方法见教，那就感激不尽了。

原载 1928 年 4 月上海亚东图书馆版《中国教育改造》

"伪知识"阶级

自从俄国革命以来，"知识阶级"（Intelligentsia）这个名词忽然引起了世人之注意。在打倒知识阶级呼声之下，我们不得不问一问：什么是知识阶级？知识阶级是怎样造成的？应当不应当把他打倒？这些问题曾经盘旋于我们心中，继续不断地要求我们解答。近来的方向又转过来了，打倒知识阶级的呼声一变而为拥护知识阶级的呼声。我们又不得不问一向：什么是知识阶级？知识阶级是怎样造成的？应当不应当将他拥护？在这两种相反的呼声里面，我都曾平心静气地把这些问题研究了一番，我所得的答案是一致的。我现在要把我一年来对于这些问题考虑的结果写出来与有同样兴趣的朋友们交换意见。

我们要想把知识阶级研究得明白，首先便须分别"知识"与"智慧"。智慧是生成的，知识是学来的。孟子说："由射于百步之外也：其至尔力也；其中非尔力也。"会射箭的人能百步穿杨。射到一百步的力量是生成的限度。到了一百步还能穿过杨树的一片叶子，那便是学来的技巧了。这就是智慧与知识的分别。又比如言语：说话的能力是生成的，属于智慧；说中国话、日本话、柏林话、拉萨话，便是学成的，属于知识。人的禀赋各不相同，生成的智慧至为不齐。有的是最聪明的，有的是最愚笨的。但从最愚笨的人到最聪明的人，种种差别都是渐渐地推上去的。假使我们把一千个人按着聪明的大小排列成行，我们就晓得最聪明的是少数，最愚笨的也是少数，而各人和靠近的人比起来都差不了几多。我们只觉得各个不同并找不出聪明人和愚笨人中间有什么鸿沟。我们可以用一个最浅近的比方把这个道理说出来。人的长矮也是生成的。我们可以把一千个人依着他们的长矮顺序排列：从长子看到矮子，只见各人渐渐的一个比一个矮；从矮子看到长子，只见各人也是渐渐的一个比一个长。在寻常状态之下，我们找不出一大群的长子，叫做长子阶级，也找不出一大群的矮子，叫做矮子阶级。我们在上海的大马路上或是在燕子矶关帝庙会里仔细一望，就可以明白这个道理。从人之长矮推论到人之智愚，我们更可明白生成之智慧只有渐渐的差别，没有对垒的阶级。智慧既无阶级，自然谈不到打倒拥护的问题。

其次我们要考察知识的本身。知识有真有伪。思想与行为结合而产生的知识是真知识。真知识的根是安在经验里的。从经验里发芽抽条开花结果的是真知灼见。真知灼见是跟着智慧走的。同处一个环境，同等的智慧可得同等的真知灼见。智慧是渐渐的相差，所以真知灼见也是渐渐相差。智慧既无阶级，真知识也就没有阶级。俗语说："三百六十行，行行出状元。"真知识只有直行的类别，没有横截的阶级。各行的人有绝顶聪明的人，也有绝不中用的人。但在他们中间的人，智力上的差别和运用智力取得之真知识的差别都是渐渐的，都是没有阶级可言。倘使要把三百六十行的上智联合起来，称为知识阶级，再把三百六十行的下愚联合起来，称为无知识阶级，那就是一件很勉强很不自然的事了。

照这样说来，世界上不是没有知识阶级了吗？不，伪知识能成阶级！什么是伪知识？不是从经验里发生出来的知识便是伪知识。比如知道冰是冷的，火是热的是知识。小孩儿用手摸着冰便觉得冷，从摸着冰而得到"冰是冷的"的知识是真知识。小孩儿单用耳听见妈妈说冰是冷的而得到"冰是冷的"的知识是伪知识。小孩儿用身靠近火便觉得热，从靠近火而得到"火是热的"的知识是真知识。小孩子单用耳听妈妈说火是热的而得到"火是热的"的知识是伪知识。有人在这里便起了疑问："如果样样知识都要从自己经验里得来，岂不是麻烦得很？人生经验有限，若以经验范围知识，那么所谓知识岂不是也很有限了吗？没有到过热带的人，就不能了解热带是热的吗？没有到过北冰洋的人，就不能了解北冰洋是冷的吗？"这些疑问是很重要的，我们必须把他们解答清楚，方能明了真知识与伪知识的分别。我只说真知识的根是要安在经验里，没有说样样知识都要从自己的经验上得来。假使我们抹煞别人经验里所发生的知识而不去运用，那真可算是世界第一个大呆子。我们的问题是要如何运用别人经验里所发生的知识使他成为我们的真知识，而不要成为我们的伪知识。比如接树：一种树枝可以接到别一种树枝上去使他格外发荣滋长，开更美丽之花，结更好吃之果。如果把别人从经验发生之知识接到我们从自己经验发生之知识之上去，那么，我们的知识必可格外扩充，生活必可格外丰富。我们要有自己的经验做根，以这经验所发生的知识做枝，然后别人的知识方才可以接得上去，别人的知识方才成为我们知识的一个有机体部分。这样一来，别人的知识在我们的经验里活着，我们的经验也就生长到别人知识里去开花结果。至此，别人的知识便成了我们的真知识。其实，他已经不是别人的知识而是自己的知识了。倘若对于某种知识，自己的经验上无根可找，那么无论如何勉强，也是接不活的。比如在厨房里烧过火的人，或是在火炉边烤过火的人，或是把手给火烫过的人，便可以懂得热带是热的；到冰房里去过的人，或是到冰窖里去过的人，或是做过雪罗汉的人，便可以懂得北冰洋是冷的。对于这些人，"热带是热的，北冰洋是冷的"，虽从书本上看来，或别人演讲时听来，也是真知识。倘自己对于冷热的经验丝毫没有，那么，这些知识虽是学而时习之，背得熟透了，也是于他无关的伪知识。

知识的一部分是藏在文字里，我们的问题又成为："什么文字是真知识？什么文字是伪知识？"经验比如准备金，文字比如钞票。钞票是准备金的代表，好一比文字是经验的代表。银行要做正经生意必须根据准备金去发行钞票。钞票是不可滥发的。学者不愿自欺欺人，必须根据经验去发表文字，文字是不可滥写的。滥发钞票，钞票便不值钱；滥写文字，文字也不值钱。欧战后，德国马克一落千丈，当时有句笑话，说是："请得一席客，汽车载马克。"这句话的意思是马克纸币价格跌的太低，寻常请一席酒要用汽车装马克去付帐。这是德国不根据准备金而滥发纸币之过。滥发钞票，则虽名为钞票，几是假钞票。吾国文人写出了汗牛充栋的文字，青年学子把他们在脑袋子里都装满了，拿出来，换不得一肚饱。这些文字和德国纸马克是一样的不值钱，因为他们是在经验以外滥发的文字，是不值钱的伪知识。

我国先秦诸子如老子、孔子、孟子、庄子、墨子、杨子、荀子等都能凭着自己的经验发表文字，故有独到的议论。他们好比是根据自己的准备金发可靠的钞票。孔子很谦虚，只说"述而不作，信而好古"，自居为根据古人的准备金为古人清理钞票，他只承认删《诗》《书》，定《礼》《乐》，为取缔滥发钞票的工作。孟子虽是孔家的忠实行员，但心眼稍窄，只许孔家一家银行存在，拼命地要打倒杨家、墨家的钞票。汉朝以后，学者多数靠着孔子的信用，继续不断地滥发钞票，甚至于又以所滥发的钞票做准备库，滥上加滥地发个不已，以至于汗牛充栋。韩文公（韩愈）的脾气有些像孟子，他眼看佛家银行渐渐地兴旺，气愤不过，恨不得要拼命将他封闭，把佛家银行的行员杀得干干净净。他至今享了"文起八代之衰"的盛名。但据我看来，所谓"文起八代之衰"，只是把孔家银行历代经理所滥发的钞票换些新票而已，他又乘换印新票的时候顺带滥发了些新钞票。程、朱、陆、王纵有许多贡献及不同的地方，但是他们四个人大部分的工作还是根据孔、孟合办银行的招牌，和从前滥发的钞票去滥发钞票。他们此时正与佛家银行做点汇兑，所以又根据佛家银行的钞票，去滥发了些钞票。颜习斋看不过眼，谨慎地守着孔家银行的准备库，一方面大声疾呼地要严格按着准备金额发行钞票，一方面要感化佛家银行行员使他无形解体。他是孔家银行里一位最忠实的行员，可是他所谨守的金库里面有许多金子已经上锈了。等到八股发达到极点，朱注的"四书"被拥护上天的时候，全国的人乃是以朱子所发的钞票当为准备金而大滥特滥地去发钞票了。至此中国的知识真正濒于破产了。吴稚晖先生劝胡适之先生不要迷信整理国故，自有道理。但我觉得整理国故如同清理银行帐目一样，是有他的位置的。我们希望整理国故的先生们经过很缜密的工作之后，能够给我们一本报告，使我们知道国故银行究有几多准备金，究能发行多少钞票，哪些钞票是滥发的。不过他们要谨慎些，千万不可一踏进银行门，也去滥发钞票。如果这样，那这笔帐更要糊涂了。总括一句：只有从经验里发生出来的文字才是真的文字知识，凡不是从经验里发生出来的文字都是伪的文字知识。伪的文字知识比没有准备金的钞票还要害人，还要不值钱。

伪的知识，伪的文字知识既是害人又不值钱，那么，他如何能够存在呢？产生伪知识的人，应当连饭都弄不到吃，他们又如何能成阶级呢？伪知识和伪钞票一样必须得到特殊势力之保障拥护才能存在。"伪知识"阶级是特殊势力造成的。这特殊势力在中国便是皇帝。

创业的皇帝大都是天才。天才忌天才是很自然的一件事。天下最厉害的无过于天才得了真知识。如果政治的天才从经验上得了关于政治的真知灼见，谁的江山也坐不稳。做皇帝的人，特别是创业之主，是十分明了此中关系的，并且是一百分的不愿意把江山给人夺去。他要把江山当作子孙万世之业，必得要收拾这些天才。收拾的法子是使天才离开真知识去取伪知识。天才如何就他的范围，进他的圈套呢？说来倒很简单。皇帝引诱天才进伪知识的圈套有几个法子。一，照他的意旨在伪知识上用功，便有吃好饭的希望。俗话说："只有穷秀才，没有穷举人。"伪知识的工夫做得愈高愈深，便愈能解决吃饭问题。二，照他的意旨在伪知识上用功便有做大官的希望。世上之安富尊荣，尽他享受。中了状元还可以做驸马爷，娶皇帝的女儿为妻。穿破布烂棉花去赴朝考的人，个个都有衣锦回乡的可能。三，照他的意旨在伪知识上用功，便有荣宗耀祖的希望。这样一来，全家全族的人都在那儿拿着鞭子代皇帝使劲赶他进圈套了。倘使他没有旅费，亲族必定要为他凑个会，或是借钱给他去应试。倘使他不去，又必定要用"不长进"一类的话来羞辱他，使他觉得不去应试是可耻的。全家全族的力量都做皇帝的后盾，把天才的儿孙像赶驴子样一个个地赶进皇帝的圈套，天下的天才乃没有能幸免的了。

　　"伪知识"阶级不是少数人可以组织成功的。有了皇帝做大批的收买，全社会做这大批生意的买办，个人为名利权位所诱而不能抵抗出卖，"伪知识"阶级乃完全告成。依皇帝的目光看来，这便是"天下英雄，入我彀中"。雄才大略的帝王个个有此野心，不过唐太宗口快，无意中把他说破罢了。最可叹的是皇帝手段太辣。一方面是积极地推重伪知识，所谓"满朝朱紫贵，尽是读书人"一类的话，连小孩都背熟了。一方面是消极的贱视伪知识以外的人，所谓"万般皆下品，唯有读书高"，又是从娘胎里就受迷的。所以不但政治天才入了彀，七十二行，行行的天才都入了他的圈套了。天才是遗传的，有其父必有其子。老子进了圈套，儿子、孙子都不得不进圈套，只要"书香之家"四个大字，便可把全家世世代代的天才圈入"伪知识"阶级。等到八股取士的制度开始，"伪知识"阶级的形成乃更进一步。以前帝王所收买的知识还夹了几分真，等到八股发明以后，全国士人三更灯火五更鸡去钻取的知识乃是彻底不值钱的伪知识了。这种知识除了帝王别有用意之外，再也没有一人肯用钱买的了；就是帝王买去也是丝毫无用，也是一堆一堆地烧去不要的。帝王是醉翁之意不在酒，他哪里是收买伪知识，他只是用名利、权位的手段引诱全国天才进入"伪知识"的圈套，成为废人，不能与他的儿孙争雄罢了。

这些废人只是为"惜字炉"继续不断地制造燃料，他们对于知识的全体是毫无贡献的。从大的方面看，他们是居于必败之地。但从他们个人方面看，却也有幸而成的与不幸而败的之分别。他们成则为达官贵人，败则为土豪、劣绅、讼棍、刀笔吏、教书先生。最可痛心的，就是这些废人应考不中，只有做土豪、劣绅、讼棍、刀笔吏、教书先生的几条出路。他们没有真本领赚饭吃，只得拿假知识去抢饭吃，骗饭吃。土豪、劣绅、讼棍、刀笔吏之害人，我们是容易知道的；教书先生之害人更广、更深、更切，我们是不知道的。教书先生直接为父兄教子弟，间接就是代帝王训练"伪知识"阶级。他们的知识，出卖给别人吧，嫌他太假，出卖给皇帝吧，又嫌他假得不彻底，不得已只好拿来哄骗小孩子。这样一来，非同小可，大书呆子教小书呆子，几几乎把全国中才以上的人都变成书呆子了，都勾引进"伪知识"阶级了。"伪知识"阶级的势力于是乎雄厚，于是乎牢不可破，于是乎继长增高，层出无穷。

皇帝与民争，用伪知识来消磨民间的天才，确是一个很妙的计策。等到民间的天才消磨已尽，忽然发生了国与国争，以伪知识的国与真知识的国抗衡，好一比是拿鸡蛋碰石头，哪有不破碎的道理！鸦片之战，英、法联军之战，甲午之战，没有一次幸免，皇帝及大臣才明白伪知识靠不住，于是废八股，兴学堂。这未始不是一个转机。但是政权都操在"伪知识"阶级手中，他们哪会培养真知识？他们走不得几步路，就把狐狸尾巴拖出来了。他们自作聪明地把外国的教育制度整个的抄了一个来。他们曾用眼睛、耳朵、笔从外国贩来了些与国情接不上的伪知识。他们把书院变成学堂，把山长改为堂长。"四书"用不着了，一律换为各种科学的教科书。标本、仪器很好看，姑且拣那最好看的买他一套，在玻璃柜里陈列着，可以给客人参观参观。射箭很不时髦，要讲尚武精神，自须学习兵操。好，他们很信他们的木头枪真能捍国卫民咧！这就算是变法！这就算是维新！这就算是自强！一般社会对于这些换汤不换药的学堂却是大惊小怪，称他们为洋学堂，又称学堂里的学生为洋学生。办学的苦于得不到学生，于是除供饭食发零用外，还是依旧地按着学堂等级给功名：小学堂毕业给秀才，中学堂毕业给贡生，高等学堂毕业给举人，大学堂学生给进士，外国留学回来的赴朝考及第给翰林点状元。社会就称他们为洋秀才、洋贡生、洋举人、洋进士、洋翰林、洋状元。后来废除功名，改称学士、硕士、博士等名目，社会莫名其妙了。得到这些头衔的人还是仍旧用旧功名翻译新功名，说是学士等于秀才，硕士等于举人，博士等于翰林，第一名的博士便是从前的状元。说的人自以为得意，听的人由羡慕而称道不止，其实这还不是穿洋装的老八股吗？穿洋装的老八股就是洋八股。老八股好比是根据本国钞票发行的钞票；洋八股好比是根据外国钞票去发行的钞票。他们都是没有准备金的假钞票。洋八股和老八股虽有新旧之不同，但同是不是从经验里发生的真知识，同是不值钱的伪知识。从中国现在的情形看来，科学与玄学之争，只可说是洋八股与老八股之争。书本的科学，陈列的实验，岂能当科学实验之名。他和老八股是同样无用的东西。请看三十年来的科学，发明在哪里？制造在哪里？科学客倒遇见不少，真正的科学家在哪里？青年的学子！书本的科学是洋版的八股，在讲堂上高谈阔论的科学客，与蒙童馆里的冬烘先生是同胞兄弟，别给他们骗走了啊！

所以中国是有"伪知识"阶级。构成中国之"伪知识"阶级有两种成分：一是老八股派，二是洋八股派。这个阶级既靠伪知识骗饭吃，不靠真本领赚饭吃，便没有存在的理由。

这个阶级在中国现状之下已经是山穷水尽了。收买伪知识的帝王已经消灭，再也找不出第二个特殊势力能养这许多无聊的人。但因为惰性关系，青年们还是整千整万地向着这条死路出发，他们的亲友仍旧是拿着鞭儿在后面使劲地赶。可怜得很，这些青年个个弄得焦头烂额，等到觉悟回来，不能抢饭的便须讨饭。"伪知识"阶级的末路已经是很明显了，还用得着打倒吗？又值得拥护吗？

但是一班狡猾的"伪知识"者找着一个护身符，这护身符便是"读书"两个字。他们向我们反驳说："书也不应当读了吗？"社会不明白他们葫芦里卖的是什么药，也就随声附和地说："是啊！书何能不读呢！"于是"读书不忘救国；救国不忘读书"，便成了保障"伪知识"阶级的盾牌。所以不把读书这两个字说破，"伪知识"阶级的微生物便能在里面苟延残喘。我们应当明白，书只是一种工具，和锯子、锄头是一样的性质，都是给人用的。我们与其说"读书"，不如说"用书"。书里有真知识和伪知识，读他一辈子，不能辨别他的真伪；可是用他一下，书的本来面目便显了出来，真的便用得出去，伪的便用不出去，也如同真的锯子才能锯木头，真的锄头才能锄泥土，假的锯子、锄头一用到木头、泥土上去就知道他不行了。所以提到书便应说"用书"，不应说"读书"，那"伪知识"阶级便没得地方躲了。与"读书"联成一气的有"读书人"一个名词。这个名词，更要不得。假使书是应当读的，便应使人人有书读。决不能单使一部分的人有书读，叫做读书人；又一部分的人无书读，叫做不读书人。比如饭是应当吃的，便应使人人有饭吃。决不能使一部分的人有饭吃，叫做吃饭的人；又一部分的人无饭吃，叫做不吃饭的人。从另一方面看，只知道吃饭，不成为饭桶了吗？只知道读书，不成为有脚可以走路的活书架子了吗？我们为避免堕入"伪知识"阶级的诡计起见，主张用书不主张读书。农人要用书，工人要用书，商人要用书，兵士要用书，医生要用书，律师要用书，画家要用书，教师要用书，音乐家要用书，戏剧家要用书，三百六十行，行行都要用书。行行都成了用书的人，真知识才愈益普及，愈能发现了。书是三百六十行的公物，不是读书人所能据为私有的。等到三百六十行都是用书人，读书的专利营业便完全打破，读书人除非改行，便不能混饭吃了。这个日子已经来到，大家还不觉悟，只有死路一条。凡受过中国新旧教育的人，都免不了有些"伪知识"的成分和倾向。为今之计，我们应当痛下四个决心：

一、从今以后，我们应当放弃一切固有的伪知识；

二、从今以后，我们应当拒绝承受一切新来的伪知识；

三、从今以后，我们应当制止自己不要再把伪知识传与后辈；

四、从今以后，我们应当陪着后起的青年共同努力去探真知识的泉源。

最后，我要郑重地说：二十世纪以后的世界属于努力探获真知识的民族。凡是崇拜伪知识的民族都要渐就衰弱以至于灭亡。三百六十行中决没有教书匠、读书人的地位，东西两半球上面也没有中华书呆国的立足点。我们个人与民族的生存都要以真知识为基础。伪知识是流沙，千万不可在他上面流连忘返。早一点觉悟，便是早一点离开死路，也就是早一点走向生路。这种生死关头，十分显明，绝无徘徊迟疑之余地，起个取真去伪的念头是走向生路的第一步。明白伪知识的买主已经死了永不复生并且绝了种，是走向生路的第二步。以做"读书"人或"读书"先生为最可耻，是走向生路的第三步。凡事手到心到——在劳力上劳心——便是骑着千里驹在生路上飞跑了。

原载 1928 年 4 月上海亚东图书馆版《中国教育改造》

地方教育与乡村改造

　　教育就是生活的改造。我们一提及教育便含了改造的意义。教育好比是火，火到的地方，必使这地方感受他的热，热到极点，便要起火。"一星之火，可以燎原"，教育有这样的力量。教育又好比是冰，冰到的地方，必使这地方感受它的冷，冷到极点，便要结冰。教育有力量可以使人"冷到心头冰到魂"。或是变热，或是变冷，都是变化。变化到极点，不是起火便是结冰。所以教育是教人化人。化人者也为人所化。教育总是互相感化的。互相感化，便是互相改造。

　　社会是个人结合所成的。改造了个人便改造了社会，改造了社会便也改造了个人。寻常人以为办学是一事，改造社会又是一事，他们说："办学已经够忙了，还有余力去改造社会吗？"他们不知道学校办的得法便是改造社会。没有工夫改造社会便是没有工夫办学。办学和改造社会是一件事，不是两件事。改造社会而不从办学入手，便不能改造人的内心；不能改造人的内心，便不是彻骨的改造社会。反过来说，办学而不包含社会改造的使命，便是没有目的，没有意义，没有生气。所以教育就是社会改造，教师就是社会改造的领导者。在教师的手里操着幼年人的命运，便操着民族和人类的命运。

寻常人又以为改造社会是要多数人干，决不是少数教师所能胜任的。尤其在穷乡僻壤中的小学有时只有一位教师，更觉得单身匹马不能有所作为。他们说："教师岂能独脚戏？"说这话的人忘记了他的四周都可以找着同志。孔子说："十室之邑，必有忠信。"又说："德不孤，必有邻。"这是孔子的经验谈。乡村虽小，必定可以找得着几位黄泥腿的领袖和我们合作。只须找着一两位，进行起来，便能事半功倍。不但如此，同志便在眼前，一个个学生都可以成为活龙活虎的小同志。只要教师们放下孤高的架子，改造乡村的忠实同志正多着咧。

寻常人又以为改造社会是劝人家干或替人家干。这两种方式都是表面的工作。劝人戒烟、戒赌，或是劝人爱人、爱国，都是自己用嘴说说，便要人家负实行的责任，当然是没有多大效验的。有些人见他没有多大效验，便改变方针，替人家干。这样一来，受替代的人便难免发生惭愧，如不惭愧，便要发生依赖。自己居于高尚的地位，而令人惭愧；或自己处于赈济的地位，而令人依赖，都不是好法子。替人家干还含有一个不稳固的因子，就是到了终局，难免人存政举，人亡政息。那么，社会改造究竟要采取什么方式？依我看来只有团结同志，共同去干，方能发生宏大久远的效力。真团体是要从扫除公敌，图谋公益，发挥公意上创造出来的。

寻常人最后还有一个误解，就是误认读书为教育。只要提到教育，便联想到读书认字。他们以为一切教育都从读书认字出发。他们只管劝人家识字读书，不顾到别的生活需要。识字读书是人生教育的一部分，谁也不能否认。但是样样教育都硬要从教书入手，走不得几步便走不通了。乡村里面十岁以上大多数的儿童教育，大多数的成人教育，都要从经济及娱乐两方面下工夫，读书认字只好附带在这里面去干。倘使一定要从读书认字出发，怕是多数人不能接受，那么，对于改造社会的影响，便是很有限了。

上面所说的几点，都证明地方教育及乡村改造的成败，是靠着人才为转移。所以培养乡村师资是地方教育之先决问题，也就是改造乡村的先决问题。不在培养人才上做工夫，一切都是空谈。现今各县对于乡村教育及乡村改造已有浓厚的兴趣，但是对于一县的乡村师范，每年只肯花数千元。固然也有多花的，但是寥若晨星。我们要想达到运用教育改造乡村的目的，必须出代价去培养教师，去培养教师的教师。江苏加征亩捐是个最好的机会，我以为在这义务教育萌芽时期，这笔钱应当多用于培养教师，少用在开办新校。教师得人，则学校活，学校活，则社会活。倘使有活的教师，各办一所活的小学，作为改造各个乡村的中心，再以师范学校总其成，继续不断地领导各校各村前进，不出十年，必著成效。依我的愚见看来，这是地方教育根本之谋，也是改造乡村根本之谋。

原载 1929 年 2 月《地方教育》第 1 期

答朱端琰之问

端琰先生：

第二次手书，业已拜读，只因晓庄冬防吃紧，无暇执笔，以致迟迟未复，实在是十分抱歉。

一、什么是做？

先生垂问的几个问题都是很有意思的。我把这些问题仔细看了一下，觉得先生的疑问都是集中在一个"做"字下面，这是当然的，因为"教学做合一"的理论也是集中在"做"之一字。所以必先要把"做"字彻底地说明一番，然后其余的问题，便可迎刃而解了。

"做"字在晓庄有个特别定义。这定义便是在劳力上劳心。单纯的劳力，只是蛮干，不能算做；单纯的劳心，只是空想，也不能算做，真正的做只是在劳力上劳心。我们做一件事便要想如何可以把这件事做好，如何运用书本，如何运用别人的经验，如何改造用得着的一切工具，使这件事做得最好。我们还要想到这事和别事的关系，想到这事和别事的相互影响。我们要从具体想到抽象，从我相想到共相，从片段想到系统。这都是在劳力上劳心的工夫。不如此，便不是在劳力上劳心，便不是做。

做必须用器官。做什么事便用什么器官。耳目口鼻四肢百体都是要活用的。所以有的事要用耳做，有的事要用眼做，有的事要用嘴做，有的事要用脚做，有的事要用手做，有的事用他们合起来做。

中国教育的一个普通的误解是以为：用嘴讲便是教，用耳听便是学，用手干便是做。这样不但是误解了做，也误解了学与教了。我们主张教学做是一件事的三方面：对事说是做，对自己之进步说是学，对别人的影响说是教。做要用手，即学要用、手教要用手；做要用耳，即学要用耳、教要用耳；做要用眼，即学要用眼、教要用眼。做要用什么器官，即学要用什么器官、教要用什么器官。做不但要用身上的器官，并且要用身外的工具。我们的主张是：做什么事，便用什么工具。望远镜、显微镜、锄头、斧头、笔杆、枪杆、书本子都是工具，也都是要活用的。

中国教育的第二个普通的误解，便是一提到教育就联想到笔杆和书本，以为教育便是读书、写字，除了读书、写字之外，便不是教育。我们既以做为中心，那么，做要用锄头，即学要用锄头教、要用锄头；做要用斧头，即学要用斧头教、要用斧头；做要用书本，即学要用书本、教要用书本。吃面要用筷子，喝汤要用匙子，这是谁也知道的。倘使有人用筷子喝汤，用匙子吃面，大家必定要说他是个大呆子。我们现在的教育，何尝不是普遍的犯了这个错用工具的毛病。中国的教员、学生，实在太迷信书本了。他们以为书本可以耕田、织布、治国、平天下；他们以为要想耕田、织布、治国、平天下只要读读书就会了。书本是个重要的工具，但书本以外的工具还多着呢！因为学校专重书本，所以讲书便成为教，读书便成为学，而那用锄头斧头的便算为做了。

这是教学做分家。他们忘记了书本也是"做"事所用的工具，与锄头斧头是一类的东西。做一件事要想做得好，须用锄头便用锄头，须用斧头便用斧头，须用书本便用书本，须合用数样数十样工具，便合用数样数十样工具。我们不排斥书本，但决不许书本做狄克推多（英文 dictator，意思为"独裁官"），更不许它与"做"脱离关系，而成为所谓"教学"之神秘物。

有了上面补充的总说明，再去解答先生的疑问，似乎容易得多。我现在就顺着先生质问的次序逐一答复，然后再归纳起来，答复先生总结的三问题。

二、以实际生活为中心的教育是否能够顾到人生的全部？

教学做有一个公共的中心，这"中心"就是事，就是实际生活。实际生活说得明白些便是日常生活。积日为年，积年为终身，实际生活便是人生的一切。分析开来，战胜实际的困难，解决实际的问题，生实际的利，格实际的物，爱实际的人，求实际的衣食住行，回溯实际的既往，改造实际的现在，探测实际的未来，这些事总结起来，虽不敢概括全部人生，但人生除了这些事还有什么？在做这些事上去学去教，虽不敢说有十分收成，但是教成的与学得的必是真本领。实行这种教育的社会，虽不敢必其进步一日千里，但是脚踏实地地帮助人类天演历程向上向前运行而无一步落空，那是可以断言的。

三、教学做合一是否能够传递全社会的经验？

"教育是传递社会的经验"，这句话不能概括一切教育。倘若教育是仅仅把社会的经验传递下去，那就缺少进步的动力。所以与其说"教育是社会经验之传递"，不如说"教育是社会经验之改造"。教育上之所谓经验，原有两种意思：一种是个人的，一种是人类全体的。但是经验无论属于个人或人类全体，决无超时间空间的可能。我们最多只可说有些社会经验是不限于一时代一地域的。经验又有直接间接的分别，这当然是不可否认的。我在《"伪知识"阶级》里面曾经说明"接知如接枝"的道理。我们必须有从自己经验里发生出来的知识做根，然后别人的相类的经验才能接得上去。倘使自己对于某事毫无经验，我们决不能了解或运用别人关于此事之经验。人类全体的经验虽和个人经验有些分别，但是我们必须有个人经验做基础，然后才能了解或运用人类全体的经验。

我们必须以个人的经验来吸收人类全体的经验。孔子说："举一隅，不以三隅反，则不复也。"荀子说："以一知万。"无论他是一隅三反，或是以一知万，那个"一"必定是安根在自己的经验里。自己经验里的"一"是一切知识的起点。有了这个"一"才能收"三反""知万"之效。《墨辩》分知识为闻、说、亲三种。"说曰：'知：传受之，闻也；方不瘴，说也；身观焉，亲也。'"闻知是别人传授进来的，说知是自己推想出来的，亲知是自己经验出来的。依教学做合一的理论说来，亲知是一切知识的基础。没有亲知做基础，闻知和说知皆为不可能。看了下面的图，便可格外明白：

说知

/

说知　　闻知

\　/

亲知

四、如何可以了解哥仑布探获新大陆的故事？

现在可以具体地答复哥仑布（今译哥伦布）发现新大陆一事了。如果我们要正确地知道哥仑布发现新大陆的经过，恐怕系要请国民政府效法西班牙王拨下一只大帆船横渡大西洋才行。即使这样办，我们也不能得到完全与哥仑布相同的经验，因为现在的情形和我们的同伴决不能与他的一样。我们何尝要这样正确的知道他发现新大陆的经过？即使是探险家也不须复演这种经验；他们有更好的海船和工具，决不致发呆气去模仿哥仑布。教学做合一的理论，并不曾主张普通人去模仿特殊人物之特殊事业，也不曾主张现代人去复演前代人物之过去事业。那么，我们所要知道的是哥仑布发现新大陆的大概情形和影响。可是使人知道这件事上，便有两种根本不同的办法：一种是迷信书本演讲及所有代表经验的储藏库，以为只要读哥仑布的书，听讲哥仑布的事便能十分明白，再也用不着任何直接经验了；一种是确信直接经验为了解一切事实的基础，所以要想大略了解哥仑布之发现新大陆，也必得要些个人的直接经验做基础，才能了解别人所写所讲的哥仑布故事，才能推想哥仑布当年航海的情形，想象发现新大陆以后之影响。他运用书籍演讲不亚于第一派，但他要进一步审查那用以了解书本上演讲中之哥仑布之个人直接经验是否充分；如不充分，他便认为他的第一责任是使学生在做上补充这种经验，然后再去看书听讲推论，否则，他认为是耳边风，或是走马看花，无论说得天花乱坠，或是写得满纸锦绣，都是不能接受进去的。

用以了解哥仑布发现新大陆所需的直接经验是什么？这可不能一一数出，只好提要列举数种：坐过海帆船，渡过海，在海里遇过大风暴雨，受过同事阴谋加害，看过野人，在大陆上住过……诸如此类都是了解哥仑布故事的直接经验。如果没有渡过海，不得已而求其次也要渡过湖，再其次也要渡过江，再其次也要渡过河，万不得已也要看过池塘。倘使没有坐过海帆船，不得已而求其次也要坐过鄱阳湖里的民船，再其次也要坐过秦淮河里的花船，再其次也要看过下雨时堂前积水上之竹头木屑。倘使这些经验毫无，我不知道他如何能懂哥仑布之探险。

五、要明白火星是否要到火星里去？

火星里的生活必须到火星里面去过才能知道清楚，至少也必须有人到火星去过，回来把火星里的生活告诉我，我又有足以了解这生活之基本经验，才能间接知道清楚。但是如今还没有人到过火星，那么，火星里的生活是决没有人知道清楚的。关于火星的事，现在知道最正确的，也不过是用望远镜所能看得到用数学所能推得出的。最大的天文学家，也只能承认他对于火星只知道一点皮毛。虽然只知道这点皮毛，但教学做合一的天文学者，必定要在天文台上用望远镜及高等数学在做上去求得关于火星的知识。万一得不到望远镜，他至少要用肉眼对着火星去考究。关于火星的书，他是要看的；关于火星的演讲，他是要听的。但他必定要得到最好的望远镜看他一看，才算甘心。不，他一有办法必定要到火星里去与火星人共同生活才能满足他的求知欲。

六、分子运动等如何可以明白？

分子运动、原子运动、电子运动，都是科学家从研究物质上推想出来的理论，以解释种种物质的现象。我们要想真正了解这些理论，必须从研究物质的现象入手。在研究物质现象上教学做是了解这些理论最有效力的方法。倘使真要拿分子运动里的生活来说明教学做合一，我们便可举空气为例。分子运动速率增加便觉热，速率减少便觉冷。我们要想明白分子运动的速率，这气候的冷热却是一个眼面前最显明的例子。

七、如何可以得到飞机无线电的知识？

飞机和无线电的知识，可分为两级。第一级是制造的知识。制造飞机与无线电的知识，都要从制造上得来，方为有效。他要在造上学，在造上教，才能一举而成。若单在书上学，在书上教，等到造的时候势必重新学过，则以前所学的等于耗费了。第二级是了解的知识。这级知识可从别人那里或书本上得来，但学的人必须有些基本的直接知识，才能接得上去。这些基本的直接知识，都是从"做"上得来。倘使没有从"做"上得来的基本的直接知识，那么，书上所写的飞机，嘴里所讲的无线电，都与学的人漠不相关。

八、做不完的就不要学不要教了吗？

有了上面的解释，我们可以说教一切学一切都要以"做"为基础。事实上当然做不完、学不完、教不完的。我们遇此困难只有估量价值，拣那对于人生最有贡献的事，最合乎自己之才能需要的去做去学去教。那不能参加的只好不参加，不能做的只好不做。除此以外，还有什么办法呢？

九、科学家的发明、哲学家的理论、宗教家的教义都是从"做"上得来的吗？

牛顿看见一个苹果落下便发了一问："为什么这苹果不向上飞去呢？"从苹果下坠推到一切，于是想出万有引力的理论以解释这些现象。牛顿看见苹果下坠，便是用眼做，他从苹果下坠，推到一切以至想出万有引力的理论，乃是用脑做了。

阳明先生虽倡知行合一，但是不知不觉中仍旧脱不了传统的知识论的影响，又误于良知之说，所以一再发表"知是行之始，行是知之成"的言论。我现在愈研究愈觉得这种见解不对。一年前我写了一篇文章证明："行是知之始，知是行之成。"恰与阳明先生相反。古今中外所发现第一流的真知灼见，就我所知，无一不是从做中得来。哲学家之发明学说，宗教家之创立教义，何尝有一例外？我姑举一二人作为例证，以资说明。孔子少贱，故多能鄙事。他入太庙，每事问。晨门称他是知其不可而为之者。多能鄙"事"，每"事"问，知其不可而"为"之，便是孔子发明他的哲学的根源。达尔文和瓦雷士（今译华莱士）之天择学说，不是从天上凭空掉下来的，也不是从书本里抄下来的，也不是从脑筋里空想出来的，乃是在动植物中经年累月的一面干，一面想，干透了，想通了，然后才有这样惊人的发现。耶稣基督、释迦牟尼之创立教义，也不是凭空冥想出来的。试把佛教经典及基督教《新约》翻开一看，便知道他们所阐明的教义并不是整套的同时宣布出来。他们是在众生中随行随明、随明随传的。哲学起于怀疑，宗教起于信仰。怀疑与信仰都是应生活需要而来的。

十、小孩子也是教学做合一吗？

初生的小孩子便是教学做合一；做的意义比平常用法要广得多，这是对的。但是"学也是做""教也是做""教育就是做"的三向结论，殊有语病。我们可以说："做是学的中心，也是教的中心。"我们也可以说："教学做合一便是生活。"倘若我们赞成

"生活即教育"的主张，那么，生活教育必是教学做合一的，生活教育内之教与学必是以做为中心。

十一、教学做合一不忽视了精神活动吗？

我们既以在劳力上劳心算为"做"的定义，当然不能承认身体与精神分家。自动的涵义便同时具有力与心之作用，即同时要求身体与精神之合作。

十二、贴标语、游行可算是革命的教学做码？

教学做合一既是人生之说明，所以人人都在做，都在学，都在教。但是做错了，学与教都跟着错。怎样会做错呢？错用目的，错用器官，错用工具，错用方法，错用路线，错用力量，都会叫人做错，即会叫人学错教错。教学做合一的要求是：事怎样做便怎样学，怎样学便怎样教。革命这件事要怎样做才能成功？这是我们首先要考察的。比如分析起来，觉得要想革命成功，须有种种条件：（一）适应现代中国需要之主义；（二）忠勇廉洁爱民的领袖；（三）纪律严明器械精良之武力；（四）独立发明之学术；（五）开源节流之财政；（六）培养民众之觉悟与行动；（七）联合世界上以平等待我之民族；（八）贴标语；（九）游行……假使革命要满足这些条件才能成功，那么革命教学做，便是整个的在这些事上做，在这些事上学，在这些事上教。倘若把头几项撇开只以贴标语游行为能事，做虽是做，却是做错了，至少也是没有效力的做了。

十三、晓庄因实行教学做合一不就忽略了看书吗？

晓庄看书的时间是有规定的，所看的书也是有指定的，但比别的学校是自由的多。我们对于书籍有一条方针：做什么事，用什么书。我们很反对为读书而读书。我们从去年就想依据生活历编辑一个最低限度的用书目录，现在还未编成，将来编成之后，就容易上轨道了。只要谨守"在劳力上劳心"的原则，自然会从具体归向理论，从片段走向系统。但是造诣深浅，有属于禀赋的，我们固难以为力；有属于勤惰的，生活部实负有考核勉励指导之责。

十四、教学做合一不太偏重技能而忽略知识吗？

技能与知识是分不开的。把大家教成铁匠木匠一样，实未足以尽教育之能事。一因为中国的一般铁匠木匠实在是有一部分教错了。因为他们劳力而不劳心，所以技能与知识都不能充分发达。二因为他们除了呆板的职业训练以外，其余关于人生需要的教育都被漠视了。假使中国的铁匠木匠都做的不错，学的不错，教的不错；在劳力上劳心，各方面生活需要都顾到，那末，铁匠木匠所应受的教育，便是人人应受的教育了。王木匠要有技能和知识，也如同达尔文要有技能与知识。达尔文没有辨别物种变异的技能便不能发现天择的学说。王木匠若没有尤克雷地（今译欧几里得）的几何知识，便要做出七斜八歪的桌子来。可是达尔文与王木匠有个不同之点：王木匠把知识化成技能；达尔文则用技能产生知识；不过王木匠倘使能用知识所变成的技能进一步去产生新知识，那么，王木匠亦成为达尔文一流的人物了。倘使达尔文停止在观察生物的技能上而不能用它去发现天择学说，那么，终达尔文之身，也不过是王木匠的兄弟罢了。

十五、教学做合一究竟是什么？它的效用如何？

现在归纳起来总答如下：

（一）要想获得人类全体的经验必须教学做合一方为最有效力；

（二）生活教育就是教学做合一；

（三）教学做合一不但不忽视精神上的自动，而且因为有了在劳力上劳心，脚踏实地的"做"为它的中心，精神便随"做"而愈加奋发。

原载 1929 年 3 月《教育汇刊》

行是知之始

　　阳明先生说："知是行之始，行是知之成。"我以为不对：行是知之始，知是行之成。我们先从小孩子说起。他起初必定是烫了手才知道火是热的，冰了手才知道雪是冷的，吃过糖才知道糖是甜的，碰过石头才知道石头是硬的。太阳地里晒过几回，厨房里烧饭时去过几回，夏天的生活尝过几回，才知道抽象的热；雪菩萨做过几次，霜风吹过几次，冰淇淋吃过几杯，才知道抽象的冷；白糖、红糖、芝麻糖、甘蔗、甘草吃过几回，才知道抽象的甜；碰着铁，碰着铜，碰着木头，经过好几回，才知道抽象的硬。才烫了手又冰了脸，那么，冷与热更能知道明白了；尝过甘草接着吃了黄连，那么，甜与苦更能知道明白了；碰着石头之后就去拍棉花球，那么，硬与软更能知道明白了。凡此种种，我们都看得清楚"行是知之始，知是行之成"。佛兰克林（今译富兰克林）放了风筝，才知道电气可以由一根线从天空引到地下。瓦特烧水，看见蒸汽推动壶盖，便知道蒸汽也能推动机器。加利里（今译伽利略）翁在毕撒斜塔（今译比萨斜塔）上将轻重不同的球落下，便知道不同轻重之球是同时落地的。在这些科学发明上，我们又可以看得出"行是知之始，知是行之成"。

　　《墨辩》提出三种知识：一是亲知，二是闻知，三是说知。

亲知是亲身得来的，就是从"行"中得来的。闻知是从旁人那儿得来的，或由师友口传，或由书本传达，都可以归为这一类。说知是推想出来的知识。现在一般学校里所注重的知识，只是闻知，几乎以闻知概括一切知识，亲知是几乎完全被挥于门外。说知也被忽略，最多也不过是些从闻知里推想出来的罢了。我们拿"行是知之始"来说明知识之来源，并不是否认闻知和说知，乃是承认亲知为一切知识之根本。闻知与说知必须安根于亲知里面方能发生效力。

试取演讲"三八主义"来做个例子。我们对一群毫无机器工厂劳动经验的青年演讲八小时工作的道理，无异耳边风。没有亲知做基础，闻知实在接不上去。假使内中有一位青年曾在上海纱厂做过几整天工作或一整天工作，他对于这八小时工作的运动的意义，便有亲切的了解。有人说："为了要明白八小时工作就是这样费力地去求经验，未免小题大做，太不经济。"我以为天下最经济的事，无过于这种亲知之取得。近代的政治经济问题便是集中在这种生活上。从过这种生活上得来的亲知，无异于取得近代政治经济问题的钥匙。

亲知为了解闻知之必要条件，已如上述，现再举一例，证明说知也是安根在亲知里面的。

《白鼻福尔摩斯》一书里面有一个奇怪的案子。一位放高利贷的老头子被人打死后，他的房里白墙上有一个血手印，大得奇怪，从手腕到中指尖有二尺八寸长。白鼻福尔摩斯一看这个奇怪手印便断定凶手是没有手掌的，并且与手套铺是有关系的。他依据这个推想，果然找出住在一个手套铺楼上的科尔斯人就是这案的凶手，所用的凶器便是挂在门口做招牌的大铁手。他的推想力不能算小，但是假使他没有铁手招牌的亲知，又如何推想得出来呢？

这可见闻知、说知都是安根在亲知里面，便可见"行是知之始，知是行之成"。

原载 1929 年 7 月 30 日《乡教丛迅》第 3 卷第 12 期

晓庄三岁敬告同志书

今日是何日？

当念三年前。

愿从今日起，

更结万年缘。

三年前的今日，老山下的小庄出了一桩奇事。他们是来扫墓吗？香烛在哪儿？强盗来分赃吗？如何这样客气？他们是开学哟。开学？学堂在哪儿？连燕子都不肯飞来的地方，忽然这样热闹！奇怪得很！

不错，我们是来开学。说得更确切些，我们是来开工。还不如说，我们是在这儿来开始生活。"从野人生活出发，向极乐世界探寻"，是我们今天所立的宏愿。学堂是有的，不过和别的学堂不同。他头上顶着青天，脚下踏着大地，东南西北是他的围墙，大千世界是他的课室，万物变化是他的教科书，太阳月亮照耀他工作，一切人，老的、壮的、少的、幼的、男的、女的都是他的先生，也都是他的学生。晓庄生来就是这样的一副气骨。

到了今天，已经是三周年了，说到可以看见的成绩，真是微乎其微。他所有的茅草屋，稍微有点财力的人，只要两个月就可以造得成功，一阵野火，半天便可以把他们烧得干干净净。至于每个同志之所有，除了一颗血红的心和一些破布烂棉花的行李之外，还有什么可说？然而晓庄毕竟有那野火烧不尽的东西。这些东西的价值，也许只等于穷人家在天寒地冻时之破布烂棉花，也许就是因为这些破布烂棉花的力量，那血红的心才能继续不断地跳动，那怀抱着这血红的心的生命便能生生不已。我现在所高兴说的就是这些东西。

晓庄是从爱里产生出来的。没有爱便没有晓庄。因为他爱人类，所以他爱人类中最多数而最不幸之中华民族；因为他爱中华民族，所以他爱中华民族中最多数而最不幸之农人。他爱农人只是从农人出发，从最多数最不幸的出发，他的目光，没有一刻不注意到中华民族和人类的全体。在吉祥学园里写了两句话："捧着一颗心来；不带半根草去。"晓庄是从这样的爱心里出来的。晓庄可毁，爱不可灭。晓庄一天有这爱，则晓庄一天不可毁。倘使这爱没有了，则虽称为晓庄，其实不是晓庄。爱之所在即晓庄之所在。一个乡村小学里的教师有了这爱，便是一个晓庄；一百万个乡村小学里的教师有了这爱，便是一百万个晓庄。虽是名字不叫晓庄，实在是真正的晓庄了。

晓庄三年来的历史，就是这颗爱心之历史——这颗爱心要求实现之历史。有了爱便不得不去找路线，寻方法，造工具，使这爱可以流露出去完成他的使命。流露的时候，遇着阻力便不得不奋斗——与土豪劣绅奋斗，与外力压迫奋斗，与传统教育奋斗，与农人封建思想奋斗，与自己带来之伪智识奋斗。这奋斗之历史，也就是这颗爱心之历史。晓庄没有爱便不能奋斗，不能破坏，不能建设，不能创造。个人没有爱，便没有意义，即使在晓庄，也不见得有贡献。所以晓庄和各个同志的总贡献——破坏与创造——如果有的话，都是从爱里流露出来的。晓庄生于爱，亦唯有凭着爱的力量才能生生不已咧。

我们最初拿到晓庄来试验的要算是教学做合一的理论了。当初的方式很简单。他的系统也就是在晓庄一面试验一面建设起来的。这个理论包括三方面：一是事怎样做便怎样学，怎样学便怎样教；二是对事说是做，对己说是学，对人说是教；三是教育不是教人，不是教人学，乃是教人学做事。无论那方面，"做"成了学的中心，即成了教的中心。要想教得好，学得好，就须做得好。要想做得好，就须"在劳力上劳心"，以收手脑相长之效。这样一来，我们便与两种传统思想短兵相接了。一是孟子的"劳心者治人，劳力者治于人"的二元论。这种二元论在中国的力量是很大的。他在教育上的影响是：教劳心者不劳力；不教劳力者劳心。结果把中华民族划成两个阶级，并使科学的种子长不出来。二是先知后行的谬论。阳明虽倡知行合一之说，无意中也流露出"知是行之始"之意见。东原更进一步地主张："重行必先重知。"这种主张在中国教育上的影响极深。"知是行之始"一变而为"读书是行之始"，再变而为"听讲是行之始"。"重行必先重知"也有同样的流弊。请看今日学校里的现象，哪一处不是这种谬论所形成。不入虎穴，焉得虎子。知识是要自己像开矿样去取来的。取便是行。中国学子被先知后行的学说所麻醉，习惯成了自然，平日不肯行，不敢行，终于不能行，也就一无所知。如果有所知，也不过是知人之所知，不是我之所谓知。教学做合一既以做为中心，便自然而然地把阳明、东原的见解颠倒过来，成为"行是知之始""重知必先重行"。我很诚恳地敬告全国的同志："有行的勇气，才有知的收获。"先知后行学说的土壤里，长不出科学的树，开不出科学的花，结不出科学的果。

教学做合一的理论最初是应用在培养师资上面的。我们主张培养小学教师要在小学里做，小学里学，小学里教。这小学是培养小学教师的中心，也就是师范学校的中心，不是他的附属品，故不称他为附属小学而称他为中心小学。培养幼稚园教师的幼稚园和培养中学教师的中学，都是中心学校而不是附属学校。现在实行的学园制即是艺友制，每学园有导师、艺友及中心学校，更进一步求教学做合一的主张之贯彻。现今师范教育之传统观念是先理论而后实习，把一件事分作两截，好一比早上烧饭晚上请客。除非让客人吃冷饭，便须把饭重新烧过。教学做合一的中心学校就是要把理论与实习合为一炉而冶之。

教学做合一不是别的，是生活法，是实现生活教育之方法。当初，生活教育戴着一顶"教育即生活"的帽子。自从教学做合一的理论试行以后，渐渐地觉得"教育即生活"的理论行不通了。一年前我们便提出一个"生活即教育"的理论来替代。从此生活教育的内容方法便脉脉贯通了。

"生活即教育"怎样讲？是生活即是教育，是好生活即是好教育，是坏生活即是坏教育；有目的的生活即是有目的的教育，无目的的生活即是无目的的教育；有计划的生活即是有计划的教育，无计划的生活即是无计划的教育；合理的生活即是合理的教育，不合理的生活即是不合理的教育；日常的生活即是日常的教育；进步的生活即是进步的教育。依照生活教育的五大目标说来：康健的生活即是康健的教育；劳动的生活即是劳动的教育；科学的生活即是科学的教育；艺术的生活即是艺术的教育；改造社会的生活即是改造社会的教育。反过来说，嘴里念的是劳动教育的书，耳朵听的是劳动教育的演讲，而平日所过的是双料少爷的生活。在传统教育的看法不妨算他是受劳动教育，但在生活教育的看法则断断乎不能算他是受劳动教育。生活教育是运用生活的力量来改造生活，他要运用有目的有计划的生活来改造无目的无计划的生活。

生活教育既以生活做中心，立刻就与几种传统思想冲突。第一种传统思想与生活教育冲突的是文化教育。他以文化为中心。德国战前之教育即是以文化为中心。中国主张此说的也不少。依生活教育的见解，一切文化只是生活的工具。文化既是生活的工具，哪能喧宾夺主而做教育的中心？第二种传统思想与生活教育冲突的是教、训分家。在现代中国学校里教、训分家是普遍的现象。教育好像是教人读书，训育好像是训练人做人或是做事；教育好像是培养智识，训育好像是训练品行；教育又好像是指所谓之课内活动，训育则好像是指所谓课外活动。所以普通学校里，有一位教务主任专管教育，又有一位训育主任专管训育。某行政机关拟以智仁勇为训育方针，那么，教育方针又是什么呢？生活教育的要求是：整个的生活要有整个的教育。每个活动都要有目标，有计划，有方法，有工具，有指导，有考核。智识与品行分不开，思想与行为分不开，课内与课外分不开，做人做事与读书分不开，即教育、训育分不开。生活教育之下只有纵的分任，决无横的割裂。某人指导团体自治，某人指导康健是可以的。这是纵的分任。若是团体自治的智识是功课以内归教务主任管，团体自治的行为是功课以外归训育主任管，这就是生活的横的割裂，决说不过去。第三种传统思想与生活教育冲突的是教育等于读书。生活教育指示我们说：过什么生活用什么工具。书只是生活工具之一种，是要拿来活用的，不是拿来死读的。书既是用的，那么，过什么生活便用什么书。第四种传统思想与生活教育冲突的是学校自学校、社会自社会。从前学校门前挂着闲人莫入的虎头牌以自绝于社会，不必说了，就是现在高谈学校社会化，或是社会学校化的地方也往往漠不相关。生活即教育的理论一来，他立刻要求拆墙，拆去学校与社会中间之围墙使我们可以达到亲民亲物的境界。不但如此，他要求把整个的社会或整个的乡村当作学校。与"生活即教育"蝉联而来的就是"社会即学校"。第五种传统思想与生活教育冲突的就是漠视切身的政治经济问题。我们既承认"社会即学校"，那么，社会的中心问题便成了学校的中心问题。这中心问题就是政治经济问题。我们最初定教育目标时对于政治经济即特别重视。赵院长（即赵叔愚，曾任晓庄师范第一院院长）后来又作有力地宣言说："生活教育是教人做工求知管政治。"江问渔先生近著"富教合一"和"政教合一"两篇文字使生活教育之内容更为明显。我也作"富教合一后论""政教合一后论""政富合一论"以尽量发挥三者之关系，终于构成政富教合一理论之系统。晓庄所办之自卫团、妇女工学处，现在向省政府建议设置之试验乡以及十九年度计划中之生产事业，都是想把政治、经济、教育打成一片，做个政富教合一的小试验。政富教合一的根本观念是要将政富教三件事合而为一。如何使他们合起来？要叫他们在"遂民之欲达民之情"上合起来。现在这三件事的中间有很大的鸿沟。他的根本原因不外三种：一是富人拿政治与教育做工具以遂富人之欲而达富人之情；二是政客拿富力与教育做工具以遂政客之欲而达政客之情；三是不肯拿教育给富人和政客做工具的教师们存了超然的态度，不知教人民运用富力和政治力以遂民之欲达民之情。我们要知道等到富力成为民的富力，政治力成为民的政治力，然后生活才算是民的生活，教育才算是民的教育。在教育的立场上说，我们所负的使命：（一）是教民造富；（二）是教民均富；（三）是教民用富；（四）是教民知富；（五）是教民拿民权以遂民生而保民族。我们要教人知道，不做工的不配吃饭，更不配坐汽车。我们要教人知道"朱门酒肉臭，路有冻死骨"是最大的罪孽。我们要教人知道富力如同肥料，堆得太多了要把花草的生命烧死。我们要教人民造富的社会，不造富的个人。从农业文明进到工业文明，我们要教农民做机器的主人，不做机器的奴隶。这种主张，不消说，不但和"先富后教"、教育不管政治一类的传统思想冲突，凡是凭着特殊势力以压迫人民，致使民之欲不得遂、民之情不得达的，都是我们的公敌。

最后，晓庄是同志的结合，我不要忘记了叙述。晓庄的茅草屋一把野火可以烧得掉。晓庄的同志饿不散，冻不散，枪炮惊不散。我们是为着一个共同的使命来的。这使命便是教导乡下阿斗做中华民国的主人。要想负得起这个使命，便不能没有特殊的修养。这是我们自己勉励的几条方针：

（一）自立与互助

"滴自己的汗。吃自己的饭。自己的事自己干。靠人靠天靠祖上，不算是好汉。"这首《自立歌》，晓庄的人是没有不会唱的了。我们所求的自立，便是这首歌所指示的。但是自立不是孤高，不是自扫门前雪。我们不但是一个人，并且是一个人中人。人与人的关系是建筑在互助的友谊上。凡是同志，都是朋友，便当互助。倘不互助，就不是朋友，便不是同志。我们唱一首互助歌罢："小小的村庄，小小的学堂，小小的学生，个个是好汉。好汉！好汉！帮人家的忙。"

（二）平等与责任

在晓庄，凡是同志一律平等。共同立法的时候，师生工友都只有一权。违法时处分也不因人而异。我们以为，在同一的团体里要人共同守法，必须共同立法。但同志的法律地位虽平等而责任则因职务而不同。职务按行政系统分配，各有各的职务，即各有各的责任。责任在指挥，当行指挥之权；责任在受指挥，应负受指挥之义务。

（三）自由与纪律

晓庄团体行动有一致遵守的纪律，五十岁以上及对本校学术有特殊贡献的人，得由本校赠与晓庄自由章，不受共同纪律之限制。但这些纪律的目的，无非也是增进团体生活的幸福，防止个人自由之冲突。晓庄毕竟不但是个"平等之乡"，而且是个"自由之园"。晓庄以同志的志愿为志愿，以同志的计划为计划，以同志的贡献为贡献。晓庄虽然希望每个同志对于共同的志愿、计划是要有些贡献，但是乡村教育的范围广漠无边，除非是身在乡下心在城里的人，总可以找出一两样符合自己的才能兴味。大部分的生活都是供大家自由的选择。学园的成立是由于园长选同志，同志选园长，格外合乎自由的意义。试验自由是各学园的础石。晓庄所要求于个人的只是每个人都要有计划，要按着自己的计划进行。至于什么计划，如何实现，都是个人的自由。在理想的社会里，凡是人的问题都可以自由的想，自由的谈，自由的试验。晓庄虽然没有达到这种境界，但愿意努力创造这样的一个社会。这里含蓄着进步的泉源，这里孕藏着人生的乐趣。乡下人的面包已经给人家夺去一半了，剩下这点不自由的自由是多么的尊贵哟！

（四）大同与大不同

这又是一对似乎矛盾而实相成的名词。我们试到一个花园里面去看一看：万紫千红，各有他的美丽；那构成花园的伟观的成分正是各种花草的大不同处。将这些大不同的花草分别栽种，使他们各得其所，及时发荣滋长，现出一种和谐的气象，令人一进门便感觉到生命的节奏，这便是大同之效。晓庄不是别的，只是一个"人园"，和花园有相类的意义。我们愿意在这里面的人都能各得其所，现出各人本来之美，以构成晓庄之美。如果要找一个人中模范教一切人都学成和他一样，无异于教桃花、榴花拜荷花做模范。我们当教师的，实在需要园丁的智慧。晓庄不但是不要把个个学生造成一模一样，并且也不愿他们出去照样画葫芦。晓庄同志无论到什么地方去，如果只能办成晓庄一样的学校，便算本领没有学到家，便算失败。没有两个环境是相同的，怎能同样的办？晓庄同志要创造和晓庄大不同的学校才算是和晓庄同，才算是第一流的贡献，才算是有些成功。

同志们！记牢了我们的使命是教导乡下阿斗做中华民国的主人。乡下阿斗没有出头之先，我们休想出头。乡下阿斗没有享福之先，我们休想享福。我们若是赶在农人前面去出头享福，只此一念便是变相的土豪劣绅。与农人同甘苦，共休戚，才能得到光明，探出生路。我们大家唱首《劳山歌》为中华民国的主人努力吧！

老山劳，

小庄晓；

咱锄头，

起来了。

老山劳，

小庄晓；

新时代，

推动了。

原载 1930 年 3 月 15 日《乡村教师》第 7 期

生活即教育

今天我要讲的是"生活即教育"。中国从前有一个很流行的口号，我们常用得很多而且很熟的，就是"教育即生活"（Education of life）。"教育即生活"这句话，是从杜威（John Dewey）先生那里来的，我们在过去是常常用他，但是，从来没有问过这里边有什么用意。现在，我把他翻了半个筋斗，改为"生活即教育"。在这里，我们就要问："什么是生活？"有生命的东西，在一个环境里生生不已的就是生活。譬如一粒种子一样，他能在不见不闻的地方而发芽开花。从动的方面看起来，好像晓庄剧社在舞台演戏一样。"生活即教育"这个演讲，从前我已经讲了两套，现在重提我们的老套。

第一套就是：

是生活就是教育，不是生活的就不是教育；

是好生活就是好教育，是坏生活就是坏教育；

是认真的生活就是认真的教育，是马虎的生活就是马虎的教育；

是合理的生活就是合理的教育，是不合理的生活就是不合理的教育；

不是生活，就不是教育；

所谓之生活未必是生活，就未必是教育。

第二套是第二次讲的时候包括进去的，是按着我们此地的五个目标加进去的，就是：

是康健的生活，就是康健的教育；是不康健的生活，就是不康健的教育；

是劳动的生活，就是劳动的教育；是不劳动的生活，就是不劳动的教育；

是科学的生活，就是科学的教育；是不科学的生活，就是不科学的教育；

是艺术的生活，就是艺术的教育；是不艺术的生活，就是不艺术的教育；

是改造社会的生活，就是改造社会的教育；是不改造社会的生活，就是不改造社会的教育。

近来，我们有一个主张，是每一个机关，每一个人在十九年里都要有一个计划。这样，在十九年里我们所过的生活，就是有计划的生活，也就是有计划的教育。于是，又加了这么一套：

是有计划的生活就是有计划的教育，是没有计划的生活，就是没有计划的教育。

我今天要说的就是：我们此地的教育，是生活教育，是供给人生需要的教育，不是作假的教育。人生需要什么，我们就教什么。人生需要面包，我们就得受面包教育；人生需要恋爱，我们就得过恋爱生活，也就是恋爱的教育。照此类推，照加上去：是那样的生活，就是那样的教育。

与"教育即生活"有联带关系的就是"学校即社会"。"学校即社会也就是跟着"教育即生活"而来的，现在我也把他翻了半个筋头，变成"社会即学校"。整个的社会活动，就是我们的教育范围，不消谈什么联络，而他的血脉是自然流通的。不要说"学校社会化"。譬如现在说要某人革命化，就是某人本来不革命，假使某人本来是革命的，还要他"化"什么呢？讲"学校社会化"，也是犯同样的毛病。"社会即学校"，我们的学校就是社会，还要什么"化"呢？现在我还有一个比方：学校即社会，就好像把一只活泼泼的小鸟从天空里捉来关在笼里一样，他要以一个小的学校去把社会上所有的一切东西都吸收进来，所以容易弄假。社会即学校则不然，他是要把笼中的小鸟放到天空中去，使它能任意翱翔，是要把学校的一切伸张到大自然里去。要先能做到"社会即学校"，然后才能讲"学校即社会"；要先能做到"生活即教育"，然后才能讲到"教育即生活"。要这样的学校才是学校，这样的教育才是教育。

杜威先生在美国为什么要主张"教育即生活"呢？我最近见着他的著作，他从俄国回来，他的主张又变了，已经不是"教育即生活"了。美国是一个资本主义的国家，他们是零零碎碎的实验，有好多教育家想达到的目的不能达到，想实现的不能实现，然而在俄国已经有人达到了，实现了。假使杜威先生是在晓庄，我想他也必主张"生活即教育"的。

杜威先生是没有到过晓庄的，克伯屈先生是到过晓庄来的，克伯屈先生离了俄国而来中国，他说："在离莫斯科不远的地方，有一个人名夏弗斯基的，他在那里办了一所学校，主张有许多与晓庄相同的地方。"我见了杜威先生的书，他说现在俄国的教育，很受这个地方的影响，很注重这个地方。他们也主张生活即教育，社会即学校。克伯屈先生问我们在文字上通过消息没有？我说没有。我又问他："夏弗斯基这个人是不是共产党？"他说不是。我又问他："他不是共产党，又怎么能在共产党政府之下办教育呢？"他说："因为他是要实现一种教育的理想，要想用教育的力量来解决民生问题，所以俄政府许可他实验，他在俄政府之下也能生存。"我又对他说："这一点倒又和我相合，我在国民党政府之下办教育，而我也不是一个国民党党员。"这是克伯屈先生参观晓庄后与我所谈的话。

现在，我们这里的主张已经终于到了实现的时期了，问题是在怎样实现。这一点，可以分作三个时期：

第一个时期，是生活是生活，教育是教育，两者是分离而没有关系的。

第二个时期，是教育即生活，两者沟通了，而学校社会化的议论也产生了。

第三个时期，是生活即教育，就是社会即学校了。这一期也可以说得是开倒车，而且一直开到最古时代去。因为太古的时代，社会就是学校，是无所谓社会自社会学校自学校的。这一期也就是教育进步到最高度的时期。

其次，要讲生活即教育与社会即学校，有几方面是要开仗的，而且，是不痛快、是很烦恼，而与我们有极大的冲突的。

第一，在这个时期，是各种思潮在中国谋实现的时期，中国几千年来的传统教育所支配的许多传统思想都要在此时期谋取得他的地位。第二，是外来的各种文化，如德国以前是以文化为中心的。这种文化，胡适之先生曾说是一种 Gentleman 的文化，是充满着绅士气的，第二是英国的。

现在先说中国遗留下来的旧文化与我们的生活即教育是有冲突的。中国从前的旧文化，是上了脚镣手铐的。分析起来，就是天理与人欲，以天理压迫人欲，做的事无论怎样，总要以天理为第一条件。

他是以天理为一件事，人欲为一件事。人欲是不对的，是没有地位的。在生活即教育的原则之下，人欲是有地位的，我们不主张以天理来压迫人欲的。这里，我们还得与戴东原先生的哲学打一打通。他说，理不是欲外之理，不是高高地挂在天空的；欲并不是很坏的东西，而是要有条有理的。我们这里主张生活即教育，就是要用教育的力量，来达民之情，顺民之意，把天理与人欲打成一片，并且要和戴东原先生的哲学联合起来。

与此有联带关系的就是"礼教"。现在有许多人唱"礼教吃人"的论调，的确，礼教吃的人，骨可以堆成一个泰山，血可以合成一个鄱阳湖。我们晓得礼是什么？以前有人说，礼是养生的，那是与生活即教育相通的。这种礼，我们不唯不打倒，并且表示欢迎。假若是害生之礼，那就是要把人加上脚镣手铐，那是与我们有冲突的，我们非打倒不可。因为生活即教育是要解放人类的。

再次，中国从前有一个很不好的观念，就是看不起小孩子。把小孩子看成小大人，以为大人能做的事小孩也能做，所以五六岁的小孩，就要他读《大学》《中庸》。换句话说，就是小孩子没有地位。我们主张生活即教育，要是儿童的生活才是儿童的教育，要从成人的残酷里把儿童解放出来。

还有一点要补充进去的，就是书本教育。从前的书本教育，就是以书本为教育，学生只是读书，教师只是教书。在生活即教育的原则之下，书是有地位的，过什么生活就用什么书，书不过是一种工具罢了。书是不可以死读的，但是不能不用。从前有许多像这样的东西，是非推翻不可的，否则不能实现"生活即教育"。

现在外面传进来的思潮，也有许多与我们是冲突的。以文化做一个例吧！以文化做中心的教育，他的结果是造成洋八股。文化是人类创造出来的，固然是非常的宝贵，但他也不过是一种工具而已，不能拿做我们教育的中心。人为什么要用文化？是要满足我们人生的欲望，满足我们生活的需要。电灯是文化，我们用了它，可以把一切看得更明白。无线电是文化，我们用了它，可以更便利。千里镜是文化，我们用了它，可以钻进土星、木星里去……所以文化是生活的工具，它是有它的地位的。我们不唯不反对，并且表示欢迎。欢迎它来做什么呢？就是满足我们生活的需要。有些人把它弄错了，认它做一种送人的礼物，这是不对的。文花要以参加做基础，有了这参加的最低限度的基础，才能了解，才能加上去。生活即教育与以文化为中心的教育的不同，就是如此。

还有训育与生活即教育的理论怎么样？生活即教育与训育把训与教分家的关系怎样？生活即教育与社会即学校如何实现？小学里如何把它实现出来？假使诸位以为是行得通的，最好是每一个人拟一个方案来交我，哪一部分可以实现，我们就拿哪个地方当一个社会实现出来。

现在我举一个例说：去年因为天干，和平学园因为急于要水吃，就开了一个井。井是学校开的，但是献给全村公用，不久就发现了两个大问题：

（一）每天出水二百担，不敷全村之用。于是大家都起早取水，后到的取不到水。明天又比别人早，甚至于一夜到天亮，都有取夜水的。到天亮时，井里的水已将干了。群聚在井边候水，一勺一勺地取，费尽了气力，才打出一桶水。

（二）大家围着取水，争先恐后，有时甚至用武力解决。

这种现象，假使是学校即社会，就可以用学校的权力来解决，由学校出个命令，叫大家照着执行。社会即学校的办法就不然，他觉得这是与全校人的生活有关系的，要全村的人来设法解决，于是就开了一个村民大会，一共到了六七十个人，共同来做一个吃水问题的教学做。到会的人，有老太婆，也有十二三岁的小孩子，公推了一位十几岁的小学生做主席。我和许多师范生，就组织了一个诸葛亮团，插在群众当中，保护这位阿斗皇帝。老太婆说的话顶多，但同时有许多人说话，大家听不清楚，而阿斗皇帝又对付不下来。这回，诸葛亮用得着了，他就起来指导。结果，共同议决了几件事；

（一）水井每天休息十小时，自下午七时至上午五时不许取水。违者罚洋一元，充修井之用。

（二）每天取水，先到先取，后到后取。违者罚小洋六角，充修井之用。

（三）公推刘君世厚为监察员，负执行处分之责。

（四）公推雷老先生为开井委员长，筹款加开一井，茶馆、豆腐店应多出款，富户劝其多出，于最短期内，由村民团结的力量，将井开成。

这几个议案是由阿斗会议所通过的。这就是社会即学校的办法。由此，我有几个感触：

（一）民众运动，要以对于民众有切身的问题为中心。否则，不能召集。

（二）社会运动，非以社会即学校则不能彻底实行。而社会即学校，是有实现的可能的。

（三）不要以为老太婆、小孩不可训练，只要有法子，只要能从他们切迫的问题着手。

（四）公众的力量比学校发生的大，假使由学校发命令解决，则社会上了解的人少，而且感情将由此分离。

（五）阿斗离了诸葛亮是不行的，和平门吃水问题，倘无相当指导，可以再过四五千年也不会解决。

（六）做民众运动是要陪着民众干，不要替民众干。训政工作要想训练中华国民，非此不可。

这就是以小学所在地做一个学校的例，其余的例很多，不必多举。社会即学校要如何地实现，请大家一样一样地做个方案，二次开会的时候再谈。

这是证明"生活即教育"与"社会即学校"是相联的，是一个学理。

关于"生活即教育"，我现在再来补充一套。我们是现代的人，要过现代的生活，就是要受现代的教育。不要过从前的生活。也不要过未来的生活。若是过从前的生活，就是落伍；若要过未来的生活，就要与人群隔离。以前有一部书叫做《明日之学校》，大家以为很时髦的，讲得很熟的。我希望乡村教师，要办今日之学校，不要办明日之学校。办今日之学校，使小学生过今日之生活，受今日之教育。

原载 1930 年 3 月 29 日《乡村教师》第 9 期

教 育 改 进

吾人不但须教育，而且须好教育。改进之意即在使坏者变好，好者变为更好。社会是动的，教育亦要动。吾人须使之继续不断地改，继续不断地进。

教育改进包含两方面：有关于教育方针之改进，亦有关于教育方法之改进。教育方针随思潮为转移：有因个人兴致而偶然变更者，亦有因社会大势所趋而不得不变更者。教育方法受方针之指挥约束，必须与方针联为一气。方针未定得准，方法不与方针一致，均与吾人以改进之机会。比如航海，必须先定准方向。方向不定准，无论方法如何敏捷，如何洽意，只是行错路，究不能达目的地。但空悬一方针，船身能否抵制风浪，水手是否干练勇敢，食料与燃料敷用几时，均未打算清楚，则虽有方针，亦难达到目的地。故方针不准，应当改进；方法不与方针一致，亦应改进。航海如此，办学亦应如此。

论到中国教育方针，自办新学以来已经改变五六次。最初要吸收科学而又不忍置所谓国粹者于不顾，所以有"中学为体，西学为用"之主张，此种主张即是当时一种教育方针。光绪二十七年明定教育宗旨为忠君、尊孔、尚公、尚实、尚武。此种教育宗旨即表明其时之教育方针。民国元年，国体变更，教育方针因改为重在道德而以实利教育、军国民教育辅之，更以美感教育完成其道德。民国四年，申明教育宗旨，又改进为"注重道德，实利，尚武，并运之以实用"。民国八年，教育部组织教育调查会，该会建议"以养成健全人格，发展共和精神为教育宗旨"。所谓健全人格须包含："一、私德为立身之本，公德为服务社会国家之本。二、人生所必需之知识技能。三、强健活泼之体格。四、优美和乐之感情。"共和精神包含："一、发挥平民主义，俾人人知民治为立国之根本。二、养成公民自治习惯，俾人人能负国家社会之责任。"民国十一年，第八届全国教育会联合会建议学制系统标准，即是关于教育方针之修正。嗣经教育部公布标准七条："一、适应社会进化之需要。二、发挥平民教育精神。三、谋个性之发展。四、注意国民经济力。五、注意生活教育。六、使教育易于普及。七、多留地方伸缩余地。"此二十余年中，吾国教育方针，每隔四五年即修改一次，颇不稳定，论者辄讥为无方针之教育。其实中国方在过渡时代，又当各种思潮同时交流而至，方针不易固定。即以现在而论，吾人尚在歧路上考虑。吾意不出数年，中国教育方针必须再经一次变更，此次变更后或可较为稳定。中国教育方针已经走过几层歧路，以吾观之，尚有两层最为重要之歧路：第一层，国家主义与国际主义。第二层，物质文明、精神文明与吸收物质文明而保存精神自由，并免去机械的人生观。改革固须改革，究竟如何改革方能进步，实属根本问题。

至于教育方法之改进，所包括之方面更多。学制、组织、行政、教师之训练，教材之选择与编辑，教学法之研究，校舍教具之设备，经费之筹措等种种问题，悉包括在内。如须一一详述其近年改进之途径，非本文篇幅所许。就教育方法论，却有极显著之进步。如由主观的逐渐移至客观的，由盲从的移至批评的，由少数人参与的移至多数人参与的，由一时兴会所致的移至慎重考虑的，由普通人议论出来的移至专门家屡试屡验的，不由人要喜形于色。但此种趋势只属起点而已。盖今日中国之教育方法亦有两个缺点：一是方法不与方针一致，造就一人不能得一人之用；二是从外国贩来整套之理想与制度不能适合国情，不能消化，不能在人民生活上发现健全之效力。此均为吾人应绞脑筋、运身手、谋改进之急务。

以上论教育方针与方法均须改进，兹进论如何改进之道。

一、办教育者必须承认所办教育尚未尽善尽美，确有改进之可能。彼应持虚心的态度，彼应破一切成见、武断、知足。脑中积有痞块，决无改进希望。彼又应承认，有问题必有解决，有困难必可胜过，只须自己努力，无一不可以改进。若听天由命、不了了之之人，决不能望其改进。彼或是被人改进，但如无人乐意为之改进，则彼之存在只属幸运而已。

二、改进教育者必须明白自己之问题，又必须明白他人解决同类问题之方法。于是调查、参观实为改进教育之入手办法。国内调查、参观之发生效力者，可以择要述之。民国三年黄炎培之本国教育考察，民国十年孟禄等六人之实际教育调查，民国十二年中华教育改进社之全国教育统计调查，均为多区域、多问题之调查，影响亦甚普遍。又地方教育之调查，如民国七年南京高等师范学校之南京教育调查，民国十二年中华教育改进社之北京学校调查，只是地方教育调查之初步工作。一级教育之调查，如民国十二年中华教育改进社之小学教育调查，十四年俞子夷之调查儿童对于各科好恶，于小学教育均有相当贡献。一门教育之调查，如民国八年九年中华职业教育社调查甲乙种实业学校之得失，十一年至十三年中华教育改进社之调查十省科学教育及十四年之中国图书馆调查，十三年江苏义务教育期成会及改进社之乡村小学考察，十五年江苏教育厅之乡村小学视察，均于教育改进影响甚大。国外教育考察，最早者为光绪二十八年吴汝纶之日本教育考察。其《东游丛录》呈上管学大臣后，对于《钦定学堂章程》自有相当影响。嗣后派遣提学使赴日考察教育，使我国教育之日本化更进一步。美国教育考察，始于民国三年。是时黄炎培为江苏教育司长，派郭秉文、陈容、俞子夷三人考察欧美教育，归国后乃有南京高等师范之产生。四年，黄炎培游美，其所带之感想，可于彼所著《东西两大陆教育不同之根本谈》中见其大略。六年，考察菲律宾教育，南北各三人，直接即产生中国之职业教育。其后袁希涛组织欧美教育考察团。回国后，极力介绍欧美教育方法与理想。新学制之成立，直接间接受此种调查参观之影响不少。调查、参观确已表现"改"之能力，但究竟属改进属改退，则一时颇不易定。

三、教育界共同之问题应同心协力共谋解决与改进。故教育会议乃必不可少之事。吾人要求精神之一致、经验之沟通，非有会议不可。前清之中央教育会，民国元年之临时教育会议，民国四年以来之全国省教育联合会以及中华职业教育社、中华教育改进社、中华平民教育促进会等之年会，以及去年大学院之全国教育会议，均与形成全国教育思潮、方针及进行方案有密切之关系。现在国内省有省教育会，县有县教育会，市乡之组织完备者有市教育会及乡区教育会。学校与学校合组之各会议，影响较大者有中等教育协会，附属小学联合会。彼等于各自范围内，所经营之事业各有善良之效验。一门教育之会议，如民国十三年五月之乡村小学组织及课程讨论会，颇能引起乡村教育之兴味。一校之中，各科教员倘有讨论之组织，亦于改进各该科教学有所裨益。不但国内教育同志应有讨论之机会，国际教育同志亦应有交换意见之机会。十二年世界教育会议在旧金山举行，我国派代表出席，即思运用教育方法，以培养国际之谅解，增进国际之同情，并提倡国际之公道。吾人相信如依此慎重做去，此种会议于改进全世界之教育当有裨益。

四、调查参观仅为取别人之所知以益己之所不知，会议仅为会合各人之所知以成公众之所共知，吾人决不能藉此种方法以发现新理。不能发现新知，决不是在源头上谋改进。改进教育之原动力及发现新理之泉源，乃属试验学校之功能。我国现在足以当试验学校之名者甚少。以前东南大学附属小学及附属中学曾作道尔顿制及设计教学法之试验工作。最近北京艺文中学亦正在试验道尔顿制，鼓楼幼稚园之设乃欲试验幼稚教育者。中华教育改进社以试验学校为一切教育改进之大本，特于十四年十二月定一进行方针："本社今后对于教育之努力，应向适合本国国情及生活需要之方向进行。其入手方法为选择宗旨相同，并著有成绩之中学、小学、幼稚园，与之特约试验。合研究者之学术与实行者之经验为一体，务使用费少而收效宏；并将试验结果，随时介绍全国，俾多数学校，可以共向此途进展。"依此方针进行，该社已与燕子矶小学、尧化门小学、鼓楼幼稚园、南京安徽公学、北京艺文中学特约进行试验。该社于特约学校外尚须特设一试验乡村幼稚园及一试验乡村师范，不久可以实现。改进教育最有效力之方法无过于以学校化学校。

五、调查必须有工具，方能明白问题之所在，试验亦必须有工具，方能考核方法为实效。此种工具名曰测验。比如医病，教育心理测验仿佛是听肺机、寒暑表、爱克斯光线，较之通常之听闻为可靠。民国十一年至十二年中华教育改进社聘麦柯（今译麦柯尔）博士来华，偕同北京师大、东南大学教育科及其他大学教授二十余人编造测验二十余种，可算是第一次之尝试。此种测验当然未能谓为已十分完备，十分可靠。但吾人亦不能因此谓为无用。吾人应精益求精，使之渐达尽善尽美之境地。而教育事业之改进，亦可以由此而获得相当之助力。

六、教育之学术，非可独立存在。彼立于哲学、心理学、生物学、生理学、社会学、经济学各种学术之基础之上。故谋此种种学术之进步即所以谋教育学术之改进。教育之事业亦非可独立存在者。彼与一国政制、风俗、职业以及天然环境均有息息相关之道。故谋政制、风俗、农、工、商、交通、水利等等之进步，亦即所以谋教育之改进。吾人不能专在教育上谋改进，即以为可以完全达到吾人之目的。吾人当改进教育之时，务须注意教育以外尚有许多别种事情须同时改进也。

原载 1930 年 7 月上海商务印书馆版《教育大辞书》

教学做合一下之教科书

　　教学做合一是生活教育之方法之理论。这理论同时叙述生活教育之现象与过程。所以要想讨论这个理论对于教科书之要求，先须说明什么是生活教育，什么是教学做合一。

　　什么是生活教育　生活教育是以生活为中心之教育。它不是要求教育与生活联络。一提到联络，便含有彼此相外的意思。倘使我们主张教育与生活联络，便不啻承认教育与生活是两个个体，好像一个是张三，一个是李四，平日不相识，现在要互递名片结为朋友。联络的本意原想使教育与生活发生更密切的关系，不知道一把它们看作两个个体，便使它们格外疏远了。生活与教育是一个东西，不是两个东西。在生活教育的观点看来，它们是一个现象的两个名称，好比一个人的小名与学名。先生用学名喊他，妈妈用小名喊他，毕竟他是他，不是她。生活即教育，是生活便是教育，不是生活便不是教育。分开来说，过什么生活便是受什么教育：过康健的生活便是受康健的教育；过科学的生活便是受科学的教育；过劳动的生活便是受劳动的教育；过艺术的生活便是受艺术的教育；过社会革命的生活便是受社会革命的教育。从此类推，我们可以说：好生活是好教育；坏生活是坏教育；高尚的生活是高尚的教育；下流的生活是下流的教育；合理

的生活是合理的教育；不合理的生活是不合理的教育；有目的的
生活是有目的的教育；无目的的生活是无目的的教育。反过来
说，平日过的是少爷小姐的生活，便念尽了汗牛充栋的劳动书，
也不算是劳动教育；平日过的是奴隶牛马的生活，便把《民权初
步》念得透熟，熟得倒过来背，也算不了民权教育。没有生活做
中心的教育是死教育。没有生活做中心的学校是死学校。没有生
活做中心的书本是死书本。在死教育、死学校、死书本里鬼混的
人是死人——先生是先死，学生是学死！先死与学死所造成的国
是死国，所造成的世界是死世界。

什么是教学做合一　教学做合一是生活现象之说明即是教
育现象之说明。在生活里，对事说是做，对己之长进说是学，对
人之影响说是教。教学做只是一种生活之三方面，而不是三个各
不相谋的过程。同时，教学做合一是生活法，也就是教育法。它
的涵义是：教的方法根据学的方法；学的方法根据做的方法。事
怎样做便怎样学，怎样学便怎样教。教与学都以做为中心。在做
上教的是先生，在做上学的是学生。在这个定义下，先生与学生
失去了通常的严格的区别，在做上相教相学倒成了人生普遍的现
象。做既成了教学之中心，便有特殊说明之必要。我们怕人用
"做"当招牌而安于盲行盲动，所以下了一个定义："做"是在劳
力上劳心。因此，"做"含有下列三种特征：

（一）行动；

（二）思想；

（三）新价值之产生。

一面行，一面想，必然产生新价值。鲁滨孙在失望之岛上

缺少一个放水的小缸。一天烧饭，他看见一块泥土被火烧得像石头样的硬。他想，一块碎土既有如此变化，那么用这土造成一个东西，或者也能如此变化。他要试试看。他动手用土造成三个小缸的样子，架起火来把它们烧得通红，渐渐地冷下去，便成了三只坚固而不漏水的小缸。这里有行动，有思想，有新价值之产生——泥土变成水缸。这是做。这是教学做合一之做。

做是发明，是创造，是实验，是建设，是生产，是破坏，是奋斗，是探寻出路。

是活人必定做。活一天，做一天；活到老，做到老。如果我们承认小孩子也是活人，便须让他们做。小孩子的做是小发明，小创造，小实验，小建设，小生产，小破坏，小奋斗，探寻小出路。小孩子的做是小做，不是假做。"假做"不是生活教育所能允许的。

我也不是主张狭义的"做"，抹煞一切文艺。迎春姊妹和宝玉在荇叶渚上了船，跟着贾母撑向花溆去玩，宝玉说："这些破荷叶可恨！怎么还不叫人来拔去？……"黛玉说："我最不喜欢李义山的诗，只喜欢他这一句：'留得残荷听雨声。'偏你们又不留着残荷了。"宝玉说："果然好句！以后咱们别叫拔去了。"这里也有行动，有思想，有新价值之产生——破荷叶变成天然的乐器！领悟得这一点，才不致于误会教学做合一之根本意义。既是这样，那么我们可以说：不做无学；不做无教；不能引导人做之教育，是假教育；不能引导人做之学校，是假学校；不能引导人做之书本，是假书本。在假教育、假学校、假书本里自骗骗人的人，是假人——先生是假先生，学生是假学生。假先生和假学生所造成的国是假国，所造成的世界是假世界。

生活教育与教学做合一对于书之根本态度 生活教育指示我们说：过什么生活用什么书。教学做合一指示我们说：做什么事用什么书。这两句话只是一句话的两样说法。我们对于书的根本态度是：书是一种工具，一种生活的工具，一种"做"的工具。工具是给人用的；书也是给人用的。我们对一本书的见面问，是：您有什么用处（当然是广义的用处）？为读书而读书，为讲书而讲书，为听书而听书，为看书而看书，再不应该夺取我们宝贵的光阴。用书必有目的。遇到一本书，我们必须问：您能帮助我把这件事做得好些吗？您能帮助我过一过更丰富的生活吗？我们用书，有时要读，有时要讲，有时要听，有时要看；但是读、讲、听、看都有一贯的目的，这目的便是它们对于"用"的贡献。在《诗的学校》里有一首诗描写我们对于书的总态度：

　　用书如用刀；

　　不快便须磨。

　　呆磨不切菜，

　　何以见婆婆？

中国教科书之总批评 我们试把光绪年间出版的教科书和现在出版的教科书比较一下，可以看出一件惊人的事实，这事实便是三十年来，中国的教科书在枝节上虽有好些进步，但是在根本上是一点儿变化也没有。三十年前中国的教科书是以文字做中心，到现在中国的教科书还是以文字做中心。进步的地方：从前是一个一个字地认,现在是一句一句地认;从前是用文言文,现在是小学用白话文,中学参用白话文与文言文;从前所写的文字是依着忠君、尊孔、尚公、尚武、尚实的宗旨,现在所写的文字是依着三民主义的宗旨。但是教科书的根本意义毫未改变。现在和从前一样,教科书是认字的书、读文的书罢了。从农业文明渡到工业文明最重要的智识技能,无过于自然科学。没有真正可以驾驭自然势力的科学,则农业文明必然破产,工业文明建不起来,那是多么危险的事啊!但是把通行的小学常识与初中自然教科书拿来审查一番,您立刻发现它们只是科学的识字书,只是科学的论文书。这些书使您觉得读到胡子白也不能叫您得着丝毫驾驭自然的力量。这些教科书不教您在利用自然上认识自然。它们不教您试验,不教您创造,它们只能把您造成一个自然科学的书呆子。国民党以党义治国。党义,从国民党的观点看来,又是何等重大的一门功课呀!固然,党军既到南京之后,没有一家书店不赶着编辑党义教科书,党政府看了这些教科书也以为教育从此可以党化,小孩子个个都可以成为“三民主义”的信徒了。但是把这些书仔细看一看,不由您又要惊讶了,您立刻发现它们只是党义识字书,只是党义论文书。它们教您识民权的字,不教您拿民权;教您读民生的书,不教您干民生的事。在这些书里,您又可以看出编辑人引您开倒车,开到义和团时代以前。他们不教小朋友在家里、校里、村里、市里去干一点小建设、小生产以立建国之基础,却教小孩子去治国平天下,这不是像从前蒙童馆里的冬烘先生拿《大学》《中庸》把小朋友当小鸭子硬填吗?照这样干法,我可以断定,小孩子决不会成为三民主义有力量的信徒。

至多，他们可以成为三民主义的书呆子。

中国的教科书虽然以文字做中心，但是所用的文字不是第一流的文字。山德孙先生在昂多学校里就不用教科书。他批评英国的教科书为最坏的书。中国初中以下的教科书不比英国的好。我读了中国出版的教科书之后，我的感想和山德孙先生差不多。我不能恭维中国初中以下的教科书是小孩子值得读的书。在我的"中国自然科学教科书之解剖"一篇论文中，我将毫不避讳地罗列各家教科书之病菌，放在显微镜下，请大家自己去看。我现在只想举一个普通的例子来做个证明。诸位读了下面三节教科书，作何感想？

甲家书馆：大狗叫，小狗跳。叫一叫，跳两跳。

乙家书馆：小小猫，快快跑。小小猫，快快跑。

丙家书馆：小小猫，小小猫。快快跑，快快跑。

若不是因为每个小学生必得有一本教科书，每本教科书必得有书馆编好由教育部审定，谁愿意买这种有字有音而没有意义的东西呀？请诸位再看刘姥姥赴贾母宴会在席上低着头引得大家哄堂大笑的几句话：

老刘，老刘，

食量大如牛，

吃个老母猪，

不抬头。

这样现成的好文学在以文字为中心的教科书中竟找不着一个地位，而"大狗叫，小狗跳"的无意义的文字，居然几百万部的推销出去。所以中国教科书虽以文字为中心，却没有把最好的文字收进去。这是编书人之过，不是文字中心之过。

中国的教科书，不但用不好的文字做中心，并且用零碎的文字做中心，每课教几个字，传授一点零碎的知识。学生读了一课，便以为完了，再也没有进一步追求之引导。我们读《水浒》《红楼梦》《鲁滨孙飘流记》一类小说的时候，读了第一节便想读第二节，甚至于从早晨读到夜晚，从夜晚读到天亮，要把它一口气读完了才觉得痛快。中国的教科书是以零碎文字做中心，没有这种力量。有人说，中国文人是蛀书虫。可是教科书连培养蛀书虫的力量也没有。蛀书虫为什么蛀书？因为书中有好吃的东西，使它吃了又要吃。吃教科书如同吃蜡，吃了一回，再不想吃第二回，连蛀书虫也养不成！可是，这也是编书人不会运用文字之过，不是文字中心之过。

文字中心之过在以文字当教育，以为文字之外别无教育。以文字做中心之教科书，实便于先生讲解，学生静听。于是讲书、听书、读书便等于正式教育而占领了几乎全部之时间。它使人坐而言，不使人起而行。教育好比是菜蔬，文字好比是纤维，生活好比是各种维他命（Vitamin）。以文字为中心而忽略生活的教科书，好比是有纤维而无维他命之菜蔬，吃了不能滋养体力。中国的教科书，是没有维他命的书。它是上海上等白米，吃了叫人害脚气病，寸步难行。它是中国小孩子的手铐，害得他们双手无能。它是死的、假的、静止的。它没有生命的力量。它是创造、建设、生产的最大的障碍物。它叫中国站在那儿望着农业文明破产而跳不到工业文明的对岸去。请看中国火车行了几十年而第一个火车头今年才造起来，这是中国科学八股无能之铁证！而这位制造中国第一个火车头之工程师，十分之九没有吃过上海白米式的科学教科书。或者也吃过，后来又吃了些糠秕，才把脚气病医好，造了这部特别难产的火车头。以文字做中心的教科书，在二十世纪里是产生不出力量，最多，如果用好的文字好好地编，也不过能够产生一些小小书呆子，小小蛀书虫。

假使再来一个秦始皇，把一切的教科书烧掉，世界上会失去什么？

大书呆子没有书教，小书呆子没有书读，书呆头儿出个条子："本校找不到教科书，暂时停课。"

于是，有的出去飘洋游历，也许会成达尔文；有的在火车上去卖报，做化学实验，也许会成爱迪生；有的带着小朋友们上山游玩，也许会成柯斯忒；有的回去放牛、砍柴、捞鱼、种田、缫丝，多赚几口饭儿吃。少几个吃饭不做事的书呆子，多几个生产者、建设者、创造者、发明者，大概是这位秦始皇第二的贡献吧。

生活教育与教学做合一之总要求　我们要活的书，不要死的书；要真的书，不要假的书；要动的书，不要死的书；要用的书，不要读的书。总起来说，我们要以生活为中心的教学做指导，不要以文字为中心的教科书。我要声明在先，我并不拘泥于文字之改变。倘使真的拿生活为中心使文字退到工具的地位，从死的、假的、静的、读的，一变而为活的、真的、动的、用的，那么就称它为教科书，我也不反对；倘使名字改为生活用书或教学做指导，还是以文字为中心，便利先生讲解，学生静听，而不引人去做，我也不能赞成。但是，如果能够做到名实相符，那就格外的好了。

生活用书或教学做指导，是怎样编法呢？最先须将一个现代社会的生活或该有的力量，一样一样地列举，归类组成一个整个的生活系统，即组成一个用书系统。例如：

要培养的生活力	要用的书
（一）防备霍乱	（一）防备霍乱指导
（二）防备伤寒	（二）防备伤寒指导
（三）防备天花	（三）防备天花指导
（四）防备感冒	（四）防备感冒指导
（五）防备肺痨	（五）防备肺痨指导
（六）防备梅毒	（六）防备梅毒指导
（七）打篮球	（七）打篮球指导
（八）踢球	（八）踢球指导
（九）选择食物	（九）选择食物指导
（一〇）选择衣料	（一〇）选择衣料指导
（一一）种菜	（一一）种菜指导
（一二）种麦	（一二）种麦指导
（一三）种树	（一三）种树指导
（一四）养蚕	（一四）养蚕指导
（一五）养鸡	（一五）养鸡指导

（一六）养鱼　　　　　　　（一六）养鱼指导

（一七）养鸟　　　　　　　（一七）养鸟指导

（一八）纺纱　　　　　　　（一八）纺纱指导

（一九）织布　　　　　　　（一九）织布指导

（二〇）扫地　　　　　　　（二〇）扫地指导

（二一）调换新鲜空气　　　（二一）调换新鲜空气指导

（二二）用风车水　　　　　（二二）用风车水指导

（二三）制造抽气唧筒　　　（二三）制造抽气唧筒指导

（二四）制造气压表　　　　（二四）制造气压表指导

（二五）用空气压力钻钢　　（二五）用空气压力钻钢指导

（二六）用氮气做肥料　　　（二六）用氮气做肥料指导

（二七）用太阳光烧饭　　　（二七）用太阳光烧饭指导

（二八）用太阳光杀菌　　　（二八）用太阳光杀菌指导

（二九）用太阳光照相　　　（二九）用太阳光照相指导

（三〇）用水推磨　　　　　（三〇）用水推磨指导

（三一）用水发电　　　　　（三一）用水发电指导

（三二）用水化铁　　　　　（三二）用水化铁指导

（三三）用磁石发电　　　　（三三）用磁石发电指导

（三四）造罗盘　　　　　　（三四）造罗盘指导

（三五）用电磁举铜铁　　　（三五）用电磁举铜铁指导

（三六）用煤黑油取颜料　　（三六）用煤黑油取颜料指导

（三七）造汽车　　　　　　（三七）造汽车指导

（三八）造蒸汽机　　　　　（三八）造蒸汽机指导

（三九）用电发光　　　　　（三九）用电发光指导

（四〇）用电推车　　　　　　（四〇）用电推车指导

（四一）用电谈话　　　　　　（四一）用电谈话指导

（四二）用电相见　　　　　　（四二）用电相见指导

（四三）用泥造瓷器　　　　　（四三）用泥造瓷器指导

（四四）造屋　　　　　　　　（四四）造屋指导

（四五）造桥　　　　　　　　（四五）造桥指导

（四六）造船　　　　　　　　（四六）造船指导

（四七）造纸　　　　　　　　（四七）造纸指导

（四八）造飞机　　　　　　　（四八）造飞机指导

（四九）用显微镜看细菌　　　（四九）用显微镜看细菌指导

（五〇）用望远镜看天象　　　（五〇）用望远镜看天象指导

（五一）编剧　　　　　　　　（五一）编剧指导

（五二）演戏　　　　　　　　（五二）演戏指导

（五三）布景　　　　　　　　（五三）布景指导

（五四）唱歌　　　　　　　　（五四）唱歌指导

（五五）画水彩画　　　　　　（五五）画水彩画指导

（五六）画油画　　　　　　　（五六）画油画指导

（五七）写诗文　　　　　　　（五七）写诗文指导

（五八）雕刻　　　　　　　　（五八）雕刻指导

（五九）弹琴　　　　　　　　（五九）弹琴指导

（六〇）说话　　　　　　　　（六〇）说话指导

（六一）恋爱　　　　　　　　（六一）恋爱指导

（六二）治家　　　　　　　　（六二）治家指导

（六三）生育　　　　　　　　（六三）生育指导

（六四）限制教育 　　　（六四）限制教育指导

（六五）团体自治 　　　（六五）团体自治指导

（六六）掌民权 　　　　（六六）掌民权指导

（六七）师生创校 　　　（六七）师生创校指导

（六八）创造富的社会 　（六八）创造富的社会指导

（六九）人类互助 　　　（六九）人类互助指导

（七〇）创造五生世界 　（七〇）创造五生世界指导[1]

以上七十种生活力和教学做指导，不过是我个人随手所举的例子。把它们归起类来，（一）至（一〇）属于康健生活；（一一）至（二〇）属于劳动生活；（二一）至（五〇）属于科学生活；（五一）至（六〇）属于艺术生活；（六一）至（七〇）属于社会改造生活。我想这些例子不过是全部生活力之少数，内中之概括的还应该细分。如养鱼，便可分为养金鱼、养青鱼、制造相生水族池等等。统统算起来，重要的总在三千种以上。我们姑且可以普通地说，我们有三千种生活力要培养，即有三千种教学做指导要编辑。这些生活力，有些是很小的小孩子便应当有，有些是很成熟的人才可以得；有些是学了就可以变换，有些是要继续不断地干；有些是一人能做，有些非多人合作不办；有些是现代人共同所需，有些是各有所好，听人选择。专家依性质、学力把它们一一编起来，并编一些建在具体经验上面融合贯通的理论，便造成

---

[1] 五生世界即少生、好生、贵生、厚生、共生之世界，我有专篇叙述建立五生世界之理论，不久在《师范生》上发表。——作者原注

整个的用书的系统，帮助着实现那丰富的现代生活。我们还要随着学术进步，继续修改扩充，使用书继长增高的进步，帮助着生活继长增高的向前向上进。

照这样看来，教学做合一的理论不是不要书；它要用的书的数目之大，比现在的教科书要多得多。它只是不要纯粹以文字做中心的教科书，因为这些书是木头刀，切不下菜来。过什么生活用什么书，做什么事用什么书。不用书，即用书而用得不够，用得不当，都非教学做合一的理论所允许的。

教学做指导编得对不对，好不好，可以下列三种标准判断它。

（一）看它有没有引导人动作的力量，看它有没有引导人干了一个动作又要干一个动作的力量。中国人的手中了旧文化的毒是已经瘫了，看它能否给他打一针，使一双废手变成一双开天辟地的手。我们要看它能否把双料少爷的长指甲剪掉，能否把双料小姐的手镯戒指脱掉，能否把活活泼泼的小孩们的传统的几十斤重的手铐卸掉，使八万万只无能的手都变成万能的手。

（二）看它有没有引导人思想的力量，看它有没有引导人想了又想的力量。中国文人的头脑做了几千年的字纸篓；中国农人女人的头脑做了几千年的真空管。我们现在要请大家的头脑出来做双手的司令官。我们要头脑出来监工。我们不但是要做，并且要做得好。如何可以做得好，做得比昨天好，这是头脑的天职。我们遇了一本书，便要问它是否给人的头脑全权，指导一切要做的事。

（三）看它有没有引导人产生新价值的力量，看它有没有引导人产生新益求新的新价值的力量。我在《乡村教师》上曾经写过十几首诗，描写一位乡村教师的生活，内中有一首是：

> 人生两个宝：
>
> 双手与大脑。
>
> 宁做鲁滨孙，
>
> 单刀辟荒岛。

中国教育之通病是教用脑的人不用手，不教用手的人用脑，所以一无所能。中国教育革命的对策是使手脑联盟，结果是手与脑的力量都可以大到不可思议。手脑联盟，则污秽的垃圾可以用来点灯烧饭，窒人的氮气可以用做养人的肥田粉，煤黑油里可以取出几千种的颜料，一粒种子可以长成几百粒谷，无饭大家饿的穷国可以变成有饭大家吃的富社会。只要头脑子命令双手拿起锄头、锯子、玻璃管、电动机去生产、建设、试验、创造，自然是别有天地了。

生活用书的体裁内容也不可一律，大致说起来，我有下列的建议：

（一）做的目标。

（二）做的材料。

（三）做的方法。

（四）做的工具。

（五）做的理论。

（六）从做这事引导人想到做那事。

（七）如做的事与时令有关便要有做的时令。

（八）如做的事与经济有关便要有做的预算。

（九）如做的事须有途径之指示便要有做的图。

（十）如做的事须多人合作便要有做的人的组织。

（十一）如做的事须多方参考便要有做的参考书籍。

（十二）如做的事与别的事有多方的关系便要有做的种种关系上的说明。

（十三）在做上学的人可引导他记载做的过程，做的结果，做上发生的问题与心得。

（十四）在做上教的人可引导他指示进行考核成绩。

这十四条不是像从前五段教授样要人家刻印板的遵守的。如果您能把它们一齐打破，天衣无缝地写成一本可用的书也未为不可，或者竟是更为可贵。《鲁滨孙飘流记》是一部小说，也是一部探险与开创的教学做指导。歌德失恋，写《少年维特之烦恼》，创造一个维特去替死，那么歌德的恋爱史与《少年维特之烦恼》，当作一部恋爱指导用也很合宜。同样，《水浒》是一部打抱不平之指导。自然科学教学做指导，能写到法布尔的几部顶好著作那样好，减少一些闲话，增加一点小孩子自己做的机会也就很好了。最要紧的是著书人独出心裁，若求一律，反而呆板了。

初进学校的学生，要他自用教学做指导，当然是不可能。但是他虽然认不得字，话语听得懂，先生不能教他吗？年长的同学不能助他吗？初年级的学生，多数的生活力不能从文字上去取

得，若受文字的限制，生活便枯燥无味。故初年级的教学做指
导，除说话（即国语）一门外，都可编为先生用书，先生在做上
教时所用的书。那么，这个困难便没有了。即就说话一门说，也
不必太拘于生字之多少。只要是小孩子爱说的话，便多几个字也
不要紧。若是头一课只限于四五个字，编不成好听的话，那么，
比十几个字还难认。认字与写字也不必同时兼顾。若认的字一定
要写，那么，又只好限于几个字，而流于枯燥了。

我想要使这个用书的计划实现，必须有下列六种条件：

（一）各门专家中须有几位去接近小孩子，或竟毅然去当几
年中小学教员，一面实验，一面编辑几部教学做指导。

（二）现在接近小孩子的中小学教师，须有许多位，各人开
始研究一门科学，待研究有得，可以编辑几部教学做指导。

（三）现在教科书的编辑者有志编辑生活用书，如缺少某种
准备、专科学术或儿童经验，亦宜设法补足，然后动手编辑。

（四）现在商务印书馆、中华书局、世界书局每年大部分收
入是从小朋友那里来的，应该多下点本钱，搜罗各国儿童、成人
用书（不是教科书）和工具，聘请上列三种人才，为小朋友多编
几部可用的好书。

（五）教育行政当局，从中央一直到校长，该给教员们以试
验或选择书本之自由。现在行政方面之趋势是太一律、太呆板，
若不改弦更张，实无创造之可能。

（六）全民族对于中国现代的无能的教育，该有觉悟；对于
教学做合一之理论，该使之普遍实现。若再因循苟且，则可以救

国之教育，将变成亡国之催命符。到了那时，虽悔也来不及了。如果大家从此下一个决心，在头脑指挥之下，把双手从长袖里伸出来，左手拿着科学，右手开着机器生产、建设、创造，必定能开辟出一个新天地来。荣枯、安危、存亡之故，只在念头之一转和双手之一动，用不着到远处去求啊！

原载 1931 年 8 月《中华教育界》第 19 卷第 4 期

关于科学教育[*]

——致庄泽宣的信

泽宣吾兄:

久不晤教，至为想念。

晓庄是一个试验学校。晓庄本部虽已被封两年，但是他的试验工作，仍是不断地进行着。几年以来，我们觉得要救中华民族，必须民族具备科学的本领，成为科学的民族，才能适应现代生活，而生存于现代世界。科学要从小教起。我们要造成一个科学的民族，必要在民族的嫩芽——儿童——上去加工夫培植。有了科学的儿童，自然会产生科学的中国和科学的中华民族。这一年来，我们预先编成《儿童科学丛书》百种，在今年暑假以前可以出齐。恰好政府已下令准备将晓庄交还我们。我们在这次国难当中察出，愈觉科学教育之重要。所以我们今后教育方针，准备瞄准向着这条路线上前进，为中华民族去找新生命。所以我们对于接收晓庄，感觉有无限兴奋与希望。

我们接收晓庄计划，分成三个步骤:

第一步，先恢复晓庄周围四十里的六所小学和六所幼稚园。

---

* 此信原发表时无标题，标题为编者所加。

即以此作四十里周围最经济的普及教育的实验。第二步，在本年暑期中（七月十五日至八月十五日）开办一大规模的暑期学校，专门研究儿童自然科学。定额一千人，招收大学毕业生、各师范科学教师、市县督学、各小学教师分别研究。招收大学毕业生和师范科学教师、市县督学，是预备他们回去，到了明年，各处都有这样几个专门研究儿童自然科学的暑期学校出现，使一年之后，儿童自然科学的主张即可推行到全国，科学的儿童早日造成，科学的中国和科学的中华民族早日实现。

暑期学校的生活课程，分为下列十门：

一、儿童的生物；

二、儿童的物理；

三、儿童的化学；

四、儿童的天文；

五、儿童的地球；

六、儿童的几何；

七、儿童的农艺；

八、儿童的工艺；

九、儿童的生理卫生；

十、儿童的科学指导。

现时晓庄小学已经开学了。一面顾到儿童教育，一面即担任筹备暑期学校。一切进行，如小学、幼稚园之经常费，暑期学校自然科学之实验工具、材料，在在需有相当经费，才能推行顺利。明知国难当头，经费来源不易。唯因国难当头，愈益觉得立国根本之教育，更有从速举办的必要。我兄谋国心长，救种虑远，定能赞同是举。对于经费一层，务希酌量帮助。遇有青年教师富有研究儿童自然科学兴趣，而且有志救国大计者，务请劝导保送来学，襄力此盛举。章程随即寄奉。

第三步，恢复师范，就原定之初中、高中、大学各部，逐渐恢复，充实内容，并拟添设研究所，加以高深的研究，使他能成为乡村教育及儿童自然科学之泉源。详细办法，容后奉闻。一切均请随时指导，俾生活教育得以发生效力。是所至盼。敬祝

康健！

弟知行启

二一、三、廿二

原载 1932 年《教育研究》（中大）第 35 期

创造的教育

诸位同学：

我今天的讲题是"创造的教育"。

什么是创造的教育？先说明创造两个字的意义。我举两个例子来说吧，鲁滨孙漂流到荒岛上去，口渴了，白天他走到海边用手去捧水喝，到黑夜里就没有办法了。他偶而在灶的旁边，看见经火烧过的泥土，硬得如石子一样。他想到软的土经火烧了，就成坚固且硬的东西，于是他把土做成三个瓶子，放入火中去烧，烧碎了一个，其余的两个可以满满地盛着水。于是他口渴的问题完全解决了。我们把这件事分析起来，可以发现三点：他把手捧水喝，到黑夜发生了困难，是他的行动；发现泥土经过火烧变成坚固且硬的东西，也是他的行动；把泥土塑成了瓶，希望同烧过的土一样的坚固，是他的思想。结果，他瓶子盛水的计划成功了，是新价值的产生。由行动而发生思想，由思想产生新价值，这就是创造的过程。这个例子是"物质的创造"。再如《红楼梦》上刘姥姥游大观园，贾母请客，后来唤了二只船来，贾母同媳妇人等在前船先行，宝玉同姊妹们在后船后行。河内尧满着破残荷叶，宝玉的船划不快，追不上前船。宝玉心里非常忿怒，马上要铲光破荷叶。薛宝钗说："现在仆人们很忙碌，等他们空了，再叫他们铲除吧！"林黛玉说："我平生最不喜欢李义山的诗，只有一句还可以。"宝玉问她究竟是哪一句呢？黛玉说，"留得残荷听雨声"一句。宝玉一想，觉得破荷叶很有用处，就不再要铲荷叶了。这个例子中，船行到荷叶中去，是行动；破荷叶妨碍行船，是行动；林黛玉提出李义山的诗句，是思想；宝玉心中厌恶的破荷叶，一变而为可爱的天然乐器，是产生了新的价值。这种新观念的成立是心理的创造。

我现在再讲行动，关于教育上的行动。中国现在的教育是关门来干的，只有思想，没有行动的。教员们教死书，死教书，教书死；学生们读死书，死读书，读书死。所以那种教育是死的教育，不是行动的教育。我们知道王阳明先生是提倡"知行合一"说的，他说"知是行之始，行是知之成"。他的意思是先要脑袋里装满了学问，方才可以行动，所以大家都认为学校是求知的地方，社会是行动的地方。好像学校与社会是漠不相关的，以致造成一班只知而不行的书呆子。所以阳明先生的二句话，很可以代表中国数千年的传统教育的思想。现在我要把他的话翻半个筋斗。如果翻一个筋斗，岂非仍是还原吗？所以叫他翻半个筋斗，就是说："行是知之始，知是行之成。"例如爱迪生发明电灯，不是从前的人告诉他的，是玩把戏而偶然发现的。小孩子不敢碰洋灯泡，是他弄火烫痛的经验。至于妈妈告诉他火是烫人的，不过使小孩子格外清楚一些。所以要有知识，是要从行动中去求来，不行动而求到的知识，是靠不住的。有人告诉你这是白的，那是黑的，你不行动，就不能知道哪个是真哪个是假。有行动的勇敢，才有真知识的收获。书本子的东西，不过告诉你别人得来的知识。有许多人著书，东抄西袭，这种抄袭成章的知识，不是自己知识的贡献。你能行动，行动才生困难，想法解决了困难，才是真知识的获得。我现在介绍杜威先生思想的反省（Reflection of Thinking）中的五个步骤：（一）感觉困难；（二）审查困难所在；（三）设法去解决；（四）择一去尝试；（五）屡试屡验，得到结论。我的意思，要在"感觉困难"上边添一步"行动"。因为唯其行动，到行不通的时候，方才觉得困难，困难而求解决，于是有新价值的产生。所以我说行动是老子，思想是儿子，创造是孙子。你要有孙子，非先有老子、儿子不可，这是一贯下来的。但是我们知道，单独的行动，也是不能创造的。如中国农夫耕种的方法，几千年来，间有小小的改良外，其余的都是墨守陈规，毫无创造。还有许多书呆子，书尽管读得多，也不能创造。所以要创造，非你在用脑的时候，同时用手去实验；用手的时候，同时用脑去想不可。手和脑在一块儿干，是创造教育的开始；手脑双全，是创造教育的目的。孟子说："劳心者治人，劳力者治于人。"这是孟子当时的教育思想。时至今日，这种传统的思想已经起了一个极大的地震，渐渐地在那里崩溃了。我最近读了世界许多有名科学家的传记，觉得有发明的人，都是以头脑指挥他的行动，以行动的经验来充实他的头脑。中国的所谓学者，他们擅长的是高谈阔论，作空文章。而做劳工的人，又不读书，不肯用脑，所以一辈子在这种传统习尚下过生活，大科学家、大发明家哪里会产生？现在我们知道了，劳工教育啦，平民教育啦，都是时见时闻的。但是情势一变，"反动""嫌疑"，等等名目都加上来，你就陷于四面碰壁的绝境。有许多教育界很有声望的、无阻无碍的人，他们又不愿去干，以致这种教育至今还尚在萌芽时代。

行动的教育，要从小的时候就干起。要解放小孩的自由，让他做有意思的活动，开展他们的天才。至于我们一辈，从小是受传统教育的熏陶，到现在觉悟起来，成为一个半路出家的和尚。和尚是半路出家，他往往会想起他的家来。例如不吃鸦片的人，一见鸦片就生厌恶，但吃过鸦片的人，虽然戒了瘾，至少对它有相当的感情。我们小的时候，有天赋的行动本能，不过一切工作都被仆人们代做去了，被慈善的妈妈代做去了。稍长一些，我们到小学校去读书，有阎罗王般的教师坐在上面，不许我们动一动。中学和大学的课程是呆呆地订死在那里，你要动亦不得动。到现在始费尽九牛二虎之力，挣扎着改变久受束缚的人生，还不能回复自然的行动本能。但是我们不要灰心，时机也并不算晚，佛兰克林四十几岁才发明了避电针呢！不过行动的教育，应当从小就要干起，因为小孩子还没有斫丧他行动的本能，小小的孩子，就是将来小小的科学家。假使我们给小孩子自由行动，我相信千百孩子之中，一定有一个小孩是天才，是一个创造者、发明者。爱迪生小时候，是个很喜欢行动的小孩子。当时美国的教育，也同中国一样，小学教员是禁止小孩子活动的。爱迪生违反了教师的训条，就蒙到"坏蛋"的声名，不到三个月，爱迪生被"坏蛋"的空气逼走了。爱迪生的母亲不服气，她以为她的儿子并不是"坏蛋"，"蛋"并没有"坏"，她就教他先在地窖里研究化学，后来研究物理，结果成了一个闻名的科学家。所以爱迪生的成功，幸而有他的妈妈，否则老早就把他的天才牺牲了。牛顿生下来的时候，小到像小老鼠一只，体重只有三磅。看护妇去请医生的时候，很不高兴地说："这样小老鼠一般大的东西，等到医生来，早已一命归天了。"岂料小老鼠一般的东西，就是以后闻名的科学家，还活到八十多岁呢。据说牛顿小的时候，并不聪明。可见小孩子的时代，很难看得出哪一个是天才的儿童。

四月四号是世界儿童节，中华慈幼协会请我编了四支儿童歌：

（一）小盘古

我是小盘古，

我不怕吃苦。

我要开辟新天地，

看我手中双斧。

（二）小孙文

我是小孙文，

我有革命精神。

我要打倒帝国主义，

像个球儿打滚。

（三）小牛顿

我是小牛顿，

让人说我笨。

我要用我的头脑，

向大自然追问。

（四）小工人

我是小工人，

我有双手万能。

我要造富的社会，

不造富的个人。

我们要打倒传统的教育，同时要提倡创造的教育。他的办法是怎样呢？我们知道，传统的教育，他们一个教室容纳四五十人。试问教师的力量有多么大？能够完全去推动全级学生？所以就发生了教育方法上的错误。我们现在的办法是教师教大徒弟，大徒弟再去教小徒弟。先生在上了几堂课以后，鉴别了几个较有天才、聪明的大徒弟。以后教师就专门去教大徒弟，所以他的精神容易去推动他们，学问也容易灌输到他们头脑中去。大徒弟再把他所得到的，分别地去教那些小徒弟。学生们很活动地去找寻知识，解释困难，贡献他所求得的知识，先生不过站在旁边的地位略加指点而已。我们认为这种教育，是行动的教育。有行动才能得到知识，有知识才能创造，有创造才有热烈的兴趣。所以我们主张，"行动"是中国教育的开始，"创造"是中国教育的完成。我曾经参观过一个学校，这个学校是小孩子办的。我问他们说："你们是大小孩子教小小孩子吗？"有一个小孩子回答说："是的，不过有许多时候小小孩子也教大小孩子呢。"我说："你的话是对的，是真理，比我的意见更进一层。"现在中国传统教育下的智识阶级，根本就看不起小孩子，看不起农人、工人。但是试问他们的力量有多么大？倭奴侵占我们的东三省，你有力量赶走他吗？不可能！我们要启发小孩子，启发农人、工人，运用大多数人的力量，才能够去创造，才能救国雪耻。我来举一个例子，证明农人的力量并不弱。从前我办一个学校，在校的旁边凿了一口井，专门供给学校用水的。有一年大旱，乡村中旁的井水都汲干了，所以乡民都集到校旁井内来汲。后来这口井也涸竭了，于是我们校里，因为水的恐慌开了一个会。当时有人主张，把井收回自用。我不以为然。我说："我们的学校，是以社会作学校的，不应该把社会圈出于学校之外。假如这样，我们将来推广农事和民众教育就不容易办了。用水既是大众的事，还不如请大众共同来解决。"于是请各村庄每家派一个代表，男的、女的、小孩子在十三岁以上的都可以，没有多少时候，礼堂上已挤满了代表。我们教员们，自觉居于孔明的地位，三个臭皮匠合做一个诸葛亮的地位，所以黄龙宝座的主席，推了一个十三岁的小孩子。我们略略讲了几条会场规则之后，就正式开会。那一天的会非常有精彩，有力量，当时发言最多且最好者，要推老太婆！好！我们来听听一个老太婆的宏论。她说："人是要睡觉的，井也是要睡觉呢！井不让它睡觉，一辈子就没有水吃。"所以当时一致议决井要睡觉。自下午七时起至翌晨五时止，不得唤醒井，违者罚大洋壹元，做修井之用。当这个老太婆发言未完，另有一个老太婆，也想立起来发言，就有第三个老太婆牵牵她的衣襟，制止她的发言，说："不是方才先生说过的吗？"你想他们非但能够自治，而且还能管理他人，所以当时会场发言的人非常多，秩序还是一丝不乱的。他们讨论了好久，还制成几条议案：第二条就是汲水的程序，先到者先汲，后到者后汲，违者罚大洋五角，做修井之用；第三条就是再开凿一井，把太平天国时留下淤塞的废井加以开凿，经费富者多捐，贫者少捐，茶店、豆腐店也多捐一些；其四，推举奉天刘君世厚为监察委员，掌理罚款，调解纠纷。结果，一个大钱都没有罚到，因为这是出于农人自动的议决，所以大家能遵守。你看农人的力量是多么大，他们的话多么的公正和有效。这种问题来的时候，岂是少数人所能干得了吗？不过他们的旁边，还是需有孔明在那里指示，否则恐怕到如今，井还没有开凿成功。所以创造的教育应该启发农人、工人、学生……使他们得真的知识，才是真的创造。

其次我要讲的，现在中国的教育组织，是不能创造的。我们可以分两种来说：第一种是，学校是学校，社会是社会。他们认为学校是求知的地方，社会是行动的地方；他们说读书不忘救国，救国不忘读书。日本人的炮弹已经飞到他们面前，还是子曰子曰读他的书，这种教育是亡了中国还不够的。第二种，他们已经觉得学校是离不开社会的，所以他们主张"学校社会化"，他们想把社会的一切，都请到学校里来，所以学校里什么都有：公安局啦，卫生局啦，市政厅啦，什么都有。但是他们所做的与社会依旧是隔膜的。况且学校有多么大？能够包罗万象？他们的学校好像大的鸟笼，把鸟儿捉到笼里来养；又好像一只大缸，把鱼儿捉到缸里来养。结果鸟儿过不来鸟笼的生活，死了；鱼儿过不来鱼缸的生活，死了。所以这种似是而非的教育是不自然的、虚伪的和无力量的，也不是创造的教育。创造的教育是怎样呢？就是"以社会为学校""学校和社会打成一片"，彼此之间，很难识别的。社会含有学校的意味，学校含有社会的意味。我们要把学校的围墙拆去，那么才可与社会沟通。这种围墙不是真的围墙，是各人心中的心墙。各人把他的感情、态度从以前传统教育那边改变过来，解放起来。实则这种教育，只要有决心去干，是很容易办到的。例如大夏大学的附近有许多村庄，庄上的人，都是散漫的，无教育的。假使我们把学校与村庄沟通，大学生都负责去创造新村，村上的人，都受到知识，形成活的、有力量有生命的村庄，再把全中国所有的村庄联合起来，构成一个有大生命的中国，民众的力量可以集中，国难也可共赴。这样做去，要普及教育，一年就可以成功。我们自近而后远，先小而后大，着手办去，把小孩子、农人、工人都培养起来，这才是创造教育的目的。中国现在的教育不是平等发展的，是畸形发展的，一方面有博士、硕士，一方面有一大群无知识的民众，迟滞的表示不出多大贡献。

现在我再要讲，创造的教育是以生活为教育，就是生活中才可求到教育。教育是从生活中得来的，虽然书也是求知之一种工具，但生活中随处是工具，都是教育。况且一个人有整个的生活，才可得整个的教育。举个例来说吧，有一个儿子，他是喜欢赌博的，他的母亲训斥他。不过他的母亲却悄悄地到邻舍去赌博了，他在窗内看见他的母亲赌博，于是也到别处去赌博了。这个孩子过的是赌博生活，受的是赌博教育，不期而然而成赌博的人生。某学校反对我"生活即教育"的主张，我去参观他们的学校，适逢吃饭的时候，他们的饭菜是有等级的。厨子巴结先生，先生的菜特别好，学生的菜，简直坏之不堪。他们请我在先生一桌吃饭，我愿意同学生一块儿吃。学生的饭菜坏到怎样呢？他们名为一碗肉，肉仅在碗面上有几小块，学生在未下箸的时候，目光炯炯地早已看准那最大的一块，一下箸，一碗饭还没有吃完，而菜已吃得精光了。这种饕餮的状态，无形中在饭堂里更造成了许多小军阀。这个学校，是不把吃饭问题归入教育范围之内的。有许多学校对于男女学生的恋爱，他们是讳莫如深，但恋爱问题，往往在学校里闹遍。现在生活的教育是怎样呢？我们知道恋爱、吃饭等问题都是非常重要的，所以，恋爱先生我怕你，请你进来；吃饭先生我怕你，请你进来，我们一块儿干吧！我们的教育非但要教，并且要学要做。教而不学，学而不做，叫做"忘三"。我们要能够做，做的最高境界就是创造。我们要能够学，学从生活中去学，只知学而不知做，就不是真的学。我们要能够教，教要教得其所，要有整个的教育，平等的行动的教育，不要像现在畸形的教育。有人说我的创造教育，不成其为学校，我做了一首诗："谁说非学校？就算非学校。依样画葫芦，简直太无聊。"

原载 1933 年 3 月《教育建设》第 5 辑

生活教育

生活教育这个名词是被误解了。它所以被误解的缘故，是因为有一种似是而非的理论混在里面，令人看不清楚。这理论告诉我们说：学校里的教育太枯燥了，必得把社会里的生活搬一些进来，才有意思。随着这个理论而来的几个口号是："学校社会化""教育生活化""学校即社会""教育即生活"。这好比一个笼子里面囚着几只小鸟，养鸟者顾念鸟儿寂寞，搬一两丫树枝进笼，以便鸟儿跳得好玩，或者再捉几只生物来，给鸟儿做陪伴。小鸟是比较的舒服了。然而鸟笼毕竟还是鸟笼，决不是鸟的世界。所可怪的是养鸟者偏偏爱说鸟笼是鸟世界，而对于真正的鸟世界的树林反而一概抹煞，不加承认。假使笼里的鸟，习惯成自然，也随声附和地说，这笼便是我的世界；又假使笼外的鸟，都鄙弃树林，而羡慕笼中生活，甚至以不得其门而入为憾，那么，这些鸟才算是和人一样的荒唐了。

我们现在要肃清这种误解。生活教育是生活所原有，生活所自营，生活所必需的教育（Life education means an education of life, by life and for life）。教育的根本意义是生活之变化。生活无时不变，即生活无时不含有教育的意义。因此，我们可以说："生活即教育。"到处是生活，即到处是教育；整个的社会是生活的场所，亦即教育之场所。因此，我们又可以说："社会即学校。"在这个理论指导之下，我们承认：过什么生活，便是受什么教育；过好的生活，便是受好的教育；过坏的生活，便是受坏的教育；过有目的的生活，便是受有目的的教育；过糊里糊涂的生活，便是受糊里糊涂的教育；过有组织的生活，便是受有组织的教育；过一盘散沙的生活，便是受一盘散沙的教育；过有计划的生活，便是受有计划的教育；过乱七八糟的生活，便是受乱七八糟的教育。换个说法，过的是少爷生活，虽天天读劳动的书籍，不算是受着劳动教育；过的是迷信生活，虽天天听科学的演讲，不算是受着科学教育；过的是随地吐痰的生活，虽天天写卫生的笔记，不算是受着卫生的教育；过的是开倒车的生活，虽天天谈革命的行动，不算是受着革命的教育。我们要想受什么教育，便须过什么生活。

生活教育与生俱来，与生同去。出世便是破蒙，进棺材才算毕业。在社会的伟大学校里，人人可以做我们的先生，人人可以做我们的同学，人人可以做我们的学生。随手抓来都是活书，都是学问，都是本领。

自有人类以来，社会即是学校，生活即是教育。士大夫之所以不承认他，是因为他们有特殊的学校给他们的子弟受特殊的教育。从大众的立场上看，社会是大众唯一的学校，生活是大众唯一的教育。大众必须正式承认他，并且运用他来增加自己的智识，增加自己的力量，增加自己的信仰。

生活教育是下层建筑。何以呢？我们有吃饭的生活，便有吃饭的教育；有穿衣的生活，便有穿衣的教育；有男女的生活，便有男女的教育。它与装饰品之传统教育根本不同。它不是摩登女郎之金钢钻戒指，而是冰天雪地下的穷人的窝窝头和破棉袄。

生活与生活磨擦才能起教育的作用。我们把自己放在社会的生活里，即社会的磁力线里转动，便能通出教育的电流，射出光，放出热，发出力。

原载 1934 年 2 月 16 日《生活教育》第 1 卷第 1 期

普及什么教育

这些年来教育是给镇江醋浸透了。一提起教育两个字就觉得酸溜溜的，谁也不愿把他普及。的确，教育是成了少爷、小姐、政客、书呆子的专有品。他是少爷的手杖，小姐的钻戒，政客升官的梯子，书呆子的轮回麻醉的乌烟。如果把这种教育普及出去，中华民国简直要成为一个中华少爷国，中华小姐国，中华政客国，中华书呆国。更加确切些，简直要成为一个中华少爷小姐政客书呆共和国，真要不打而自倒了。所以我们开始必得声明，我们所要普及的，不是少爷教育，不是小姐教育，不是政客教育，不是书呆子教育。我们所要普及的是：自动工学团。什么叫做自动？自动是大众自己干，小孩自己干。自动教育是教大众自己干，教小孩自己干，不是替代大众、小孩干。

什么叫做工学团？工是工作，学是科学，团是团体。说得清楚些是，工以养生，学以明生，团以保生。说得更清楚些是，以大众的工作，养活大众的生命；以大众的科学，明了大众的生命；以大众的团体的力量，保护大众的生命。工学团是一个小工场，一个小学校，一个小社会。在这里面是包含着生产的意义，长进的意义，平等互助、自卫卫人的意义。它是将工场、学校、社会打成一片，产生一个富有生活力的新细胞。

工学团可大可小，从几个人的家庭、店铺，几十个人的学校、庙宇，几百个人的村庄、监狱，几千人的工厂，几万人的军队，都可造成一个富有意义的工学团。

团不是一个机关，不是一个工学的机关。假使它只是一个工学的机关，那便成了一个半工半读的改良学校而不是工学团。团是团体，是力的凝结，力的组织，力的集中，力的共同发挥。

原载 1934 年 2 月 16 日《生活教育》第 1 卷第 1 期

教育的新生

　　宇宙是在动，世界是在动，人生是在动，教育怎能不动？并且是要动得不歇，一歇就灭！怎样动？向着哪儿动？

　　我们要想寻得教育之动向，首先就要认识传统教育与生活教育之对立。一方面是生活教育向传统教育进攻，又一方面是传统教育向生活教育应战。在这空前战场上徘徊的、缓冲的、时左时右的是改良教育。教育的动向就在这战场的前线上去找。

　　传统教育者是为办教育而办教育，教育与生活分离。改良一下，我们就遇着"教育生活化"和"教育即生活"的口号。生活教育者承认"生活即教育"。好生活就是好教育，坏生活就是坏教育，前进的生活就是前进的教育，倒退的生活就是倒退的教育。生活里起了变化，才算是起了教育的变化。我们主张以生活改造生活，真正的教育作用是使生活与生活磨擦。

　　为教育而办教育，在组织方面便是为学校而办学校。学校与社会中间是造了一道高墙。改良者主张半开门，使"学校社会化"。他们把社会里的东西，拣选几样，缩小一下搬进学校里去，"学校即社会"就成了一句时髦的格言。这样，一只小鸟笼是扩大而成为兆丰花园里的大鸟笼。但它总归是一只鸟笼，不是鸟世界。生活教育者主张把墙拆去。我们承认"社会即学校"。这种学校是以青天为顶，大地为底，二十八宿为围墙，人人都是先生都是学生都是同学。不运用社会的力量，便是无能的教育；不了解社会的需求，便是盲目的教育。倘使我们认定社会就是一个伟大无比的学校，就会自然而然地去运用社会的力量，以应济社会的需求。

为学校而办学校，它的方法必是注重在教训。给教训的是先生，受教训的是学生。改良一下，便成为教学——教学生学。先生教而不做，学生学而不做，有何用处？于是"教学做合一"之理论乃应运而起。事该怎样做便该怎样学，该怎样学便该怎样教。教而不做，不能算是教；学而不做，不能算是学。教与学都以做为中心，在做上教的是先生，在做上学的是学生。

教训藏在书里，先生是教死书，死教书，教书死；学生是读死书，死读书，读书死。改良家觉得不对，提倡半工半读，做的工与读的书无关，又多了一个死：做死工，死做工，做工死。工学团乃被迫而兴。工是做工，学是科学，团是集团，它的目的是"工以养生""学以明生""团以保生"。团不是一个机关，是力之凝结，力之集中，力之组织，力之共同发挥。

教死书，读死书便不许发问，这时期是没有问题。改良派嫌它呆板，便有讨论问题之提议。课堂里因为有了高谈阔论，觉得有些生气。但是坐而言不能起而行，有何益处？问题到了生活教育者的手里是必须解决了才放手。问题是在生活里发现，问题是在生活里研究，问题是在生活里解决。

没有问题是心力都不劳。书呆子不但不劳力而且不劳心。进一步是：教人劳心。改良的生产教育者是在提倡教少爷小姐生产，他们挂的招牌是教劳心者劳力。费了许多工具，玩了一会儿，得到一张文凭，少爷小姐们到底不去生产物品而去生产小孩。结果是加倍的消耗。生活教育者所主张的"在劳力上劳心"是要贯彻到底，不得中途而废。

心力都不劳，是必须接受现成知识方可。先在学校里把现成的知识装满了，才进到社会里去行动。王阳明先生所说的："知是行之始，行是知之成。"便是这种教育的写照。他说的"即知即行"和"知行合一"是代表进一步的思想。生活教育者根本推翻这个理论。我们所提出的是："行是知之始，知是行之成。"行动是老子，知识是儿子，创造是孙子。有行动之勇敢，才有真知的收获。

传授现成知识的结果是法古，黄金时代在已往。进一步是复兴的信念，可是要"复"则不能"兴"，要"兴"则不可"复"。比如地球运行是永远地前进，没有回头的可能。人只见春夏秋冬，周而复始，不知道它是跟着太阳以很大的速率向织女星飞跑，今年地球所走的路绝不是它去年所走的路。我们只能向前开辟创造，没有什么可复。时代的车轮是在我们手里，黄金时代是在前面，是在未来。努力创造啊！

现成的知识最初是传家宝，连对子女都要守秘密。后来，普通的知识是当作商品卖。有钱、有闲、有脸的乃能得到这知识。那有特殊利害的知识仍为有权者所独占。生活教育者就要打破这知识的私有，天下为公是要建筑在普及教育上。

知识既是传家宝，最初得到这些宝贝的必是世家，必是士大夫。所以士之子常为士，士之子问了一问为农的道理便被骂为小人。在这种情形之下，教育只是为少数人所享受。改良者不满意，要把教育献给平民，便从士大夫的观点干起多数人的教育。近年来所举办的平民教育、民众教育，很少能跳出这个圈套。生活教育者是要教大众依着大众自己的志愿去干，不给智识分子玩把戏。真正觉悟的知识分子也不应该再耍这套猴子戏，教大众联合起来自己干，才是真正的大众教育。

　智识既是传家宝，那么最初传这法宝的必是长辈。大人教小人是天经地义。后来大孩子做了先生的助手，班长、导生都是大孩教小孩的例子。但是小先生一出来，这些都天翻地覆了。我们亲眼看见：小孩不但教小孩，而且教大孩，教青年，教老人，教一切知识落伍的前辈。教小孩联合大众起来自己干，才是真正的儿童教育。小先生能解决普及女子初步教育的困难。小先生能叫中华民族返老还童。小先生实行"即知即传人"是粉碎了知识私有，以树起"天下为公"万古不拔的基础。

原载 1934 年 10 月 13 日《新生》第 1 卷第 36 期

普及教育运动小史

　　这十几年来，我有时提倡平民教育，有时提倡乡村教育，有时提倡劳苦大众的教育，不知道的人以为我见异思迁，欢喜翻新花样；其实我心中只有一个中心问题，这问题便是如何使教育普及，如何使没有机会受教育的人可以得到他们所需要的教育。民国十九年春天，我曾一度草成一个二十年内完成的普及教育计划（即《实施义务教育初步计划提要》，这个计划是陶行知主持拟订的，参加者还有马寅初和朱经农）。这计划曾由教育部提出，全国教育会议通过。与这计划同时提出的有一个成人补习教育初步计划（即《实施成年补习教育初步计划提要》，该计划由孟宪承、陈剑修、钟灵秀、顾树森、俞庆棠、赵冕和江恒源拟订）。成人补习教育初步计划之所以不能实行，是因为被一不懂事的官剪去一段重要的办法，成了一个残废的计划，所以失了效用。那二十年内完成的普及教育计划之所以失败，却是我自己的错误。我写那计划的时候，以为中国既是从农业文明渡到工业文明，便误认每年工业之进展，足以应济教育普及率逐渐增高之需要。我们的幼稚的工业在帝国主义高压未曾铲除以前，决不许我们有这奢望。那时我对于儿童大众的力量还没有正确的估定，对于学校式的传统教育还没有看破，这些都是构成那个普及教育计划根本失败的重要因子。现在我们所发起的普及教育是建筑在极困难的农业经济的基础上。它是一个农业国的普及教育方案。假使工业文明暂时没有多大的进展，教育仍有普及的可能。在儿童大众的力量的新估计之下，如果大家把传统学校彻底的看破，则普及中国教育不但是有可能性，并且是可以一举而成，万世不灭。

原载 1934 年 10 月上海儿童书局版《普及教育》

小先生与民众教育

今天贵馆民众教育服务人员训练班举行开学典礼，行知能躬逢其盛，参与大典，心里觉到非常快活。刚才冯先生（指宝山县教育局长冯国华，他当时兼任宝山县民众教育馆馆长）及两位来宾，已说了许多我心里所要说的意思，现在行知再简单地说几句。

近来我对"民教"二个字有点感想。教育在从前甚至现在是被少数有钱人把它当作私有财产占住了，就如同占取金钱一样，非但把它占有，而且还要存在银行的铁柜里牢牢保护，不轻易传给别人。我以为"民众教育"的根本意义，就是教人把知识广散给大众，不是像占取金钱一样，把它封锁在少数人的脑袋里，把头弄得大大的。干民众教育，便是要把教育、知识变成空气一样，弥漫于宇宙，洗荡于乾坤，普及众生，人人有得呼吸。空气是不要钱买的，人人可以自由呼吸。教育也就不能以金钱做买卖，人人可以自由享受。把教育当作商品做买卖，只被少数有钱人霸占，使大多数人像坐牢一般受限在一个"愚者之群"的圈子里，这绝对不行，我们极力要否认。有了空气人才活，没有空气便活不成。空气是人人需要，人人不可少。教育也是人人需要，人人不可少。新鲜空气是有益于人的，教育也必不能仅是些泥灰污浊气，给人以害生。所以把教育、知识化做新鲜空气，普遍的广及于大众，人人可以按其需要，自由呼吸，因而增加大众以新的生命活力，我以为这便是民众教育最主要的意思。不过挂着民众教育的招牌，不见得就会把知识变成空气，必得要有办法才行。在我看来，这办法便只有运用小先生，小先生便能把知识变成空气。

小先生出世尚未到一年，而它的怀胎，却远在十数年以前。小先生最重要的几位接生婆，除我以外，你们的主任冯先生也是一个，今春"一·二八"宝山普及教育动员令，便是冯先生发的（《生活教育》第一期画报，很希望大家一看）。每村小先生发令旗一面，普及教育，把知识变做空气！

小先生为什么能把知识变成空气一样的容易普遍呢？因为小先生便是小学生，他早上学了两个字，晚上便可以把这两个字拿去教人，此刻学了一件知识或一种技能，彼时即可以把这一件知识或一种技能去教别人，他不像大先生一样要领薪水。所以我们可以不花经费把教育普及出去。

有人说，小先生要有相当程度才行。我敢保证说，六岁小孩便可以做小先生，这是有着铁打的事实。当然，小先生所遇到的困难非常多，我现在正要写《小先生的八十一难》。《西游记》上唐僧取经，要经过九九八十一道难关，幸而有三个徒弟费了很大的力量把它一个个地解除了。有的是猪八戒帮助解除的，有的是沙僧帮助解除的，而帮助唐僧解难关最多的要算孙悟空。现在小先生普及教育，正犹如唐僧向西天去取佛经一样，要经过八十一道难关。我们做个猪八戒也好，做个沙僧也好，做孙悟空更好，总动员去帮助小先生解除一难又一难，把教育变成新鲜空气普及出去，以增加大众的新兴力量。

用小先生普及教育，还有四点比大先生好的地方：

第一，中国最难普及的是女子教育。乡下十七八岁大姑娘，或是二十几岁的大嫂子，一位年青的男先生去教，乡下人是看不惯，不欢迎你去教的。即有较开通，肯受教了，不多时，谣言来了，女学生不敢上学了，甚至把学堂封掉了，男先生失败了。女先生去教固然是很好，可是女先生太少了，而且女先生大都是些少奶奶、小姐，肯下乡的真是难得。有勇气下乡的，怕蛇，怕鬼，怕小偷，又吓跑了。如果是男校长请女教员，那又有困难问题。夫妻学校最好，可是又太凤毛麟角，少之又少了。现在小先生来了，女子教育就如雪团见太阳，一见冰消，问题一笔解决。广东百侯中学有三百小先生，教二千多民众，其中女人就有一千五百人之多，由此可见小先生对普及女子教育问题解决之一斑。

第二，有人说，中华民族现在是衰老了。我推究其原因虽多，但有一个原因，便是被人教老了。六岁小孩子，大人就教他要"少年老成"，而这小孩子也就无形中涂上两个八字胡须，做个小老夫子了。我有一个大学毕业的学生，他到一个女子中学去当教员，可是年纪太轻了，很不为人敬重。后来教员不当，找了一件别的事做，便养起一嘴胡子来。本来是个美少年，一变而为美髯公，因此很受人敬重而做了许多年的事。所以中华民族衰老，便是社会教人变老，教小孩子做小老翁。用小先生教人便不同了，大人跟小孩学，无形中得到一种少年精神，个个变为老少年。本来，大人者，不失其赤子之心者也。这样一来，朝气必格外勃勃。前天在上海西区小学开小先生会，有一位小先生教一八十三岁老太婆。又有一位孩子，教其德国母亲认中国字。写的故事均非常生动有趣。南京有一个丁广生小先生，教他父亲。他父亲有一天用笔画一个乌龟，画一角菱角。小先生不懂，问他父亲什么缘故。他父亲告诉他说："我画着玩的，这意思是说'菱角怕乌龟，乌龟爱菱角。'"后来丁广生便把这几个字写出来教他，父亲读得非常有趣。前天下午两点半钟，我未吃午饭，正想出去买两块烧饼充饥时，忽接西桥小先生来的信，我便坐在门外一个竹椅上拆开来看。有一位小先生教他六十二岁的祖母。他的祖母能读能认，不能写字，小先生便代祖母口里说的意思写信给我，精神非常好，我看得饭也忘记吃了。在这许多故事中，可以看出中华民族可以因小先生而转老还童，而得一种新兴的少年精神。

第三，刚才我已说过，过去甚至现在，教育是被少数有钱人把它当为私有财产占住。小先生一出来，"即知即传人"，立刻把这种观念撕得粉碎，要知识公有，不再私占。要把教育化为"春风风人，夏雨雨人"一样，人人有得到沾施的机会。"天下为公"的基础，第一步便要知识公有。这一点，小先生是可以帮助我们，一个钱也不要花的做到。

第四，一般乡村小学要和学生家庭联络。很多困难，教师感觉孤立，学校感觉单调，利用小先生那便好了。小先生是一根根流动的电线，这一根根电线四方八面伸展到社会底层，构成一幅生活教育网、文化网，把学校与家庭构成一体，彼此可以来往，可以交通。它把社会所发生的问题，所遇到的困难，带回学校，再把学校里的知识技能带回社会去。这样一来，如有一位教师，三十位小学生，而这三十位小学生便是三十位小同志，教师不再孤立，学校也不再和社会隔膜，而能真实地通出教育的电流，碰出教育的火花，发出教育的力量。训练班诸位同学，现在最要紧的一件事，便是"怎样把小先生的办法得到？""怎样把学校教育与社会教育打成一片？"将来到一处办民众教育馆，最要紧的，便是要和当地的小学校联络，私塾联络，店铺里的能看报的掌柜联络，要发动他们都负起教人责任，即知即传人，共同普及教育。还有一点，办民众夜校，开学后学生只见少而不见多。我们也得要教学生去做先生教人。譬如有四十位学生，我们教他们每人回去教二个人，这样便一共有一百二十位学生了。这样成人做先生，我们不叫他"小先生"，叫他做"连环先生"或"传递先生"。因为他是要继续不断地循环着，学后去教人。最后，我还有几句话要向诸位贡献。

我们现在办民众教育必得要承认：

农人最好的先生，不是我，也不是你，是农人自己队伍里最进步的农人！

工人最好的先生，不是我，也不是你，是工人自己队伍里最进步的工人！

小孩子最好的先生，不是我，也不是你，是小孩子自己队伍里最进步的小孩子！

我们现在最要紧的工作便是在：

帮助进步的农人格外进步，由他们"联合自动"，领导全体农人一同进步！

帮助进步的工人格外进步，由他们"联合自动"，领导全体工人一同进步！

帮助进步的小孩子格外进步，由他们"联合自动"，领导全体小孩子及时代落伍的成人一同进步！

原载 1934 年 12 月 1 日《生活教育》第 1 卷第 20 期

中国普及教育方案商讨

一　原则

（一）普及教育之要义

甲、整个民族现代化　不仅是学龄儿童及失学成人之普遍入学。

乙、整个生活现代化　不仅是普遍识字或文盲之普遍消除。

丙、整个寿命现代化　不仅是四个月、一年、二年、四年之义务教育。教育最重要的成就在使众人养成一种继续不断地共同求进的决心。我们要对众人养成的态度是：活到老；做到老；学到老。

（二）普及什么教育　普及工以养生、学以明生、团以保生之生活教育。工是做工，学是科学，团是集团。这三种生活缺少一样，便是残废的教育。

（三）认定中国是个穷国，必得用穷的方法去普及穷人所需要的粗菜淡饭的教育，不用浪费的方法去普及穷人所不需要的少爷、小姐、书呆子的教育。

（四）社会即学校　社会与学校打成一片。社会教育与学校教育打成一片。

（五）即知即传人　会的教人，不会的跟人学。不愿教人的不配受教育。

（六）小孩的力量伟大　信仰小孩子能做小先生。信仰小孩最好的先生是前进的小孩。认定中国是到了生死关头，好比黄河将要决口，小孩搬一块小石头来也是欢迎的。每一个人的力量都要号召来救命。每一个粗识字义或有一技之长的小孩都要号召来做小先生。小先生经过十个月的试验有如下的优点：

甲、能解决女子初步教育问题；

乙、成人跟着小孩追求现代知识是变成老少年；

丙、知识不再当作商品买卖，知识为公是成了实现天下为公之坚固基础；

丁、小先生好比是电线，将社会与学校通起电流，又好比是血管，将学校与社会通起血脉，于是社会变成学校了；

戊、小先生普及教育运动，增加了大先生事业上不少的兴趣。

（七）大众的力量　伟大大众最好的先生是前导的大众，所谓传递先生便是大众自己队伍里跑出来的老师。

（八）来者不拒；不能来者送上门去。

（九）化无用为有用。

（十）损有余以补不足。

（十一）勉求缴纳教育税与享受教育权之接近。

（十二）城乡同进。

（十三）劝导与强迫并行。

（十四）劝人抓住饭碗求进；不逼人丢掉饭碗上学。

（十五）强迫兴学，强迫教人，强迫求知，三管齐下。

（十六）不能同者不强其同。

（十七）抓住现成的集团生活，如家庭、店铺、工厂、机关、寺庙、民团、军队及现有学校做下层之教育场所。

（十八）运用最新的交通工具输送文化，使文化落后之地带一齐赶上时代前线来。

二　办法

（一）全国小学生总动员做小先生

甲、全国公私立小学校中之小学生据教育部最近统计有一千一百余万人。每位小学生在校外找到两位不能上学之小孩或成人做他的学生，向小学校长登记后即可称为小先生。在校外学生之所在他，负起他的"即知即传人"之使命。假使有三分之二之小学生做了小先生，我们便可增加一千五百万校外学生。

乙、依据凡有私塾统计之市县推算，全国至少有一千万私塾学生。私塾改造后，假使有二分之一之私塾学生都成了小先生，每人教导两位，便可增加一千万校外学生。

丙、店铺里之有知识的学徒估计至少有一千五百万人。假使有一半做了小先生，每人在店铺中教导两个人，便可增加一千五百万位店铺学生。

丁、依据"即知即传人"之原则，小先生的学生立刻又可教导至少一人。甲乙丙三项小先生的学生总数可以达到四千万。假使这四千万之一半立刻做了小先生，每人至少教导一人，又是增加了二千万。

故全国小先生普及教育总动员令一下，便有六千万人可以向着现代化开步走。

（二）全国识字成人总动员做传递先生

甲、全国民众学校学生总数为九四四，二八九人。假使民众学校学生都成了传递先生，每人再教两位不能上学之人，便可增加二百万人受教育。

乙、家庭、店铺、工厂、工会、庙宇、教堂、会馆、公所、合作社、衙门、机关、民团、军队里的识字成人约计为八千万人。假使有半数每人教导二人，便有力量再去普及八千万人之教育。

丙、再依据"即知即传人"之原则，甲乙两项八千二百万识字成人之半数，每人再去教导一人，又可增加四千一百万人。

故全国识字成人总动员令一下，便有一万二千三百万人可以向着现代化开步走。

（三）全国智识分子总动员，辅导普及现代生活教育之推进

甲、研究所研究员、专门大学教授、副教授七千人，每人每年必须在假期中抽出至少十日出席全省普及教育辅导会议、全省教育行政人员讲习会及农村改造会议，并各就专长，依据普及现代生活教育之需要，准备最新材料向教育局长、督学及农村改造运动人员贡献。

乙、专门大学学生及中学教师共十万人，每人每年必须在假期中抽出至少十日出席县市普及教育辅导会议及小学教师讲习

会，并各就专长，依据普及现代生活教育之需要，准备新材料向前进大众及教师贡献。

丙、中学学生及小学教师共一百万人，每人每年必须在假期中抽出至少十日出席乡区普及教育辅导会议、私塾改造会及小先生联合会，并各就特殊兴趣，依据普及现代生活教育之需要，准备材料向塾师及小先生贡献。

丁、全国不在学界服务之留学生，每人每年必须抽出五日为普及现代生活教育努力。

（四）全国学校总改造

甲、全国学校采用工学团制。工是做工；学是科学；团是集团。工以养生，学以明生，团以保生。没有工做，没有科学，没有集团的力量以制裁个人的行动，都不能算是一个现代的学校。采取工学团制便能使全国学校现代化。

乙、依据本地生产性质，学校负有扶助生产大众普及生产工学团之责任。

丙、小学校改造，除采取工学团制外，全国小学应至少有下列之改革：

（子）每所小学将小学生教导校外学生之工作，列入正课，作为社会服务；

（丑）小学教师在各门功课中，宜随时加入小先生应用材料，并以指导考核小先生为职务之一；

（寅）写字一课改为抄课本，发给校外学生读。小学教师对于大字小字之批改，多半是敷衍了事，改为抄写普及教育所用之课本，则写者与批改者都觉得更有意义，同时是解决了缺少课本一部分之困难。

丁、私塾改造：

（子）从前改造私塾，多半是招集塾师加以短期讲习会之训练，并加以偶然之视察。因为塾师旧习太深，很难改变，故单招塾师训练，不易见效。现在主张每塾师随带能力较大之私塾学生二人，共同参加私塾改造讲习会，依据最近试验结果推测，收效谅能较大。

（丑）私塾最缺少者是公用之图书教具。若想从事改造，必须在这些事上加以补助。

（寅）私塾改造讲习会或每星期一二小时，连续数年，或在假期中集中训练，或二法并用，可看各地情形决定。

（五）文化荒岛总开辟

甲、中学校总动员下乡。中国中等学校大多数是挤在城里凑热闹。依据我们估计，全国五五四所中学，一，三二〇所初级中学，至少有五分之四即大约一千四百所是应当移下乡去。把城里的地皮、房子高价卖掉，在乡下买荒地（但不许圈农民生产之地），造房子，还有余钱干一区的普及教育运动。每中学可在乡下划一百方里为普及教育区。在区内每村办民众学校、小学校各一所。各村民众学校、小学校由中学生分组负责进行。每组若干人依需要而定。民众学校以每日一小时为标准。小学校或全日，或半日，或二小时，或一小时，依据各地情形而定，不拘一法。民众学校及小学校之学生仍依"即知即传人"之原则分布出去，教引不能上学之人。

乙、全国有师范学校八四六所。十分之九，即七百五十所是应该迁移下乡。每所师范学校应划一千六百方里为普及教育区。这块区域是东西南北各四十里，师范学校在中央，离最远之工作地不过二十余里。依照师范生人数分成几十几百队，每队二人同到一个村庄里去创办一个民众学校和一个小学校。这叫做基本培养。另外还有集中指导，巡回指导，在培养师资一段中再详细说明。

丙、中学、师范的脚迹所很少达到的地方，如西康、青海、宁夏、新疆、蒙古、西藏以及各省内文化落后民族所在地，都应以人民和政府之力量创办中学、师范，并在每五百人聚居地创立小学、民众学校各一所，至少能容四十人，以工学团之组织，依"即知即传人"之原则继续推进。

（六）师资培养

甲、每一所小学都成为小先生养成所。用传统的名词来说，每一所小学便是一所小师范。全国二十五万所小学便是二十五万所小先生养成所，共可造就一千一百万小先生。

乙、每一所私塾必须改造，使它也成为一所小先生养成所。估计全国私塾有五十万所，平均每所培养二十人，共可造就一千万小先生。

丙、每一所民众学校都成为传递先生养成所。全国有五万三千八百七十三所民众学校，共可造就一百万传递先生。

丁、每村或每街或每街之一段，必须设一高级民众学校，招收家中、铺中已有知识之成人，每天或每星期加以一小时之培养，以广播新知识于大众。

戊、师范学校之改造：

（子）师范学校采取培养工师之办法，包括个别、巡回、集合三种指导。比方招收艺友（即通常之师范生）二百人，首先，举行一个月之集合指导，大略得了几个追取知识之钥匙以后，即立刻分散，每两人组成一队，共一百队，放在一百个村庄里去工作。每队工作区域为十六方里即四里见方。这两人既到工作区，即物色当地农人及小孩至少二人为他们的艺友，共同进行工学团之创造。这一百队的工作总面积是一千六百方里成了一个普及教育网，里面包含着一百个工学团，每个工学团五百人，共计是五万人之教育一举而普及。每队学生二人，对于日常工作各任半天，余半天自修必阅书籍，由指导员巡回指导。星期日不放假，举行严格之集合指导六小时（详细办法请参看《宝山观澜普及义务教育急成方案》）。

（丑）师范学校应加小先生指导法一门功课。

己、招集青年识字民众或农人开办短期农村改造讲习会，教以小先生指导法、工学团原理、合作社组织法、国语、应用算术、乡村卫生、农艺新法、自然、社会，等等，使其学成回乡，从事发动乡村改造工作，即为普及现代生活教育之工作。现在国内乡下不安，城里先生不敢下乡，倒不如多多培养本乡青年、识字农人，自己负起普及教育之使命。

庚、每市、县须举行小学教师讲习会，每年至少十日；私塾改造讲习会，每年至少四十小时。

辛、每省须举行省普及教育辅导会议、教育行政人员讲习会，均每年一次。

壬、教育部召集全国普及教育辅导会议，每年一次。

癸、各专门大学、研究所分工培养普及现代生活教育所需之高等技术人才。

（七）材料工具之供给

甲、课本　课本用汉文和国语字母拼音文对照写。汉文和拼音文都以大众语为根据。但为适应各民族特殊需要及促进各民族普及教育起见，应编蒙藏苗瑶等民族特用课本，这课本应以各该民族之大众语为根据。运用小学生写大字的纸和时间抄写课本，以每生每年平均写十二册计算，一共可写三部；连私塾学生在内，二千一百万小学生便可写六千三百万部。小学生的学生也可以写，传递先生的学生也可以写，这样普遍地干起来，每年可得免费教科书一万万套也不为奇。

乙、报纸　报纸一律用大众语写，并且必须标点，违者邮局不许代寄。

丙、电影　设立中央科学电影制造局，以巨资研究制造科学影片、发电机、放映机，免费分送全国各县乡村、市镇放映。

丁、无线电收音机　设立中央无线电收音机制造局，以巨资研究制造无线电收音机，免费分送全国各县乡村、市镇教育场所使用，并在适当地点分区建立大播音台，从事广播现代知识。

（八）现成设备之利用

甲、祠堂、庙宇、会馆、会所、散学后之学校以及其他空闲房屋，都运用来做教育场所。

乙、桌椅板凳亦以运用人民自己所有的为原则。

丙、天气温和晴朗的时候，应充分施行露天指导。

丁、充分利用日光指导，不必要时应避免运用灯光。教育普及之后，是有八千万家同时追求知识。八千万盏灯，每晚多点一小时，若用菜油，每年便要耗费八千万元。若用洋油，每年要耗费三万二千万元。可以省的时候，还是省了为是。

（九）流动式的教育

甲、市集、茶馆、码头、车站、戏园、电影院里都有流动的民众。

在这些地方，每次我们都遇得着一大群的人，今天的一群不见得就是昨天的一群。也有茶迷戏迷是天天上同一的茶馆，进同一的戏园，而且还有一定的时候。我们也要抓住这些地方施以有意义的教育。车站上的展览，码头上的壁报，电影院的新知识的插片，茶馆里说书的革新，戏园里小丑说白的讽刺，市集上的公共演讲表演，都是流动教育的可以行的例子。

乙、流通图书馆　流通图书馆应普遍设立在学校里，向大众公开。小先生和传递先生可以代他们的学生借书还书。这样，管理费可以减至最少，又可免除一般民众借书之害羞，而图书借还有人负责，亦不致失落。流通图书馆为大众自学之重要机关，必须努力普及。

丙、修学旅行　旅行为增长知识、扩大眼界的教育法。但现在之团体半价票仍使有志的工人、农人、小孩子望而生畏。有意义、有组织、有计划之修学旅行应该特别提倡，再行设法将国有车船价目减至最少，或竟酌免，以资鼓励。

（十）文化之特别快输送

甲、输送发电机、抽水机及其他农村所需用之机器，火车章程尚有许多不必需的麻烦，应该一扫而空。

乙、边境所需新书，每每要过一年半载才能收到，要人帮忙也非数月不可。我们应该发起购置普及教育飞机数架，专为输送文化及推进普及教育运动之用。

丙、无线电广播新知识。

丁、邮政局对于边疆视同外国，如西藏、新疆寄费之贵，几使现代中国文化不能通过，外国反易与它们接近，是急应革除此弊，使邮费一律，以谋内地与边疆文化之沟通。

（十一）有效之补助

甲、中央对文化落后之穷省、边疆，在人才、经费、材料上应予以实质之补助。

乙、各省对于文化落后之穷县，在人才、经费、材料上应予以实质之补助。

丙、各县对于文化落后之穷乡穷村，在人才、经费、材料上应予以实质之补助。

丁、省市县政府对于普及教育实验特别努力的机关，在人才、经费、材料上应予以实质之补助。

戊、政府应拨的款补助劳苦大众智力较高之子女上进，俾能学尽其才，免为贫穷所埋没。

（十二）人民自动之努力

甲、设立中国普及教育助成会（另订简章）。

乙、设立省市县乡、边疆、华侨等普及教育助成会（另订简章）。

（十三）研究实验

设立中央普及教育研究所。其宗旨在发现最经济、最迅速、最能持久、最能令人进步之方法，以谋普及大众儿童向上生活所需要之教育（另订简章）。本研究所应与卫生、农业、工业、交通、艺术、经济研究机关联合互助，探讨新知，培养最高学术人才，以统制全国智慧而为国计民生谋解决。

（十四）全国财力总动员以谋教育之普及

甲、确定教育税，务使足敷普及教育之用。在教育税未确定之前，各省财政当局不得藉口取消苛捐杂税以减少教育经费而陷国民教育于停顿。否则即科以摧残教育动摇国本之罪。在教育费不敷用前，并须节省军政费以充普及教育之用。

乙、征收遗产税以充普及教育之用。后人对于先人之遗产，除教养费外，应将遗产余利公诸社会所有。先人对于子孙也只可负担教养费，若将巨产给后人不劳而获，自必养成他们吃喝嫖赌，弄得家破人亡。纵使政府不征收遗产税，有钱者为爱惜子孙起见，亦当在保留教养费条件之下，悉数捐为普及教育之用。

丙、指拨公有荒地为普及教育之用。

丁、指拨美、法、比、意、英各国庚款之一半，为普及教育之用，其他一半为发展各研究所之用。

戊、行政专员或县长领导教育局长或督学到各市乡劝导各公所、会馆、祠堂、寺庙，以原有财产兴学。没有公产或公产不足之处，则劝导出资兴学，坐候到筹定确实办法才离开。十余年前浙江省有一县长，在半年之中兴办一百余校，即是用此办法。

己、劝导人民以婚丧做寿节省之款在普及教育上建立纪念。

庚、劝导人民捐图书文具，或百份，或千份，或万份，或十万份，或百万份，每份盖上捐者姓名以留纪念。

辛、扶助各种生产工学团之普遍的设立。每个生产工学团发展到一个时期，便能以自己的力量担负一部分的普及教育费（参看《宝山观澜普及义务教育急成方案》中之棉花工学团）。

壬、减少中等以上学校假期，并从分量门类上减少向上生活所不需要之功课，缩短中等以上学校毕业年限（医科除外），以节省之经费充普及教育及增加研究所之用。

（十五）妨害进步罪

婆婆不许媳妇读书，老板不许伙计上学，司务不许徒弟看报，工厂经理不许工人求知识，士大夫不许儿子教小孩子，这是小先生碰到的五个大钉子，也是妨害中华民国进步的大障碍。我们必定要扫除这种障碍才能前进。要想扫除这种障碍，下列数条法律实属必要：

甲、凡是中华国民及其子女，每人每天至少须有一小时上学或自修之权利。

乙、凡以特殊地位侵犯别人上学或自修权利者，处以一年以下有期徒刑或一千元以下罚金。

丙、凡对自愿教人的人施以阻止者，处三个月以下有期徒刑或一百元罚金。

（十六）初步文字教育之预令强迫

文字教育应预令强迫。预令强迫之作用在提醒一般不识字的民众自动地去请人教。以往的民众教育好像是求人来学。预令既下，民众对于知识的消极的拒绝，可以转变而为积极的追求。

民国二十四年一月一日下令预告全国民众，限二十四年十二月三十一日前，读毕教育部指定几种《千字课》之一种。至四月一日、七月一日、十月一日，下第二、第三、第四次预告令。第一次预告令下后，即令小学生、茶馆说书人、电影院广告与警察到处逢人宣传，劝其早些求学，不要临时抱佛脚；并说明二十五年一月一日即有识字警察手指《千字课》，站在城门口、车站、码头及交通孔道，临时抽验来往行人，检查他们的头脑如同检查行李一样，不识字的要罚愚民捐铜元一枚。预令里还要说及，二十五年一月一日以后，家里、店里、工厂里、任何机关里，如有无故不识字的人，按人数每月每人罚银一元。由家长、店主、工厂经理、机关主持人缴纳。识字成人或学生对其负责而不识字之亲友不肯施教者，罚守知奴捐银一角并公布之。

（十七）考成

甲、初步文字教育之考成标准，为学龄以上之人民百分之九十会读千字课，百分之九十五会用汉字签自己的姓名，并会写中华民国。第二步之文字教育及普及其他教育之考成标准另订之。

乙、每所小学、私塾至少要有二分之一的小学生做小先生。超过四分之三的小学生做小先生者，传令嘉奖其校长、负责之教师及最出力之小先生。不及二分之一者，校长受警告。不及三分之一者，校长撤职，负责之教师同。

丙、民众学校之传递先生与学生总数比例之考成与小学同。

丁、省教育厅长、县长、教育局长、乡长、教育委员之考成，亦以各管公私立小学校、私塾、民众学校之学生总数与小先生总数加传递先生总数之比例为根据，其算法亦与小学同。

戊、各省、各特别市、各县、各市、各乡、各校之开始考成日期，由上级主管官厅预令发布。但此项预令至迟不得延过民国二十四年六月一日。考核各省成绩之日期，由教育部预令颁布。但此项预令须于民国二十四年四月一日前颁布。

己、寻常教师所教学生，以及小先生、传递先生所教学生，均须依部颁表格登记，由校长掌管，并作详明统计具报教育局，教育局转报教育厅，教育厅报告教育部，每学期一次。再由上级教育行政长官抽查，以凭考核。

（十八）中央普及教育二十四年度预算

甲、中央文化落后地带普及教育补助费　　二〇，〇〇〇，〇〇〇

乙、中央科学电影制造局经费　　　　　　四，〇〇〇，〇〇〇

丙、中央无线电收音机研究制造局经费　　一，〇〇〇，〇〇〇

丁、中央普及教育研究所　　　　　　　　五〇〇，〇〇〇

戊、中央普及教育辅导会议　　　　　　　一〇，〇〇〇

总计　　　　　　　　　　　　　　二五，五一〇，〇〇〇

原载 1935 年 3 月 1 日《生活教育》第 2 卷第 1 期

攻破普及教育之难关

生活教育现代化

生活教育是早已普及了。自有人类以来，便是人人过生活，人人受教育。自然而然的，生活是普及在人间，即是教育普及在人间。但有些人是超时代，有些人是时代落伍。有些人到了现代还是过着几百年前的生活，便是受着几百年前的教育。教育时代落伍的人一起赶上时代的前线来，是普及教育运动的目标。做一个现代人必须取得现代的知识，学会现代的技能，感觉现代的问题，并以现代的方法发挥我们的力量。时代是继续不断地前进，我们必得参加在现代生活里面，与时代俱进，才能做一个长久的现代人。否则，再过几年又要成为时代落伍者了。因此，我们必须拿着现代文明的钥匙，才能继续不断地去开发现代文明的宝库，保证川流不息的现代化。这个钥匙便是活用的文字符号和求进步的科学方法。普及教育运动之最大使命，便是把这个钥匙从少数人的手里拿出来交给大众。

老法子的普及教育

白君动生从杭州来，给我看了一两条最有趣味的教育报告。这报告说：依照最近四年来浙江所用的方法来扫除文盲，全省要四百年才能完成；依照最近六年杭州所用的方法来扫除文盲，全市要一百五十年才能完成。这种自觉的教育报告，我还是第一次看见。现在从一省一市推论到全国，呆板地守着老法，要多少年才能普及呢？依据教育部最近统计，各省市民众及职业补习学校学生数，民国十八年为一百零三万六千一百六十人，十九年为一百一十万四千一百八十七人。在这一年之中是增加了六万八千零二十七人。中国全国之失学成人估计有二万万人。假使中国人口不再增加，民众学校学生万岁，长生不死，学生增加率能年年不减，也要三百年才能将文盲扫除干净。再拿小学的统计来看。民国元年小学生数为二，七九五，四七五人，民国十九年为一〇，九四八，九七九人。十九年之间小学生是增加了八，七九五，四七五人，每年平均增加率为四十三万人。用四年义务教育估计，假定人口不再增加，小学生长生不死，学生数照平常比例增加，还要七十年才能普及。但是人口趋势，若无统制，必是有加无减。小学生总数每年要夭折三十万，每年平均所增加之四十三万人之中每年也要夭折一万三千人，学校增加率如无新创办法也得逐年减少。故依我估计，用传统方法，学龄儿童的教育要过一百年才能普及，失学成人之教育要再过四百年才能普及。

教育是必须普及。但是老法子决办不到，只好想新的法子来解决。老法子有什么困难？能解决那老法子所不能解决的困难的方法便是新方法。

攻破先生关

据教育部统计，全国学龄儿童总数为四千九百十一万。又据十九年统计，全国有一千零九十四万小学生，共需五十六万八千教职员。平均每教师教导小学生二十人。四千九百十一万小孩子共需小学教师二百四十五万人。有些教育官主张普及教育要靠师范生，办师范学校要靠官办。好，我们只须看一看十九年度师范学校的毕业生数就知道这些教育官是在做梦。这一年的高中师范、乡村师范、短期师范的毕业生合起来算只有二万三千四百零二人。师范毕业生万岁，长生不死，要费一百年的培养，才够普及小学教育之用。即使每人担任小学生数增到四十人，也要五十年才能培养得了，还要求求老天爷保佑他们一个不死才行。还有那二万万的失学成人怎么办？假使每位教师教四十个人，就得培养五百万位民众教师。每人每天教两组，也要二百五十万。这二百五十万乃至五百万人又要多少年去培养？培养师范生每年每人要费公家一百零一元，至少三年就要三百零三元，私人的费用还不在内。二百四十五万的小学教师和二百五十万的民众教师的培养费，就得要十五万万元。他们就职之后，就要领薪水。少说些，每人每年一百元，就要五万万元。如果中国的普及教育一定要这样办，那便是癞蛤蟆想吃天鹅肉。我们要冲破这个难关，必先对教师的观念起一个根本的改变。师范生乃至整个知识阶级不是教师唯一的泉源。小孩子最好的先生是前进的小孩。大众最好的先生是前进的大众。知识分子的使命在帮助前进的孩子和前进的大众取得现代知识以同化他们的伙伴。知识分子最多只可做小孩与大众的顾问。超过顾问的范围，就要损害他们的自动精神。即使做个顾问，知识分子也得跳进小孩与大众的队伍里去，与他们共患难同休戚，才够得上顾问的资格。这样一来，我们的先生就很够用了。全国小学里是有现成的一千一百万小孩可以做小先生。私塾改良一下，也有一千万合格的小先生。识字大众是有八千万，都有担任传递先生（亦称"成人先生"或"大先生"，系对"即知即传"成人先生的称谓）的资格。这一万万小先生与传递先生总动员，每人教两人便是三万万。这些先生不要薪水，又不必多花金钱培养，只须我们承认他们配做先生，那教师的难关，便可不攻而自破了。

攻破娘子关

全国成年女子中粗识字义者估计顶多只有一千万人，以女子总数算起来，一百位女子当中只有五位受过文字教育。学龄女孩二千四百五十五万多人当中，只有一百六十五万在学校里上学，占初等学生总数百分之十五点二四。所以中国的普及教育问题大半是女子教育问题。如果不能解决女子教育问题，无论什么方法，都是枉费心血。女子教育是普及教育运动中最大的难关。男先生能解决女子教育问题吗？

二三十岁的男先生教几位十七八岁的大姑娘能顺利地进行

吗？过不得几天，意外的事情会教你干不下去。谣言闲话会从几十里外的婆家飞来。未婚夫会约几个顽皮的青年装鬼在路上吓得小姑娘们不敢来上学。男先生要解决女子教育问题是难于上青天。女先生来，那是天字第一号。可是女先生根本就少。全国初等学校女先生只有三万四千一百三十九人，女师范生也不过二万人，那是差得太远咧。女先生下乡有三怕：怕蛇，怕鬼，怕贼。要来，是三个两个一起来。破产的乡村，哪里请得起？一个男校长请一个女教员，也要引人说闲话。最好、最经济的是夫妻学校。但是好的东西偏偏少。经过七八年的提倡，还是寥寥无几。女先生也是难以解决女子教育问题。要想攻破娘子关，还要把小将军请来。小先生脚迹所到的地方，男女教育机会立刻均等。广东百侯小先生初教校外学生二千人，其中有一千五百人都是女子。在小先生面前，失学的女子是一点也不害羞，有什么不懂都大胆地问。小先生连新娘房里都能钻进去上一课。

攻破买卖关

知识是成了商品，非钱不卖，非钱买不来。当您劝一位留学生教教他的包车夫或老妈子的时候，他会回您："没有工夫。"但是如果一个大学给他三百元一月的薪水，请他去做少爷小姐的高等听差，他会连夜乘飞机写快信去应聘。他怎么又有工夫了？缘故是因为他的知识是用钱买来的，他的车夫、老妈没有钱给他，所以没有工夫；哪个大学有三百元薪水给他，就会有工夫了。在这个关口上把门的有两个妖怪：一个是大肚的守财奴，一个是大头的守知奴。他们俩把关口守得密不通风，使得无钱的人一点知识也得不着。但是知识应当是社会所公有，把买卖的商品化的知识变作自由送人的礼物，是普及教育运动的一个大目标。能攻破买卖关，肃清守财奴、守知奴，以透达这个大目标的便是小先生。在小先生的手里，知识是变成空气，人人得而呼吸；知识是变成甘霖，处处得其润泽；知识是变成太阳光，照着广大的群众，向前进行。

攻破衰老关

中国人老了！这是我们时常听见的批评。不错，有两种重大原因使中国人容易衰老，其中的一种便是传统教育。传统教育是教人学老。六岁的小孩子跟着老头子学老规矩，就好像长了两撇胡子，变成一个小老翁。小先生一来可就不同了，六七十岁的老公公和老太婆加入在小孩的队伍里来追求现代知识，是必然沾染着赤子精神，变成了老少年。

攻破饭碗关

"吃饭不读书，像只老母猪！"这个口号有时是可以鼓励一些懒人发奋求学。但是，有些人是做得太过分了。他们居然诱惑甚而强迫人家丢掉饭碗去读书。结果是饭碗打破好几只，书还是读不成，造成许多悲剧。总之，传统民众教育是办得太呆板，使吃饭与读书往往不能两全。例如，晚上规定七点钟上课，夜饭没有吃完的不能来；饭虽吃完了而锅碗没有洗的不能来；小孩子哭着要奶吃不能来；婆婆正喊着要水烟袋儿抽烟不能来；丈夫辛苦挑菜上街才回家有许多事要侍候不能来；做生意的正有主顾光临不能来；守牛的，牛儿不适意，不能来。因此，一般民众学校，开始的时候都是济济一堂，不久，便七零八落地少了下去，到最后，只剩了几个人。小先生的时间好像是橡皮做的，可以伸缩。"大嫂子！我来给你上课了。阿毛！我正抱小孩吃奶，请你等我一忽儿。""我到门口去玩玩，小孩奶吃完，喊我一声。"……"阿毛！奶吃好了，快点来。"小先生便是这样从容不迫地攻破这很难跳过的饭碗关。

攻破孤鸦关

一个乡下先生住在一个破庙里教死书，就好比是一只孤鸦。他无意也无暇与农人交接。他教他的书，对农人的一切是不能过问。他所办的学校是与社会隔离。学校不能运用社会的力量以谋进步，社会也没法吸收学校的力量以图改造，双方都失掉互济的效用。这种孤僻的学校，普及了也没有意思。现在假使一切都不改，只把小学生变做小先生，这没有意义的学校便变成一个很有意义的学校，这位孤零零的赘疣的寒酸先生便立刻变成一位村庄中所不可少的有作有为的先生了。比方这个学校原来有三十个学生都变成小先生，便好像是三十根电线接到各村去和他们通起电流来。在这些电线上所通的电流有来也有往。一个个小先生可以把各村的问题、困难带来和先生讨论，又可以把学校里从外面得来的知识与力量带去和农人与不能进学校之小孩讨论。有时大家来他一个总集合，在各村的问题上求他一个总解决。例如总动员救旱灾，除蝗虫，打倒土豪劣绅、贪官污吏、帝国主义。你仔细想想，这个学校是变了样子，它的围墙是拆掉了。那些村庄合起来是构成了整个的学校，它不但是大了几倍几十倍几百倍，而且精神是根本不同了。

攻破瓜分关

中国教育官欢喜把教育切得一块块的，每人给他一块去办，不，每人给他一块去吃。对，吃教，吃教育。最好的一个例子是所谓义务教育与民众教育的分家。不但是多费许多钱，而且是一样也办不好，连吃也不好吃。教育就像一碗八宝饭，分开来吃，每人只能尝着一两宝，你必须把它搅拌起来才好吃。我们的建议是把儿童的教育与成人的教育搅拌一下，使它们打成一片。你有时要用小孩教成人，有时要用成人教小孩，有时要用小孩教小孩，有时要用成人教成人，若呆板地分起来，是一样也不会普及。冲破这个关口的急先锋便是小先生。小先生一来，这瓜分关的守将必得插白旗投降。

攻破课本关

读书一定要一种课本，并且要从头一本头一课教起，这也是一种成见。新学究还一定要用教科书，没有教科书便坐在那儿等待教科书寄到，边远的地方一等便是几个月。先生是活的，书本到处有，只要活用他就有办法。《三字经》活用起来，也能做普及现代教育的工具。路路通长安，大路断了走小路。一张发票，一张签诗，也可以当作教科书读。上海把旧的杂志旧的书报包东西，揩屁股，真是作孽。这都是我们内地求之不得的教科书呀！来他一个新的惜字运动，我们可以得到几万万不费钱的教科书。如果大家一定要教科书，我还有一个法子介绍。教小学生抄教科书给不能进学校的学生读。利用习字的纸、习字的笔、习字的墨、习字的时间来抄。纸当然要改良一下，格子要适合抄书的需要。平常初级课本的字是写得比"多宝塔"还合用，学生照着临，也能进步。先生也用批字的时间审订，免去圈叉麻烦。先生只须看学生抄得对不对，好不好。不对不好须重抄，抄到对了好了为止。平常先生批字，真是无聊；用王羲之、颜鲁公的标准批吗？要批死人。不批吧？校长要怪，家长要怪。不得已，闷起头来瞎批。骗人吗？是的。不骗，就得翘辫子。如果改习字为抄课本，一切都有意义了。不要看轻这样一个小改革。不久以前，日本小学生总动员拾起香烟盒里的锡包，积起来，买得一只飞机。小学、私塾总动员改习字为抄课本，每年可得一万万部不费钱的教科书。

攻破纸笔关

读书必得写字，写字必用笔墨纸，也是一种成见。顶少似乎要有铅笔和纸，我当然赞成。但是在乡下万一买不着纸笔，也有别的办法。椅子揩得干净些，用筷子沾水也能练字；柳条为笔，泥地为纸，也可写文，只是不易考核罢了。

攻破灯油关

四万万人，八千万家，家家读书，这可算是文字教育普及了。但是究竟要怎样才无流弊，我们必须绞脑筋，打破砂锅问到底。这是每一位普及教育者的责任。我曾拜托几位熟悉家务的穷朋友代我做了一些估计。点菜油灯，每天多点一小时，每盏灯每年要点一块钱的油。八千万盏灯每年就要多费八千万元。用洋油呢？每盏灯要四元一年，每年要费掉三万二千万元！美孚洋行的买办要高兴了。煤油大王要晓得这个消息，也要笑得说不出话来。他可以打算再拔一根毛到中国南方来办一个协和医院。这票买卖是被太阳夺去了。太阳老牌也会到地球上来争夺市场的，奇怪！普及教育者主张在日光下施教育。还是《老少通》里的老调儿："起得早，睡得早，省油省灯草。"早点起床，稻草窠里少睡一刻，午饭少抽一袋烟，就省下这每年的三万二千万元，好不好？

攻破调查关

传统的教育官还有一套偷懒的把戏。他说，做一件事必得预先调查清楚才能进行；要普及教育，先得调查学龄儿童和失学成人。谁能说他的话没道理？于是筹备调查，实行调查，调查后统计，统计后拟计划，计划拟定后呈报，等候批准，先试办几处。这样一来，官儿已经换了几任，新的学校还没有开门。调查是已经成为一种延宕的手段。这个纸做的盾牌必得戳破。中国满地是失学的人，随手捞来都是。如果要调查一个大概，几天就够了。再要多费精力也不能更加正确。传统教育官没有熟练而靠得住的人代他调查，他的调查多是敷衍的官样文章。普及教育不是不要调查，我们要一面干一面调查，不是先调查完全了再干。一面干，一面培养调查的人，再从事精密的调查，那调查的结果才靠得住。小先生才会干这种正确的调查咧。没有小先生，这种大调查，除非费大款，决不可能。先把网儿撒下去，把鱼儿捞了上岸再去数吧。

攻破短命关

士大夫赐给大众的孩子的教育寿命只有四年，赐给大众自己的教育寿命只有四个月。最近大学教授们有所谓之学制改革案提出，其中的第一个特点便是把穷孩子的教育寿命从四年减短为一年。当然，穷孩子的教育寿命现在连一年都没有，给他一年，使他跑进教育的王国里来玩玩，如果不是空头支票，还可算是很大的恩德。但是大学教授们办学校有寒假、暑假、星期假、星期六下午假，许许多多的这样假那样假，何不减少一些，把中学、大学毕业年限缩短一两年，倒在国民教育的空头支票上开刀，实在令人莫解。高等教育经费二十年当中已经从三百九十万增加到三千三百六十万，而学生数只从四万加到四万四千。高等教育不可以节省一点钱来延长国民教育的寿命吗？总之，这种短命的教育在我们看来是不可思议，也不值得普及。我们所要求的是整个寿命的教育：活到老，干到老，学到老，团到老，教到老。有了小先生和传递先生，大众的教育寿命可以延到各人身体寿命一样长，终身是一个继续不断的现代人。

攻破学校关

一提到普及教育，大家就联想到开学校：圈校址，造洋楼，请教员，买家具，招学生，考学生，收学费，行开学礼。这样的一个东西是不易普及，即使普及也是害多益少。这种办法，一起手便是蚀本交易。并且要把所有的学龄儿童和失学成人都关在学校里去，只有叫农人卖老牛，给洋人发财。我们找了一个很简单的东西来替代学校，这个东西便是自动工学团。

什么叫做自动？自动是大众自己干，小孩自己干。自动教育是教大众自己干，小孩自己干，不是替代大众小孩干。

什么叫做工学团？工是工作，学是科学，团是团体。说得清楚些是：工以养生，学以明生，团以保生。说得更清楚些是：以大众的工作养活大众的生命，以大众的科学明了大众的生命，以大众的团体的力量保护大众的生命。工学团是一个小工场，一个小学校，一个小社会。在这里面是包含着生产的意义，长进的意义，平等互助、自卫卫人的意义。它是将工场、学校、社会打成一片，产生一个富有生活力的新细胞。

工学团可大可小，从几个人的家庭、店铺，几十个人的学

295

校、庙宇，几百个人的村庄、监狱，几千人的工厂，几万人几十万人的军队、建设工程队（例如导淮、筑路的大队民伕），都可造成一个富有意义的工学团。

团不是一个机关，不是一个工学的机关。假使它只是一个工学的机关，那便成了一个半工半读的改良学校，而不是工学团。团是团体，是力的凝结，力的集中，力的共同发挥。

攻破文字关

有两种极端的人：一是看重文字，把文字误看作教育的全体；二是藐视文字教育，如一般生产教育论者以为大众不需要文字，以为他们所需要的只是生计之改良。这两种观念都是错误的。人与禽兽的大分别，就在人有语言文字，禽兽没有。文明人与野蛮人的大分别，就在野蛮人只有语言，而文明人是语言文字都能灵便地运用。文字符号之妙，是妙在这个符字。道士画符未必灵，士大夫画的符才真灵。他不种田，只须把符一画，好米就有得吃了。他又想，拿一身汗去换一担米还是不上算，再画一张符，叫种米的人挑米来给我吃。农人不会画符，劳而不获，种的米都给人家画符画去了。他眼看这个把戏很便当，也想画一画，自己老了，让儿子去学吧，束脩加上吃饭，每年至少四十元，忍痛把儿子送入私塾学画符。私塾先生就靠着会画几张蹩脚符吃饭，轻轻地传给人，饭碗不要敲破吗？孔夫子是早已警告了他，"后生可畏"的遗嘱是常常背的，不会忘记。一时计上心来，只教学生念咒，不教学生画符。念了几年咒，一张符也不会画，农人知难而退，只得把儿子叫回去，依旧赶着老牛种田。但是取得面包的符号、保护面包的符号即等于面包，有谁能否认呢？但是文字虽然重要，不可离开生活去教。生活的符号要与生活打成一片去追求，否则便是书呆子的教育。文字在普及教育上的地位既是这样确定，那么还是教汉字呢？教音符呢？二者都教呢？在这过渡时期，我主张汉字与音符和拼音文三管齐下一起教。会教汉字的先生多至一万万，这是一个顶大的便利。如果根据大众语用活的方法教，汉字也不像一般人所说的那样难。但汉文最好是拼起音来同时学，这样，中国的拼音大众文会自然而然地脱壳而出。

攻破残废关

中国教育是教用脑的人不用手，不教用手的人用脑。用脑者因为不用手，脑也不能精细，变成一个呆脑。用手者因为不用脑，手也不能精细，变成一双粗手。因此，读书人是成了书呆子：读死书，死读书，读书死；劳苦大众是成了工呆子：做死工，死做工，做工死。这两种人之外，在教育圈里圈外，还有所谓之少爷小姐。他们是脑也不用，手也不用：享死福，死享福，享福死。这些人都是残废教育理论所造成的。我们换一条路走，是要使手脑联盟：叫用脑的人用手，教用手的人用脑，教一切人都把双手和脑拿出来用。"人生两个宝，双手与大脑。用脑不用手，快要被打倒。用手不用脑，饭也吃不饱。手脑都会用，才算是开天辟地的大好佬。"

攻破拉夫关

"听得督学今天到，先生拉我如拉夫。"这是传统教育最有趣的一幕。学生多就算成绩好，这是一件很可怀疑的事。我虽赞成强迫教育，但绝对反对拉夫教育。你若把牧童从牛背上拉来，把摘茶女从茶山上拉来，把采花姑从棉场里拉来，把养蚕妇从蚕室里拉来，把织布娘子从布机上拉来，把种菜的小二哥从菜园里拉来，所得能偿所失吗？减少经济力的强迫是不可施行。假使我是督学，到了采花时节，看见校长把能采花的孩子关在学校里，我一定要记他一大过。为什么不把帮助家人采花当作正课？为什么要叫学校妨害农务？我个人做事是风雨无阻，但办乡村学校，下雨时节是不劝学生来。如果不信，请听我唱吧：

> 小宝宝！小宝宝！
> 今天天气不好，
> 你们回家要早。
> 雨来变成水鸡，
> 事情有些不妙。
> 明天下雨不要来，
> 不下雨好来。
> 破袜破布鞋，
> 弄坏没钱买。
> 受了潮湿，

还要把病害。

倒不如留在家里教奶奶，

没有奶奶教乖乖。

下雨就教小孩在家里教人，岂不很好？一定要把小孩变成水鸡，拉来上学，我真不懂得这是什么教育！当然，我的主张遇着戴雨帽、穿雨衣、套雨鞋、没得事做的少爷小姐又当别论了。

攻破大菜关

假如你问一位老成的教育官说：为何不把教育普及出去？你有时会遇到这样一个回答：我们只求质量之改进，不求数量之加多。这原来就是那"贵精不贵多"的滥调。我曾经写过一首小诗，想把他们的迷梦唤醒："只为阔老烧大菜，那管穷人吃糟糠。说起理由他充足，声声重质不重量。"在这种冷酷的态度之下，大众的教育是被牺牲了。我们要求大众都能享受粗菜淡饭的教育权。质量与数量是分不开的。我们站在大众的立场上说话，是要在数量上谋质量之纯粹，不在数量外求质量之改进。我们在要求人人都能享受粗菜淡饭的教育的时候，立刻必得要求这粗菜淡饭里没有一粒的泥沙，而有丰富的糠精和维他命。

攻破实验关

"实验"这两个字于今是时髦极了。实验县、实验乡、实验区都应时出现。普及教育是一个时髦的东西。一到了所谓"科学的教育家"之手，也得来它一个实验。他们把普及教育分成两半：义务教育和民众教育。于是东来一个普及义务教育实验区，西来一个普及民众教育实验区。他们的意思是：教育不可轻易普及，你必得在一个小的地方先行实验，有了成效，才好推广。比如现在最时髦的营养学是研究"维他命"。这些教育家好像是对大众说："你们慢一点吃，连那粗菜淡饭都不可随便吃，必得让我把那里的'维他命'研究好了，你们才好吃午饭，不然，肚子是会吃坏的。"如果大众听从这位卫生家的话，慢慢地等他把"青菜豆腐"里的"维他命"研究好才有勇气吃午饭，那么，午饭上桌，大众是早已进了棺材了。实验，实验，我们如不戳破它，普及教育运动是必得被它耽误。"实验"即"迟延"，我们必得留心这个冒充的科学鬼。

攻破城乡关

一般热心普及教育的人们都不假思索地说，我们先从城里做起，渐渐地推广到乡下去。他们好像是说："乡下人！你们不要急。等我们城里人吃好了，渐渐地会送饭来给你们吃。"中国乡下人的教育便是这样耽误了几十年。我们不能再忍耐。戳穿这种空头支票，城里、乡下的普及教育运动要同时一齐干。

攻破划一关

中国教育官欢喜划一，因为划一很便当。但是事实上不许他这样办。不许他这样办而他偏要这样办，相持好久，渐渐觉悟过来，又悔当初白费心血。心血白费事小，民族的青春被他耽误了。当初连南方与北方的寒暑假都是划一的，岂不可笑。现在还有人在那里做梦：全国教育一定要用汉字去普及，甚而至于蒙古教育要用汉字去普及，西藏教育要用汉字去普及。这真是俟河之清，人寿几何。醒醒吧！运用各民族自有的大众语及文字符号去普及现代生活教育是最快的方法。因为教师现成的多，要省掉许多麻烦。这样一来，也能免除民族间的成见猜疑，更能鼓舞各民族自动普及教育的兴趣，进步自可敏捷。

攻破会考关

自从会考的号令下了之后，中国传统教育界是展开了许多幕的滑稽的悲剧。

学生是学会考，教员是教人会考，学校是变了会考筹备处。会考所要的，必须教。会考所不要的，不必教，必不教。于是唱歌不教了，图画不教了，体操不教了，家事不教了，农艺不教了，工艺不教了，科学试验不教了，所谓课内课外的活动都不教了。所要教的只是书，只是考的书，只是会考指南！教育等于读书，读书等于赶考。

拼命地赶啊！赶到毛厕里去开夜车。会考的书呆子会告诉你说："不闻臭中臭，难为人上人。"

赶了一考又一考。毕业考过了，接着就是会考。会考过了，接着就是升学考。一连三个考赶下来，是会把肉儿赶跑了，把血色赶跑了，有些是把性命赶跑了。最可痛恨的是把小先生赶跑，把大众的教育赶跑了。

四川卢作孚先生在北碚用八百青年天天干新知识广播，这是值得称赞的一件事。我说这八百青年有民生公司的工作，故可顺带干这教育工作，别处似乎难以普遍仿效。何不用小先生？卢先生告诉我，四川小学生要会考，想做小先生而不可能。如要提倡小先生，必得打倒会考。我们要停止这毁灭生活力之文字会考，发动一个培养生活力之创造的考成。创造的考成所要考的是生活的实质，不是纸上的空谈。荒山种了多少树？水井开了几口？公路造了几丈？种植改良了多少？副业增加了多少？病痛减少了多少？体力增加了多少？即知即传人的小先生、传递先生有多少？少爷、小姐、书呆子有多少是成了为大众服务的人？团结抵抗强暴的力量增加了多少？有多少人是得了追求现代智识的钥匙？

攻破偏枯关

有钱、有闲、有面子，才有书念。中国的教育雨不落在劳苦人的田园里。中国的教育雨专落在大都会的游泳池里给少爷小姐游水玩。中国的教育雨不肯落到乡下去灌溉农人所种的五谷。中国的教育雨不肯落到边远的地带去滋长时代落伍的人民的文化。即使偶然顺着风势落它一阵，也是小雨，不能止渴。要救这偏枯是在损有余以补不足。中央要补助边疆及穷省，省要补助穷县，县要补助穷乡、穷村。遗产税与庚子赔款是这种补助最好的来源。补助也不限于金钱，人才与材料计划是要同时并进。

攻破多生关

中国人生得多死得多。根据乔启明君四省十一乡村二万余人之调查，平均人口生产为千分之四十二点二，死亡率为千分之二十七点九。依通俗之四万万总数计算，每年要生一千六百八十万，要死去一千一百五十万，两抵增加人口五百三十万。以全国论，灾荒淘汰、互相残杀是在大批地进行，实际的增加数怕是没有这许多。依照老法子，每年只增加几十万学生，而人口之增加倒超过十倍之数，那是一万年教育也不会普及。就是用我们提议的新法去普及教育，这过分的人口增加也得要统制。一、民族须有一永久人口升降委员会之组织，随时调查耕地面积之消长，生产技术之效能，生活程度之高下，容纳人口出路之多少，以改定人口升降之比例公布全国，共同遵守。二、研究一个铜板的避妊法，使全民族都够得上实行。三、教男子满二十五岁，女子满二十岁始可结婚，结婚后服务五年可生第一子，俟第一子入小学可生第二子，以二子为限（子为男子、女子之通称）。一胎生二子或三子者以一胎为限。人口稀少之地带，由人口升降委员会颁布特殊条例。

攻破守旧关

守旧的头脑是一切进步的大障碍。这旧的里面有许多是骗人的迷信，尤其害人。黑漆一团的头脑要用科学之光来轰动他，叫他起一种变化，向进步方向去思想。电影、无线电话是两种最重要的工具，我们要普遍地运用它们来改造我们的头脑。

攻破自由关

我有我的自由，谁能干涉？我高兴就读书，不高兴就不读。我高兴就教教人，不高兴就不教。这种过分的个人自由是必得统制。中华民国要个个国民学成一个现代人，任何人拒绝现代化便是危害民国，必须受法律的处分。有知识的人必须纳知识税，拿自己已得的知识去教人，不肯教人的人不配受教育。既受教育而不肯教人的以抗税论罪。

攻破不平关

纳税的人得不到教育，拿穷人的血汗钱培养富人的少爷小姐，这是多么不平的一件事啊！婆婆不许媳妇上学，老板不许伙计读书，司务不许徒弟看报，工厂经理不许工人求知识，这又是多么不平的现象啊！攻破这个难关要三路包围：一是用小先生把知识输送到不能进学校的穷孩子的队伍里去；二是立定妨害进步罪，使一切妨害别人求学的人都受法律的制裁；三是一致奋斗，要求教育经费之确定与教育权利享受之普及，以实现教育机会之平等。

攻破天命关

中国人是听天由命的，算命先生是整个中华民国之军师。蝗虫飞来，都说是神虫，捕灭的人要受天罚。大水来到，都说是天公发洪收人，不想法子治河。因此，大难临头，是没有自信心与它抵抗，连抵抗的念头都不敢起。普及教育者必须攻破天命，唤起人定胜天的自信力。我们所要普及的是创造的人生观。教育界里的人是一样的信天命。他们说：这样穷的国家，教育怎能普及？大众也是只怪自己没有福气读书，命里注定是目不识丁。只要存着这样一个念头，教育就永远不会普及。我们也只须把念头一转，抱着一个人定胜天的人生观，向前创造，现代教育就自然而然地普及出去了。

小先生普及教育之前途

小先生之怀胎是在十一年前。难产啊！到了二十三年一月二十八日才出世。奇怪得很，他一出世便是一个英勇的战士。在这十一个月当中，他已经攻进了二十三省市。现在全县已经开始普遍采用小先生的有湖北的江陵、浙江的郓县。安徽教育厅长首先承认小先生为全省普及教育之要图。大上海一带包括特别市、俞塘、高桥、公共租界、法租界、山海工学团已有小先生万余人。上海特别市教育局在二十四年春天要总动员从事普及教育运动。宜兴之西桥最进步，没有一个小学生不做小先生。别的地方，如晓庄之佘儿岗，无锡之河埒口，淮安之新安，歙县之王充，山东之邹平、泰山，河北之南开、定县，山西之舜帝庙，广东之百侯，河南之百泉、洛阳、开封，都已有了昭著的成效。现在是分三路进行：一、由人民自动组织全国普及教育助成会及普及教育五人团，辅助各地推动普及教育。二、起草全国普及生活教育方案，向中央政府建议，以推进全国普及教育运动。三、起草妨害进步罪，向立法院建议列入刑法，以扫除普及教育之障碍。若这三件事能于三个月内完成，则中国普及教育可以在二年之内树立一坚强之基础，以助成中华民国与大同世界之创造。

原载 1935 年 3 月 1 日至 4 月 1 日《生活教育》第 2 卷第 1—3 期

怎样做小先生

一 为什么要做小先生

为什么要做小先生？做小先生有什么意义？这是每一个小学生或识字小孩都应该问的问题。我们为什么得了知识就应该传给别人？

我要问你：你怎么可以进学校？因为有你的父母为你出学费，并且给你饭吃。

你的父母都识字吗？他们都得了你所得到的知识吗？如果他们没有接受现代教育的机会，你也应该尽你的责任分点给他们吗？有些学生受了父母的栽培，连一封信也不写回去。等到放假回家，不是嫌父母无知便是嫌家里不卫生。他从不耐烦把他所得的知识去向父母说明。假使你有几个兄弟姊妹，你可知道为什么只有你一个人上学？钱不够。你的兄弟姊妹就不想长进吗？你既进了学校，若不引导他们共同长进，你觉得心安吗？

再进一步说：你的学堂是谁办的？假如说是政府办的，政府的钱又从哪里来的呢？不消说得，关税哪，盐税哪，田税哪……出口货的关税是每一个生产者都出了钱。进口货的关税是每一个消费者都出了钱。盐是人人都要吃，即是人人都出了钱。田税是地主从地租中划出一部分所纳，地租是出于每一个农人之劳动力。现在开办学校之钱是人人所出，而教育只有很少数的人享受。多数的人只是"出钱给人读死书，自己一个大字也不识"。劳苦大众既然出了钱，使你上学的学堂可以开办成功，你就应当负起责任，把你所学得的知识提取精华，教给劳苦大众和他们的小孩。这是每一个小先生所要明白的根本意义。死读书而不肯教人的学生，显然是一个忘恩负义的守知奴。

二 找学生

小先生的第一件工作就是找学生。"找学生"便是上第一课。这是你和你的学生初次见面，连说话都不可以随便。因为第一个行动是有力量决定以后的行动的方向。你对于每一句想说的话都应该预先想一想："这句话应该说吗？我为什么要这样说？"我知道你是很心急的，要赶快地找到学生。有时你想用种种方法把你所要找的人说服。但是心急的时候，很容易说错话。当你遇着一群失学的孩子的时候，你会把古时候苦孩子读书的故事讲给他们听。临了，你会引一两句成语劝他说："吃得苦中苦，方为人上人。"你可曾把这两句话的意思想过没有？我是听得太多了。不懂事的大先生老是用这种话来勉励小先生，不用头脑的小先生也是照样画葫芦的拿这种话哄骗别的孩子。我们吃苦的目的，就是要做"人上人"吗？我们用功的目的就是要求个人升官发财吗？为什么要读书？读了书就应该把自己的脚站在别人的头上吗？我有一位朋友，把这两句话改成："吃得苦中苦，不为人上人。"我觉得这位朋友所改的语气有些消极，又把它改成："吃得苦上苦，方为人中人。"公平的世界里只有人中人，不该有"人上人"和"人下人"。无论怎样改法，你都觉得不便拿它来做那劝学的招牌了。其实，你是用不着这种哄人的糖果。如果你所教的是有趣而又有用的书，倘使没有人阻止，谁都愿意学。你可以说："这本书有趣得很，也有用。你若愿意读，我可以教你，试试看吧。""读了书，可以看报，写信，明白事理。"这种平常的话，是比花言巧语好得多。只要你的心是热的，总有一天能感动人。倘若你不择手段，拿虚荣来鼓励人求学，将见他学成之日，便是你的教育完全失败之日，那真是白费心血了。你若嫌我说的那几句话太平凡，而愿意想出更有力的话来代替，我当然高兴。但是，我希望你必须想一想："这句话应该说吗？我为什么要这样说？没有更好的话可说吗？"

三 课本要不要

普及初步教育离不开文字。文字是什么？该怎样教？我们必须弄明白，才不致走入歧路。

文字是生活的符号。它必须与民众的生活打成一片，才能发生效力。我们要想鼓起民众读书的兴趣，必须拿他们生活所需要的文字来教。但这种生活需要有经常的，也有临时的；有共同的，也有个别的。经常共同需要的文字，可以编成课本。个别需要的文字，可以编成补充材料，以适应一地方、一职业或任何之特殊生活。临时需要的文字是要靠教者之灵敏，抓住当前的机会指导民众。

普及文字教育，最好是要采用一种最为适合民众经常共同需要之课本，以便每天求进，否则怕要间断。实际上，失学民众是欢迎课本。没有课本是不易维持继续求进的兴趣。这是当然的啰，你请客吃饭是必须用碗盛呀，课本便是用碗端来的饭，吃起来很便当，否则一粒粒地散在桌上，是多么的难吃呵。

课本虽是需要，但教人的人不可死靠课本，他必定要运用补充材料及临时材料，以适应特殊及当前生活之需要。

四　识字呢，读文呢

识字运动每每引起人的误解。字是应当识的，但不是为识字而识字，而且字也不是单靠一个个地分开去认识。例如《老少通千字课》内的第二课：

> 起得早，
> 睡得早，
> 省油省灯草。

一共有"起，得，早，睡，省，油，灯，草"八个字。如果只拿这八个字一个个地分开来教，谁也不高兴学。即使认得了，也是不大会用。所以单单教人识字，一定要令人望而生畏，引不起民众自动读书的兴趣。倘若换个法子，先教民众学生把课文读一遍，他耳朵听懂了整课的意义，觉得有趣，你再把一个个生字分开来教他，他就高兴学了。最后再把课文教他读几遍，是文也会读了，字也会认了，那是多么有趣啊。你再教他写，教他用，等到会用这些字，才算真的认识这些字。一课的生字很少，固然不容易教人运用，但是几课、几十课的生字就能千变万化地运用起来。有时一课教了之后，就拿课内有限的字来运用。例如，教他把本课里的字随便凑成一句话。如果他把"早起早睡"四个字联了起来，就是很会运用了。我们必须教他用字写文，才算是真正达到识字的目的。

五　活动材料

小先生起初教人识字读书，必须借重课本，才能引人继续不断地上进。这个道理我在前面已经说了一个大概。但是课本有固定的，有活动的，我们不能把它看呆了。除了固定的课本之外，小先生必须抓住眼前的机会，运用活动的材料教人。什么是活动的材料呢？比如，一个人拿了一张钞票付你妈妈的工钱。这时，你妈妈的心里所急于要知道的有几件事：这钞票当真是五元呢，还是一元；是本地通用的呢，还是本地不通用的；发钞票的银行是有信用的呢，还是将要倒闭的？好，这张钞票便是一张顶好的活动材料，一位灵敏的小先生，决不把这个机会放过。他必定要把钞票上的数目字、地名、银行名指给妈妈看。这样指点一回、两回、三回……妈妈不久就会认识了。这种活动的材料多着啊：发票、收条、门牌号数、来往的信都是顶自然的活动课本。又比如，你的婆婆要到一个陌生的地方去，你给她开一个详细的路线，那路线乃是最能令人注意的活动材料。有时不识字的人自己说了几句很精彩的话，你把它写出来教他读，她是顶有兴趣了。一次，丁光生小先生教妹妹画画，他的不识字的父亲，也要了一张纸去画了一只菱角和一只乌龟。丁光生问爸爸为什么把这两样东西画在一块儿。他的爸爸说："菱角怕乌龟，乌龟欢喜吃菱角。"这两句话是多么有趣味啊。后来丁光生把这件事告诉我，我向他提议，把这两句话写出来，教他的父亲读，读会了再教他写，写在画上。这张画现在是在我的小小陈列所里，这是小先生抓住当前机会教人的一个好例子。

六 留声机与无线电

小先生还有几个机会要抓住。当你在乡下开留声机的时候，你总是看见一群一群的人跑到你的面前，把个留声机紧紧地包围住。是的，蜜蜂见了蜜园，哪有不拥来的道理？中国的民众是欢喜听曲，不懂也高兴听，如果懂得里面的意思，那就更加高兴听了。你晓得现在的唱片都附有一张美丽的歌词。聪明的小先生必定是抓住这个机会，不肯放手。他要把这张歌词，写在黑板上，或用复写纸写几张，或用油印印起来，或叫各人分头预先传抄，教大家读，读会了再开唱片。这样一来，听众不但是增加了听曲的兴趣，而且多识一些字，并感觉识字之需要了。无线电播音也要同样地把报纸上发表的词曲拿来教人。比如，我们每逢星期三就要换一首歌接连广播一星期，歌词在星期二的《新夜报》上发表，就是希望小先生预先把歌词教人。等到次日播音的时候，听者便能一面温习歌词，一面格外听得高兴，不久就可以把这首歌学会了。这样小先生和留声机或无线电是联合起来做了民众的一位音乐和国语教师了。

七　图画书之功用

民众欢喜看图画，你只要走到街头巷角的书摊旁边看看就知道了。那些连环图画把民众的心灵都吸收去了，连小学生都把这些书租去看，每一个小先生都应当想法子多找一些图画书去指导学生。你要想多得学生，并且教你的学生高兴看书，把书看上瘾，必须借重图画。

一天晚上，我到北孙宅去参观农人开会。我想，应该送点什么礼物去呢？匆匆忙忙的我就把《良友画报》《大众画报》《时代画报》《现代画报》每样买了一本，带去送他们，希望第二天教师指导他们看。哪里晓得几十位农友当晚就要看，一直看到十二点钟也不觉疲倦。可见得图画书吸引力量之伟大。

你必定要用图画来抓住你的学生。假使没有钱买图画书，可以向朋友借。若无处可借，还有一个经济的办法，可以自做图画书。你预备一本白报纸装订的簿子，把每天日报上的好图画剪下来，贴在簿上。有标题的连标题一起剪贴。无标题的可以补写上去。一个月干下来，你就知道这本图画簿是多么得力的一个助手。你若将图画簿照西洋信纸簿一样订，订的一端在上，活页垂下，图画直贴，你可以将订的一端挂在壁上，把图画一张一张地翻给学生看，更觉便利。不久，你可以教你的学生也干起来。每人得到不同的报，便可造成各种的图画书，那是多么丰富的收获啊！老太太们想把旧报换钱，你请她先让你剪下图画再卖。只这一办法，我们每年就可以得到许许多多民众图画书。

八　知道什么教什么

小先生教的什么？你能教什么就教什么。你知道什么就教什么。有的人以为小先生只会教人识字，这是一个错误。有的小先生虽然也会拿别的重要东西教人，也是单单教人识字，更是可惜。你要明白除了教人认字之外，你还有别的本领。你虽然不会干孙悟空的七十二变，但是七变八变，你是干得来的。

中国人害冤枉病的多着咧。每年死于痨病、天花、霍乱、伤寒、疟疾的总有几百万。小先生能帮助人避免这些病痛。你一学会了预防的方法，就可以告诉别人照样去干。要想避免肺病，必须享有新鲜空气、充分阳光、适当休息、滋养食物，并且不与有肺病者之咳嗽喷嚏接近。已经得了肺病的人，除了上面几点应该注意之外，还要火化痰涕，并不向人咳嗽喷嚏。小学生知道了这些办法之后，不但自己要实行，并且要逢人说明。种了牛痘，三年之内便不致于出天花。打了霍乱伤寒混合防疫针，一年之内便不致于害霍乱伤寒。组织灭蚊队导去死水，肃清痰盂、水缸、阴沟及一切死水里的孑孓和蚊卵，并在池塘里养育专吃孑孓之鱼类，则疟蚊便不能发生。小学生知道了这些道理之后，一方面要自己实行，一方面要向人宣传，一方面应当群策群力的，还要联合大家共同进行。你如果这样做，便成了卫生小先生了。

学过科学的小朋友该晓得月亮自己不会发光，要太阳光照在月亮上才看得见月亮。"月蚀"是地球走到月亮与太阳中间，把太阳光挡住，因此月亮就好像被一个无形的东西吞了下去。等到地球渐渐移开，月亮才渐渐出现，又好像被那个东西吐了出来。无知识的人就说是天狗吃月亮。中国人迷信月亮是保佑他们的。月亮今天遇难，他们必须救月亮；将来他们遇难，月亮也会救他们。所以大家放爆竹，把天狗吓跑。等到月亮重新出来，他们欢喜的了不得，以为是他们放爆竹的功劳。依我的估计，每次"月蚀"，全国至少是要花费二百万块钱。小朋友听了"月蚀"的演讲，还得做一个小实验。你用一支蜡烛当作太阳放在左边，叫一个人站在中间，把他的头当作地球，另叫一个人站在右边，把他的头当作月亮。这两个人的头要摆得一样高低，站在中间的头把烛光遮住，右边的人的头上照不着光，这便代表了"月蚀"的现象。只要中间的人移动，右边的人的头上就有了光。所有蚀前、初蚀、蚀后种种现象都可以一一表演。你这样做给别人看，讲给别人听，便成了一位科学小先生。如果全国的小先生会玩这套把戏，每次月蚀，中国可省去二百万元。

小先生能够干的事多着咧。上面所写的不过是举了几个例子。你能教什么就教什么。你知道什么就教什么。不知道的和不能教的，当然是不应该教。

九　教人的时间

小学生一面求学一面教人，时间够他分配吗？时间若不敷分配，身体不要受害吗？有些人是在怀疑小学生没有工夫做小先生。最可惜的是他们不想法解决问题。笼统地抱了一个时间不够的成见，便把小先生运动耽误了。

这也难怪。有些热心普及教育的人是太热心了，做得过火了。他们恨不得要把不识字的民众一口气教好。他们每天让小先生一连教两三个钟头。这样一来，小先生不但是耽误了自己的功课，而且把身体也弄得精疲力倦。别人看见这种现象，以为做小先生非如此不可，便不敢轻于提倡。甚至于以这种事实为凭，随嘴反对小先生。

其实，做小先生并不要花这么多的时间。我从起初一直到现在，只希望学生们每天费半小时教人。只要天天不间断，连十分钟、二十分钟也是好的。我诚恳地劝告小先生，每天教人不要超过半小时。若费时太多，恐怕难以持久。每天教人半小时，是于人有益无损，于自己也有益无损。这样才能活到老，学到老，教到老，不致半途而废。

十　不要摆架子

你找到了学生，就得把他留住。如果今天找着，明天失掉，那不是白费心血吗？是啊，你得想一想：有什么事情得罪了你的学生？

我知道有些小先生欢喜摆架子，摆成一个先生的架子。这种臭架子会把学生赶跑了。我记得有一个小先生找到了两个学生：一个是他的表姐，另一个是他的父亲。他在头一天上课的时候，就摆起架子来。他对他的父亲说："我叫您念一课的时候，您应该站起来。因为这是学堂里上课的规矩。"

他的父亲居然就站起来念。这是一幕有趣的滑稽把戏，幸而这位父亲脾气好，照着儿子先生的话行。若是遇着第二三个，这位小先生就要讨没趣。还有一位小先生，起初找到了四个学生。他一上课就摆起威风来。他要学生们向他鞠躬。他要学生们服从他的命令。他弄了一根棍子做教鞭，耀武扬威地在学生们头上巡礼，架子十足！结果呢？他的学生都跟了别的小先生跑了，把自己变成一只没人理睬的孤鸦。

其实，我们不能瞎怪这些小先生。他们是有来历。这些臭架子没有一样不是从大先生那里学来的。所以与其怪小先生，还不如怪大先生。

前进的大先生，是没有这些架子了。他们把学生当作朋友看待。在新兴的学校里，我们到处可以听见"小朋友"的称呼。运用朋友的关系，彼此自由交换学识，是比摆架子好得多，你要了解学生的问题，体谅学生的困难，处处都显出你愿意帮助学生求学而没有一丝一毫的不耐烦，这样才够得上做朋友，才够得上做小先生。

十一　虚心求学

小先生必须用功求学，才能教人。自己不长进，决不能做小先生。我所写的"小先生歌"里有一首是注重这个教学相长的关系。

> 我是小先生，
>
> 这样指导学生：
>
> 学会赶快去教人，
>
> 教了又来做学生。

我们要继续不断地学，才能继续不断地教。孔子说的"学而不厌，诲人不倦"是要连起来看，不可分作两句读。我们要"学而不厌"，才能"诲人不倦"。

其次，因为要教人，就不得不把所教的知识弄明白。一个负责任的小先生是"以教人者教己"。他所学的比一个普通的学生要正确得多。他不但是要明白这一课的意义，并且是要想法把他所明白的也叫别人明白。一个有准备的小先生对于所教的功课是有双层的了解，即对于学得的益处是有双倍的深刻。

最后，你还要跟你的学生学。你要知道你的学生需要什么，才教他什么。这个，你必得虚心请教你的学生，才能知道。你决不可凭着你的主观去教人。你还得明白你所找到的成人学生，白米比你多吃几担，必定有许多东西可以教你。你既虚心地请教他，他也会虚心地请教你。最好的教育是有来有往。老是靠你一方面讲话，你不变成了一个话匣子吗？你不但要忘记他是你的学生，并且要叫他忘记你是他的先生，这样，你才能做到一个进步的小先生。

十二　教你的学生也做小先生

小学生不但要自己做小先生，并且要教别的小孩做小先生，最要紧的是要教自己的学生做小先生。

我们的目的不是要得一个小先生的头衔，乃是要运用"即知即传"的原则，把知识公开给没有机会受教育的人。你既尽了义务教导别的人，如果他没有得着你的"即知即传"的精神，并且把这种精神实行出去，还是空的。他或者是为着升官发财来向你求学。这种自私自利的人是不配受教育。假使小先生所教的学生都是自私自利的人，而不肯再把知识传出去，那么，做小先生又有什么意义呢？古时候，苦读书的人多着咧。车胤把萤火虫装在纱囊里照着读书；孙康把书映在雪上读；朱买臣一面挑柴一面读书；李密把书挂在牛角上，有空便读。这些都是苦读书的例子。但是问他们为什么要这样苦读，就很少不是自私自利的。特别是朱买臣，他苦读书只是想做官，想做人上人。如此小先生所教的学生，都像朱买臣那样自私自利，不是白费心血吗？

因此，小先生上了几天的课之后就得说明白：我尽义务教你们，你们也要尽义务教别人，不肯尽义务教别人的人，是不配受教育。你不久就得开始教你的学生去找学生，还要教他如何克服他所碰着的钉子。总而言之，小先生的责任不单是教学生，而且是教学生做小先生和传递先生。

十三　小先生团

个人的力量小，团体的力量大。一个个的小先生要组织成"小先生团"，才能发挥充分的力量。小先生团是要拿团体的力量来制裁个人的行动，它是要把每一个人的力量集合起来，使这力量向着共同的目标发挥出去。每一个地方有了二个以上的小先生，就应该成立小先生团，每一个小先生都应该加入小先生团。如果没有现成的小先生团，小先生们就该动手组织一个，以负起你们共同的使命。

每团要立下一个公约，人人必须遵守。全团要公举团长一人，大家都要服从他的指挥。这位团长是一团共戴的领袖，他应该依据公约，分配职务，指挥进行。他若违反公约，大家可以推倒他。但当他执行公约时候，谁都应该服从，不可吊儿郎当，各干各的。团长之外，要有书记员专司记录，监察员专司个人行动之纠正。每团须隔几天开团务会议一次，商议进行计划，解决困难问题，批判本身错误。

这种团体是必要的。一来，我们最缺少的是集团生活。小先生为前进的小孩，必须过一过集团的生活，才能依据即知即传的原则，引导别人去过同样的生活。二来，小先生在社会上活动的时候，必定是会遇着许多问题，碰着许多钉子，有的要共同讨论才能了解，有的要共同行动才会解决。三来，普及教育的工作，根本就不是散漫的个人所能干得好，必须有千千万万的即知即传的集团，才能冲锋陷阵，攻破那愚昧顽固的阵线。因此小先生不要专靠个人的力量干，要联合大家的力量干。小先生必须组织小先生团。

俗语说："一个和尚挑水吃，两个和尚抬水吃，三个和尚没得水吃。"和尚多了一个，水反少一桶，这都是个人自由捣的鬼。若有组织，把个人自由镇压下去，人越多力量越大。小先生必得把个人自由献给团体。你必定把领袖欲连根拔掉。你必不可以借团体来出风头。你不可以假公济私，揩公家的油。你若发现人家有错误，当面劝告他，或彼此来它一个自我批判，不可背后说人坏话，抱着大目的前进。闹意气是不长进。这些是每人都得努力修养。否则，小先生团是可以今天成立，明天破裂。那不是一桩最可惜的事吗？我新近写了一首歌谣，愿献给小先生团做参考。

　　你说他不好。

　　他说你不好。

　　地上长茅草。

　　不打而自倒。

十四　一变二

　　小先生团结了起来，便可以攻进"愚蠢"的王国，解除"迷信"的武装，发出"真理"的光辉。

　　但是跑进一个人地生疏的村庄里去干普及教育工作，也不是一桩容易的事。你们虽然说得天花乱坠，若是人家不睬你们这些素不相识的小孩，你们也要觉得没趣吧？你们不可以仗着"团的力量"蛮干。小先生团必得有新武器才能百战百胜，你们若是跑到一个陌生的地方去工作，下面所提的几件东西可以带去试一试：

　　（一）手提留声机一架与几张民众爱听的唱片；

　　（二）小药库一个与几种民众急需的药品；

　　（三）图画书数十册；

（四）小皮球几个。

这些东西可以说是普及教育的"四大法宝"。拿着这四大法宝，小先生团如果认真地干，那么，每到一个地方，必是势如破竹。倘使小先生团里有人会唱歌，会讲故事，留声机就可以不带。如果把这四大法宝运用得好，只须两三天，你们在当地就可以得着许许多多朋友。进一步，再教他们自己组织起来，依着即知即传人的道理教导自己。你们还要运用访问、通信、总集合、巡回辅导、流通图书、互相参观等等方式与他们发生不断的关系。这样一来，小先生团就可以一变二、二变四、四变八的繁殖出去，对于普及教育，自有很大的贡献。

十五　钉住你的学生，也让你的学生钉住你

最后，做小先生要有恒心，虎头蛇尾是没有出息。"即知即传"是一个终身的工作。你不能把你的学生教了几天或几个月就把他丢掉。

比如，你在小学里求学的时候找到了两位学生：一位是你的妈妈，另一位是邻居的守牛小孩，天天把小学里学得的重要知识传给他们，他们就好像是和你一起进了小学。你虽然每天只能教他们半小时，但继续学了四年、六年，他们对于文字方面，最少是能看信了。等到你进了中学，你就可以用通信的方法，把你在中学里所学的知识，随时提取精华教给他们。寒假、暑假回家，你还可以当面教导他们。他们对于不懂的事情，也可以随时写信问你。这样，他们就好比是进了中学。当你进了大学，如果继续

地和他们通信，那么，他们也就可以算是进了大学，只要你不会忘记他们，他们是和你一同长进。这种终身共同长进的关系，是人类的一种宝贵的关系。在这种宝贵的关系里，我们可以看出小先生应该努力的方针。给人一点儿知识之后就把他丢掉，是一种轻薄的行为。五分钟热心是可耻的。

你要钉住你的学生，也让你的学生钉住你。

原载 1935 年 5 月 14 日至 8 月 20 日《晨报·普教周刊》

生活教育之特质

您如果看过"狸猫换太子"那出戏，一定还记得它里面有一件最有趣的事情，就是出现了两个包龙图：一个是真的，还有一个是假的。我们仔细想想，是越想越觉得有趣味了。世界上无论什么事，都好像是有两个包龙图。就拿教育来说吧，您立刻可以看出两种不同的教育：一种叫做传统教育；另一种叫做生活教育。又拿生活教育来说吧，您又可以发现两种不同的说法：一种主张"教育即生活"，另一种是主张"生活即教育"。我现在想把生活教育的特质指出来，目的不但要使大家知道生活教育与传统教育之不同，并且要使大家知道把假的生活教育和真的生活教育分别出来。

（一）**生活的**　生活教育第一个特点是生活的。传统的学校要收学费，要有闲空工夫去学，要有名人阔老介绍才能进去。有钱、有闲、有面子，才有书念，那么无钱、无闲、无面子的人又怎么办呢？听天由命吗？等待黄金时代从天空落下来吗？不！我们要从生活的斗争里钻出真理来。我们钻进去越深，越觉得生活的变化便是教育的变化。生活与生活一磨擦便立刻起教育的作用。磨擦者与被磨擦者都起了变化，便都受了教育。有人说：这是"生活"与"教育"的对立，便是"生活"与"教育"的磨擦。我以为教育只是生活反映出来的影子，不能有磨擦的作用。比如一块石头从山上滚下来，碰着一块石头，就立刻发出火花，倘若它只碰着一块石头的影子，那是不会发出火花的。说得正确些，是受过某种教育的生活与没有受过某种教育的生活，磨擦起来，便发出生活的火花，即教育的火花，发出生活的变化，即教育的变化。

（二）**行动的** 生活与生活磨擦，便包含了行动的主导地位。如果行动不在生活中取得主导的地位，那么，传统教育者就可以拿"读书的生活便是读书的教育"来做他们掩护的盾牌了。行动既是主导的生活，那么，只有"为行动而读书，在行动上读书"才可说得通。我们还得追本推源地问：书是从哪里来的？书里的真知识是从哪里来的？我们是毫不退疑地回答说；"行是知之始""即行即知"，书和书中的知识都是著书人从行动中得来的。我要声明著书人和注书人、抄书人是有分别。人类和个人的知识的妈妈都是行动。行动产生理论，发展理论。行动所产生发展的理论，还是为的要指导行动引着整个生活冲入更高的境界。为了争取生活之满足与存在，这行动必须是有理论、有组织、有计划的战斗的行动。

（三）**大众的** 少爷小姐有的是钱，大可以为读书而读书，这叫做小众教育。大众只可以在生活里找教育，为生活而教育。当大众没有解放之前，生活斗争是大众唯一的教育。并且孤立的去干生活教育是不可能的，大众要联合起来才有生活可过；即要联合起来，才有教育可受。从真正的生活教育看来，大众都是先生。大众都是同学，大众都是学生。教学做合一，即知即传是大众的生活法，即是大众的教育法。总说一句，生活教育是大众的教育，大众自己办的教育，大众为生活解放而办的教育。

（四）前进的　有人说，生活既是教育，那么，自古以来，便有生活即有教育，又何必要我们去办教育呢？他这句话，分析是对的，断语是错的。我们承认自古以来便有生活即有教育。但同在一个社会里，有的人是过着前进的生活，有的人是过着落后的生活。我们要用前进的生活来引导落后的生活，要大家一起来过前进的生活，受前进的教育。前进的意识要通过生活才算是教人真正的向前去。

（五）世界的　课堂里既不许生活进去，又收不下广大的大众，又不许人动一动，又只许人向后退不许人向前进，那么，我们只好承认社会是我们的唯一的学校了。马路、弄堂、乡村、工厂、店铺、监牢、战场，凡是生活的场所，都是我们教育自己的场所，那么，我们所失掉的是鸟笼，而所得的倒是伟大无比的森林了。为着要过有意义的生活，我们的生活力是必然地冲开校门，冲开村门，冲开城门，冲开国门，冲开无论什么自私自利的人所造的铁门。所以，整个的中华民国和整个的世界，才是我们真正的学校咧。

（六）有历史联系的　这里应该从两方面来说。第一，人类从几千年生活斗争中所得到，而留下来的宝贵的历史教训，我们必须用选择的态度来接受。但是我们要留心，千万不可为读历史而读历史。我们必须把历史的教训和个人或集团的生活联系起来。历史教训必须通过现生活，从现生活中滤下来，才有指导生活的作用。这样经生活滤过的历史教训，可以使我们的生活倍上加倍地丰富起来。倘使一个人停留在自我或少数同伴的生活上，而拒绝广大人类的历史教训，那便是懒惰不长进，跌在狭义的经验论的泥沟里，甘心情愿地做一只小泥鳅。第二，中国已经到了生死关头，争取大众解放的生活教育，自有它应负的历史的使命。为着要争取大众解放，它必须争取中华民族的解放；为着要争取中华民族的解放，它必须教育大众联合起来解决国难。因此，推进大众文化以保卫中华民国领土主权之完整，而争取中华民族之自由平等，是成了每一个生活教育同志当前所不可推卸的天职了。

原载 1936 年 3 月 16 日《生活教育》第 3 卷第 2 期

中国大众教育问题

一　中国大众教育概论

为什么要大众教育？

中国是遇着空前的国难。这严重的国难，小众已经解决不了，大众必得起来担负救国的责任而中国才可以救。我们的"友邦"要取得辽宁的铁、山西的煤、吉林的森林、华北的棉田、福建的根据地以及全国的富源，并不是安分守己地做一个富家翁享享福就算了事。他是要叫我们四万万五千万人做亡国奴——做他的奴隶。做奴隶当然是不会舒服的，除了为他种田做工之外，还得为他当兵，做他进攻别人的肉炮弹。只须大众觉悟起来，不愿做亡国奴，与其拿生命来做敌人的肉炮弹，不如拿生命来争取整个民族的自由平等，我们的国难就必然地解决了。但是中国的大众受了小众的压迫剥削，从来没有时间、金钱、机会去把自己和民族的问题彻底地想通。加上了几千年的麻醉作用，他们遇到灾难，会武断地说是命该如此。我们要一种正确的教育来引导大众去冲破命定地迷信，揭开麻醉的面具，找出灾难的线索，感觉本身力量的伟大，以粉碎敌人之侵略阴谋，把一个垂危的祖国变成一个自由平等的乐土。

大众教育是什么？

大众教育是大众自己的教育，是大众自己办的教育，是为大众谋福利除痛苦的教育（The new mass education means an education of the mass，by the mass and for the mass）。这种教育和小众教育固然大不相同，即和小众代大众办的所谓民众教育、平民教育也是根本矛盾。大众教育是要教大众觉悟。只是教大众生产、生产、生产，长得肥一点，好叫小众多多宰割的教育不是大众教育。大众教育是对大众讲真话。专对大众说谎的教育是骗子教育，而不是大众教育。大众教育对着麻醉大众的歪曲理论，是要迎头驳斥。始而装痴装聋，继而变成哑巴，终之而拜倒在当前势力下，这是帮凶教育而不是大众教育。大众教育是要教大众行动，教大家根据集体意识而行动。只教大众坐而听，不教大众起而行，或是依照小众的意思起而行，都是木头人教育而不是大众教育。大众教育是要教大众以生活为课程，以非常时期的有计划有组织的生活，做他们的非常时期的有计划有组织的课程。这非常生活，便是当前的民族解放、大众解放的生活战斗。这是大众教育的中心功课。在这里我们要指出民族解放与大众解放是一个不可分解的运动。如果大众不起来，民族解放运动决不会成功。但是如果不拼命争取民族解放，中国大众自己也难得到解放。所以大众教育只有一门大功课，这门大功课便是争取中国民族大众之解放。若只教大众关起门来认字读书，那是逃避现实的逃走教育而不是真正的大众教育。

大众教育怎样办？

依据教育部的统计，每一个小学生每年要用八元九角钱的教育费，民众学生每年要用一元八角钱的教育费。现在中国有二万万失学成人，七千万失学儿童。这二万万七千万人当然是我们大众教育的对象。照上面的费用算起来就得要十万万元才能普及初步的大众教育。这个数目不但是大众自己办不到，就是教育部，去年费尽九牛二虎之力也只筹到三百多万元的义务教育经费，对于这十万万的大众教育经费也一定是筹不出来的。因此，大众教育在现阶段一定要突破金钱关才能大规模地干出来。下面的两条原则和一个新工具是一方面可以叫大众教育突破金钱关，一方面又叫大众教育进行得更有效力、更有意义。

（一）**社会即学校**　大众教育用不着花几百万几千万来建造武汉大学那皇宫一般的校舍。工厂、农村、店铺、家庭、戏台、茶馆、军营、学校、庙宇、监牢都成了大众大学的数不清的分校。客堂、灶披、晒台、厕所、亭子间里都可以办起读书会、救国会、时事讨论会。连坟墓也可以做我们的课堂。谁能说庙行的无名英雄墓和古北口的勇士墓不是我们最好的课堂啊！

（二）**即知即传**　得到真理的人便负有传授真理的义务。不肯教人的人不配受教育。前进的知识分子当然是负着推动大众教育的使命。但是经过很短的时间，前进的大众和前进的小孩都同样地可以做起先生来，我们可以说大家都是学生，都是同学，都是不收学费的先生，在传递先生和小先生的手里，知识私有是被粉碎了，真理为公是成了我们共同的信条。

（三）**拼音新文字**　拼音新文字是大众的文字。有了新文字，大众只须花一个月、半个月的工夫，便能读书、看报、写文。初级新文字教育只需三分钱就能办成，大众教育可以不再等待慈善家的赈济。的确，文化赈济是和面包赈济一样悲惨，一样靠不住。水灾和旱灾的地方是十个人饿死九个，剩下一个人才等着一块面包，而这块不易得的面包是差不多变成酸溜溜的浆糊了。新文字！新文字！新文字是大众的文字。它要讲大众的真心话。它要写大众的心中事。认也不费事，写也不费事，学也不费事。笔头上刺刀，向前刺刺刺，刺穿平仄声，刺破方块字，要教人人都识字，创造大众的文化，提高大众的位置，完成现代第一件大事。

依据社会即学校，即知即传两条原则，拿了新文字及其他有效工具，引导大众组织起来争取中华民族大众之解放：这便是中国所需的大众教育。

二　大众的国难教育方法

（一）国难教育之目标

甲、推进大众文化。乙、争取中华民族之自由平等。丙、保卫中华民国领土与主权之完整。

（二）国难教育之对象

甲、教育大众联合起来解除国难。乙、教育知识分子将民族危机之知识向大众广播。

（三）国难教育之教师

甲、前进的大众。乙、前进的小孩。丙、前进的学生。丁、前进的教师。戊、前进的技术人员。

（四）国难教育之非常课程

有计划的非常生活便是我们有计划的非常课程。

甲、政治、经济专家之演讲讨论。乙、防卫作战技术之操练。丙、医药救护之实习。丁、交通工具运用之实习。戊、国防科学之研究。己、大众教育之研究推广。

（五）国难教育之组织

甲、成立学生救国会及学生救国会联合会以实施学生之国难教育。乙、成立教师救国会及教师救国会联合会以实施教授教师之国难教育。丙、成立各界大众救国会及各界大众救国会联合会以实施大众之国难教育。

（六）国难教育之文字工具

甲、拼音新文字，易认易写易学，应立即采取作为大众普及教育之基本工具。乙、用汉字写作时也须将它写成大众易学之大众文。

（七）国难教育之方法

在行动上取得解决国难真知识，立刻把它传给大众，使它在解决国难上发生力量。甲、推动报纸、杂志、戏剧、电影、说书人、无线电播音积极作针对民族解放之宣传。乙、变通各校功课内容，使适合于解决国难之需要。丙、运用县、市、乡现有组织及集会，宣传民族危机及解决国难的路线。丁、推动家庭、店铺组织国难讨论会、读书会。戊、开办或参加识字学校，使此种学校对解决国难发生效力。己、长途旅行，唤起民众组织起来救国。庚、必要时游行示威。

（八）从事国难教育同志应有之几点认识

甲、中国已到生死关头，我们要认识只有民族解放的实际行动才是救国的教育。为读书而读书，为教书而教书，乃是亡国的教育。乙、中国已到生死关头，只有武力抵抗才是生路。丙、根据目前的阿比西尼亚（埃塞俄比亚的旧称）抵抗意大利及历史上被压迫民族独立解放运动的经验，中国不但可以抵抗，并且可以久战，获得最后胜利。丁、中国的国难不是少数人可以挽救，我们必须教育大众共同抵抗，中国才能起死回生。戊、我们应该知道孤立不足以图存，必须联合世界弱小民族及世界上以平等待我之民族共同奋斗，才能够翻身。己、我们应该知道东北问题、华北问题，都是整个中国的问题，而不是一个地方的问题。庚、我们应该知道集会、结社、言论之自由，为表示民意、认清路线、共同行动之必要条件，我们必须拼命争取才能发挥国难教育。辛、我们应该知道，国难当头，大家都应该加倍努力以求国难之解决，故主张国难不止，决不放假，当然我们是坚决反对提前放假。壬、我们应该知道教师的责任，不仅是指导学生，而且要与学生参加救国运动，同过救国生活，共受救国教育，故我们主张教师要与学生大众共休戚，决不可袖手旁观。

三　大众的国难教育方案之特质

现在是教育与国难赛跑。我们必须叫教育追上国难，把它解决掉。但是教育这个东西能帮助解决国难也能加重国难，我们是不可以随便干的。要怎样才算是一个解决国难的教育方案？让我把它的特质指出来，你就可以知道它和别的教育方案是不同了。

（一）**它是单一的**。解决国难的教育方案只有一个目的。这个目的就是保卫中华民国领土主权之完整以争取中华民族之自由平等。一切教育设施都要以这个神圣的使命做中心。教育部新近宣布国难时期教育宗旨说：教育之生命，即民族之生命。还有人甚而至于说：我们先要救教育之生命，才能救民族之生命。前一说是把生命的源头弄颠倒了，后一说是把一个生命分成两个：一是教育的生命，二是民族的生命。我要郑重地说：教育没有独立的生命，它是以民族的生命为生命。唯有以民族的生命为生命的教育，才算是我们的教育。国难教育是要教人救民族之命，则教育之命自然而然地得救了。

（二）它是大众的。民族之命非"小众"所能救。国难教育的任务，在唤醒大众组织起来救国。教育大众是当前的国难教育之第一件大事。《大公报》二月七日的社评乃把它降到第二义，可算是颠倒是非了。北平学联会所通过之非常时期教育草案是很好的，但是《大公报》披露该案的时候，任意地把民众教育三条删掉，也是因为《大公报》是采取了一种要不得的流行的态度，不许大众救国。我们应该知道，不许大众救国的教育，乃是亡国的教育，而不是救国的教育。

（三）它是联系的。解决国难的教育方案，应该注重三种联系：一是内容的联系。一切科目活动都以解决国难为中心而取得联系。二是组织的联系。世界各团体都以救亡工作为中心而取得联系。三是历史的联系。把现在中国民族解放运动与历史的教训密切地联系起来。这样整个的中华民国是成了我们的伟大的大学校。中山大学教育研究所所拟之战时教育工作计划，很详细具体，但是单以学校为组织之中心是不够的。至于有些人想把国难教育像只小鸟儿关在课堂的小笼里，那更是自欺欺人了。

（四）它是**对流的**。比如烧水，冷水重而往下沉，热水轻而往上浮，这叫做对流。经过一些时候的对流，水就自然地沸起来了。解决国难教育的方案是必须容许上层下层的对流。领导的人总想由上而下。但是纯粹由上而下的教育，只能造成被动的群众。被动的群众是发挥不出力量来担负救亡的责任。我们必须愿意被群众领导才能领导群众。故群众对于教育必须有由下而上的自动的机会，才能把自己和领导者造成救亡的战士，而完成救亡的使命。我们应当打通领导者与被领导者中间的隔板，使他们可以对流而互相教育。若把教育分成两部分，一部分专门培养领导者，另一部分专门培养被领导者，结果必定是教领导的人脱离群众的要求，致使国难教育变成一个麻木不仁的东西。

（五）它是**行动的**。高谈阔论不能救国。只有实际的救国的行动才能把将亡的国救回来，但不能盲行盲动。我们所需要的是有理论的行动、有组织的行动、有计划的行动、有纪律的行动。所谓理论、组织、计划、纪律，又不是校长、训育主任为行政便利弄出来的那一套，乃是民族解放运动所决定的必要条件。我们要在行动上接受民族解放的理论、组织、计划、纪律。为教育而教育，不许行动的教育，乃是加重国难的教育，而不是解决国难的教育。

四　新大学——大众的大学

新大学是什么？新大学是大众的学府。

《大学》里面说："大学之道在明明德，在新民，在止于至

335

善。"这是从前的"大学之道"。新的"大学之道"就不同了。依照新的眼光看来，它是变成了"大学之道在明大德，在新大众，在止于大众之幸福"。

什么是"大德"？"大德"是大众之德。大众之德有三：一是觉悟，二是联合，三是争取解放。"明"即明白，要教大众自己明白大众之德是这样。

"新大众"是教大众自新。大众本来是可以明白"大众之德"，但为天命之说和别的迷信所麻醉，把自己弄得糊里糊涂。新大学之任务是要教大众在真理的大海里洗个澡，天天洗，一世洗到老，使得自己的头脑常常是清清楚楚的，认识痛苦之来源和克服痛苦之路线。

"止"是瞄准的意思。新大学的一切课程设施都要对着大众的幸福瞄准。为大众争取幸福所必需的就拿来教人，所不需的就不拿来教人。

从前大学里所造就出来的人才有两种。一种是不肯为大众做事，我曾经为这种人写了一幅小照：

滴大众的汗，

吃大众的饭，

大众的事不肯干，

架子摆成老爷样，

不算是好汉。

第二种人是代替大众做事，但野心勃勃，想要一手包办，甚至不许大众自己动手来干，这样的人我们也是反对的：

> 大众滴了汗，
>
> 大众得吃饭，
>
> 大众的事大众干，
>
> 若想一个人包办，
>
> 不算是好汉。

新大学所要培养的不是这种人。它要培养和大众共同做事的人才。如果它也免不了要培养领导人才的话，它是要培养愿意接受大众领导而又能领导大众的人才。说得正确些，它是要培养大众做大事。

还有一种时髦大学，好像是我所说的新大学，而实在是和我所说的正相反。它们的作风，一动手就是圈它几千亩地皮，花它几百万块钱，盖它几座皇宫式的学院。我参观了珞珈山武汉大学之后有人问我作何感想，我说如果我有这笔款，我用款的步骤是有一些不同。第一步，这笔款用来开办大众大学，足够培养五百万大众帮助收复东北；第二步，东北收回之后，假如还有这样多的款子，我想用来发展一些适合国民经济的工业；第三步，工业稍有发展，又积下这么多的款子，我还不能建造皇宫的学府，是必须盖些大众住宅，使无家可归的人可以进来避避风、躲躲雨；第四步，等到一切穷苦无告的人都可以安居乐业了，那时大众一定要勉强我盖几座皇宫式的学府，我大概是可以马马虎虎地答应了。

那么，新大学就不要校舍吗？要是要的，没有也无妨。茅草棚虽小，足够办大学。

新大学是大众大学，新大学是茅草棚大学。

五 怎样做大众的教师

现在中华民国已经到了生死关头，我们做大众教师的人应当怎样做才能帮助解决国难而不致加重国难？我常以这个问题问人，现在人也常以这个问题问我了。这里是我的答复：

第一，追求真理 大众是长进得很快，教师必须不断地长进，才能教大众。一个不长进的人是不配教人，不能教人，也不高兴教人。大众快赶上你了！你快要落伍了！"后生可畏"不是一句客气话，而是一位教师受了大众蓬蓬勃勃地长进的压迫之后，对于自己及一切教师所提出来的警告。只有不断地追求真理才能免掉这样的恐怖。也只有免掉这种恐怖才能教大众，否则便要因为怕大众而摧残大众了。我得声明，真理离开行动好一比是交际花手上的金钢钻戒指。我们所要追求的是行动的真理，真理的行动（Truth in Action）。这种真理不是坐在沙发上衔着雪茄烟所能喷得出来的。行动的真理必须在真理的行动中才能追求得到。你不钻进老虎洞，怎能捉得小老虎。

第二，讲真理 让真理赤裸裸地出来和大众见面。不要给他穿上天使的衣服，也不要给他戴上魔鬼的假面具。你不可以为着饭碗、为着美人、为着生命，而把"真理"监禁起来或者把他枪毙掉。教师只能说真话。说假话便是骗子，怎么能做教师呢？

第三，驳假话　说假话的人太多了。教师要有勇气站起来驳假话。真理是太阳，歪曲的理论是黑云。教师要吹一口气把这些黑云吹掉，那真理的太阳就自然而然地给人看见了。

第四，跟学生学　你要教你的学生教你怎样去教他。如果你不肯向你的学生虚心请教，你便不知道他的环境，不知道他的能力，不知道他的需要；那么，你就有天大的本事也不能教导他。他要吃白米饭，你倒老是弄些面条给他吃，事情是会两不讨好。不但为着学生而且为着你自己，你也得跟你的学生学。你只须承认小孩有教你的能力，你不久就会发现小孩能教你的事情多着咧。只须你甘心情愿跟你的学生做学生，他们便能把你的"思想的青春"留住；他们能为你保险，使你永远不落伍。

第五，教你的学生做先生　你跟学生学，是教学生做你的先生。如果停止在这里，结果怕要弄到师生合做守知奴，于大众毫无关系。你必得进一步教你的学生去教别人。你必须教你的学生把真理公开给大众。你得教你的学生拿着真理的火把指点大众前进。

第六，和学生、大众站在一条战线上　教师不和学生站在一条战线上便不成为教师。这是怎样说呢？因为他要到西方去，你却教他往东走；反过来，他要到东方去，你却教他往西走。这种牛头不对马嘴的教育怎能行得通呢？有些教师不恤使用强迫手段要学生朝着教师指定的路线走，结果是造成师生对垒，变成势不两立。在势不两立的局面下还能叫学生接受他的指导吗？不但如此，先生学生虽是打成一片，如果他们联合行动的目标与大众所希望的不符，还只是小众的勾结，将为时代所不容。因此做教师的人必须和学生、大众站在一条战线上为真理作战，才算是前进的教育。现在中国第一件大事是保障中华民国领土主权之完整，与争取中华民族劳苦大众之自由平等。教师和学生、大众都要针对着这个大目标，才能站在一条战线上来。教师和学生、大众站在这一条战线上来奋斗，才算是实行着真正解决国难的教育。你若把你的生命放在学生的生命里，把你和你的学生的生命放在大众的生命里，这才算是尽了教师的天职。

我们如果能把上面这六点做到，便不愧为现代的教师了。这样的教师，我相信，对于民族解放、大众解放、人类解放是有贡献了。

六　怎样才可以做一个前进的青年大众

什么是前进？

我是今年五月十日到平南。平南是邑江旁边的一个小村庄。村里有一个女学校，学生个个是赤脚大仙。我对于她们的认识是：

一群野姑娘，

好像没规矩；

教她穿袜子，

嘴许心不许。

粉碎烂规矩，

创造新规矩；

无须人干涉，

万事自作主。

有弛也有张，

不是自由乡；

令人留恋处，

仿佛在晓庄。

　　这里的同学是天真烂漫，对于世界、国家的大事是要打破砂锅问到底。他们围着我，盯着我问东，问西，问个不歇。我说，找一个风凉的地方来畅谈一下更好。

　　那是现成的。门外就是六七株很大的榕树，像撑着大伞，排起队来，站在江边侍候着。好得很，还有几块古碑睡在地上让我们坐。这些树荫底下简直能坐好几百人。我们将近一百人在两棵树的中间坐了下来，已经是觉得够宽畅了。正是：

大树挡太阳，

清风来邑江；

坐在古碑上，

大事共商量。

　　这真是别有天地非人间。我们的有意义的讨论就这样地开幕了。

先是有人说了几句介绍词，接着就是我的简短的开场白，忽然间，一位同学像爆蚕豆样爆出一个问题来：

"怎样才可以做成一个前进的青年？"

"跟前进的人做朋友。"

"前进的朋友到哪儿去找呢？他又没有招牌挂在脸上。"

"听他讲的是什么话，看他干的是什么事。"

"在我们近边的人，固然可以这样办。不幸近边的前进的人不可多得又怎样办？幸而有，我们还想多得几位前进的朋友又怎么办？"

"像蚂蚁寻蜜糖一样去找。"

"我们又不是蚂蚁，怎么去找？"

"跟着气味去找，那气味是在前进的文章里。看前进的杂志，要不断地看。"

"这提起我想到一点，就是前进的书也要看。"

"对！前进的书是比较更有系统，更能帮助你前进，可是前进的杂志可以帮助你找到它们的线索。我素来不欢喜看广告，但前进的杂志上新书出版的广告不可不看。"

"前进的朋友也能把前进的书介绍给我们。他们还能介绍我们知道一些没有广告的书。除了找朋友、看杂志、读新书之外还有什么别的办法呢？"

"钻进大众的生活里去。"

"大众拜菩萨，先生也叫我们陪他们烧香读经吗？"

"那可不是呀。那样钻进去，是跟着他们落伍，何能帮助我们前进？你要钻进大众的生活里去是免不了要穿上一套潜水衣。

潜水衣能叫你钻进水里去感受水的压力，并在水里做工作而不致给水淹死。你要钻到大众的生活里去感受大众的痛苦，了解大众的问题，明白大众的力量。你不但要避掉他们的迷信和落后思想，并且要帮助他们克服这一切。"

"那件潜水衣是什么？"

"前进的意识钻进大众的生活里去，等你钻出来的时候，你的意识是更前进了。大众的意识也跟着你所接触而一起前进了。"

"有些人从前是前进的，过不得多少时候就会落伍到几千里外去。这是什么道理？最明显的是"五四"时代所谓前进分子，到如今多数是反动颓废得太厉害，我们眼面前也有些人是如此。有什么法子可以叫我们继续不断地前进？"

"你的意思是要有个保险公司，要保你一世到老的前进吗？"

"是的。怎样可以为前进保险？这个保险公司哪里有？"

"办法就在'公司'两个字里面。公是公共；司是看管又有司理的意思，例如司机是开机器的人。前进的人联合起来过着前进的生活，大家彼此看管好了，不使一个人落伍，那么前进就得到保证了。个人的前进是最靠不住。他高兴就前进，灰心就落伍，谁也不能为他保险。唯有集体的前进行动才能帮助我们一世到老的前进。"

"这是很对的了。但是加入这个集体的分子是不是需要年龄的区别，是不是一定要整整齐齐的青年。我看有些小孩倒很前进的，似乎也能加入。"

"严格的限制是有害的。有些小孩是的确很前进。这些年来，不但是青年教我前进，小孩也教我前进。有时青年对老师说话要客气些。不便逼人过甚，而小孩倒天真烂漫，心里有什么说什么。我个人的经验是得着小孩的指教多于青年的指教。我并且亲眼看见前进的小孩督促几位落伍的青年简直如同赶驴子一样地认真。如果把小孩子开除，那是一个大损失。我们成年人应该跟青年学，青年人是无疑地应该跟小孩学。集体的行动里面倘若能够加入前进的小孩那是更能保险大家前进了……我们怎样才可以做成一个前进的青年？我得加重地补说一句：最重要的方法是集体的前进行动，是前进的集体行动，它不但是为'前进'保证，并且它本身便是培养'前进'的主要方法。"

讨论到这里，我正想休息一会儿，忽然又来了一个大炮：

"什么是前进？"

"你们大家想想看。这是个根本问题，我们倘使不能明明白白地答复这个问题，前面的讨论就会落空。什么是前进？"

"反日是前进。"

"反封建是前进。"

"反个人主义是前进。"

"为大众谋幸福是前进。"

"教大众觉悟是前进。"

"教大众联合起来是前进。"

"和大众站在一条战线上争取解放是前进。"

"追求真理是前进，固执成见是落伍。"

"行动是前进，空谈是落伍。"

"斗争是前进，妥协是落伍。"

"创造是前进，改良是落伍。"

"把握现实是前进，幻想是落伍。"

"世界观的（？）是前进，狭隘的国家主义是落伍。"

"运用矛盾以发展的是前进，坐待高潮之来到的是落伍。"

"唱义勇军进行曲的是前进，唱妹妹我爱你是落伍。"

"你们所说的，我大致满意，有几条似应该归并，恐怕也还有遗漏，这个整理的工作，以后再干。今天我们至少对于'什么是前进'是有了一个比较清楚的系统的了解了。我却有两点意见贡献。比如，反帝这个口号在一年前是无论哪一个前进的人都认为无可怀疑。但最近这几个月来，情形是大变了。我们觉得危害中华民族生存的最大敌人是日本帝国主义。我们应当把我们的战线缩短。所以反抗日本帝国主义是成了当前最前进的口号。这口号是与把握现实一条更为符合了。其次，单单行动两个字不限定是前进。开倒车也是行动，反动也是行动。因此，我们是需要修改一下，有真理指导的行动才是前进。我高兴得很，自从经过这次讨论之后，我对于这个问题是更加明了了。我很感激诸位同学的指教。"

"你对于不前进的青年有何感想呢？"

"老了。病了。一个人老了是几乎没有药医。病了，如果他愿意医，还有办法。"

"一个十七八岁的青年会得老吗？"

"他会，他会变成一个十七八岁的老翁。她会，她会变成一个十七八岁的老太婆。"

"他们害什么病呢？"

"爱病！一个不前进的青年是会害爱病，病死在爱里，这些恋爱至上主义者是多么的可怜啊。"

"有什么药医呢?"

"只有一种药。用革命来指挥恋爱,用革命至上论来克服恋爱至上论。这样一来,他是变成了一个前进的青年了。他必须变成一个前进的青年才能医好这种青年病。"

"前进的青年就不会害病吗?"

"有些也害病。害的是幼稚病。他们把四周围的朋友都造成敌人。他们帮助敌人造成联合战线攻打他们自己,他们像蚕一样,造茧自缚。他们拼命的'前进',结果是一步也不得前进,甚而至于退到几千里外去。他们在敌人的面前张挂自己营盘的军用地图,他们把自己造成敌人。前进的青年只怕害这种病。"

"有药可医吗?"

"自我批判。追求真理。"

"哈哈,有了药方,我们不怕生病了。"

"药方不能担保你们不生病。你们要依着药方去配药来打预防针,才不会害病,就是病了,也不致把老命送掉。这种预防针是像种牛痘一样,隔一些时候就要打一次才能保险的。"

"晓得了。"……

太阳下山了,天快黑了。赤脚大仙累了。我也坐着一只小船儿回来了。

七　文化解放

(一)什么是文化

文化是什么?初看起来是一个很容易答复的问题,但是仔细想一下，却有些困难。我们看到一本书，大家都可以承认它是属于文化方面的东西，但是遇着一把"石斧"的时候，我们的意见就要分歧了。有的人承认它是古代文化的遗产，有的人就不免要把它划进别的部门里面去。如果我们承认它是文化的遗产，那么一切生产工具都可以包括在文化的范围里面去了。石斧既是属于文化，那么，锄头，乃至机器都可以算为文化了。这样一来，文化范围可就广大了。除了大自然之外，凡是人类所创造的一切都是文化了。凡是可以用来生产、战斗、交通、享乐、治理、思想的工具以及这些工具所引起的变化都可以当作文化看待了。这是一个顶宽的看法，也是一种顶简单的看法。照这样看法，文化是与大自然相对起来。世界上的一切词以分成两大类：一类是没有加上人工的，叫做自然；另一类是人工所创造的，叫做文化。但是在这个广大的定义之下，研究讨论的工作是不易进行。因此我们要从这广大的事物里抽出一部分来，特别叫它为"文化"。这部分便是记录思想、传达思想、发展思想、改变思想的符号、工具和行动。照这样看法，在文化里面是包含了书籍、报纸、戏剧、电影、学校教育、社会教育、民众运动，高深学术研究等等。在本质方面看，文化工作是反映着人类经济政治的思想。这个定义是与一般人普通所想的接近。

（二）对谁解放

大众是文化的创造者。最初连语言文字都是从劳动中产生出来的。从哼呀哼呀的呼声里发现了语言，这是不可否认的事实。在树皮上画游猎的路线是文字起源之一。石斧、石刀、种地、造房子不是什么圣人发明的，乃是许多劳苦大众一点一点地积起来的贡献。近代工人对于发明上千千万万的贡献都给科学家偷了去写在自己的帐上。文化是大众所创造的。文化是被小众所独占。现在应该将文化从小众的手里解放出来。创造文化的大众应该享受创造的结果。文化是无疑的要对大众解放，使整个文化成为大众的文化。现在的文化解放运动可以说是大众文化运动。

（三）认识上的解放

文化有什么功用，我们必得把它认识清楚，才能谈它的解放。有些人把文化当作装饰品看待，以为大众用不着这个东西。我承认现在所谓"文化"当中有一部分是好比金刚钻戒指。但是有一部分是思想斗争的武器，这武器必定要解放出来，给大众抓住，然后民族大众的解放才有很快的发展。其次，有些人以为大众文化是要等到大众政治实现以后才有可能。我承认大众文化的普及是要等到整个政治变成大众的政治。但是，大众的政治决不是凭空从天上掉下来的，它是要靠着大众继续不断地奋斗才能实现。这奋斗是要运用文化的武器以转变大众的思想才能保证胜利。另外，特别从事文化工作的人，太夸大文化的工作者或把文化看作一个孤立的东西。他们相信文化万能，或者是为文化而文化。这样会叫文化工作脱离了现实而变成一个没有作用的东西。殊不知文化所要记录、传达、发展、改变的思想乃是人类生活中心的思想，即是政治经济的思想。文化脱离了政治经济便成了不可思议。我们认识了文化是政治经济斗争的武器就没有这个毛病了。最后，还有一种人以为文化的工作是纯粹的头脑工作。他们把它看成一个静的东西，可以静坐而得，静坐而传。他们忽略了行动与思想的关系。他们没有认识文化运动的作用。我们如果认识文化是民族大众解放的斗争的武器，这个静止文化的错解也就消灭了。我们对于文化的功用至少要有这点认识然后才能把它从错误歪曲的观念里解放出来。也唯有把文化从错误歪曲的观念里解放出来，文化才能发生真正的作用。

（四）工具的解放

中国的思想符号主要的是汉字。读书人要花一两千块钱，学它十年二十年，才可以读点古书。平常的人花它百把块钱一两年只是一撇一直的像稻草一样吃到肚里去不能消化，俗语叫做不通，读书没有读通。这难写难认的汉字只好留给那少数有钱有闲的少爷小姐去学，无钱无闲的大众和苦孩子必得另找出路。这出路就是近年提倡的易写易认的新文字。大众只须一个月每天费一小时就会写新文字的信，看新文字的报，读新文字的书，那是多么便利啊！大众文字的解放是大众文化的解放的钥匙。

（五）方法的解放

传达文化之方法，依我看来，有三点最要解放。第一点，灌注的教授法最要不得。他把接受文化的人当作天津鸭儿填。民族大众解放运动最需要的不是灌注的演讲而是对于时事之讨论。这种相互之自由讨论，如果有前进书籍杂志作参考，最能启发人的思想。学生和大众应该普遍地从灌注的教授法里解放出来，跑到这种自由讨论的空场上呼吸些新鲜空气，晒一晒太阳光。第二点，是知识封锁也要不得。从前的观念是学问自己受用，学校变成守知奴的制造厂。我们应该把自己从这知识私有卑鄙习惯里解放出来，我们对于真理应该即知即传，不肯教人的人不配受教育。从前写文章的人，是写得越深越觉很得意。现在呢，连白话文都得解放成大众文，使得大众易于了解。这的确对于传播文化是有很大的作用。觉悟的知识分子都得把自己的作风解放出来使得大众易懂。第三点，要不得的是教而不做，学而不做。我们要在行动上来推进大众文化。我们要从静的方法解放出来，使大众加入真理的行动以追求行动的真理。

（六）组织上的解放

文化的组织是被小众捏得死死的。学校里的训育管理变成官僚化。学生只是被治而失去了自治。我们要把文化从模范监牢里解放出来，使它跑进大社会里去。社会即学校。文化的场所多着哩。茶馆、酒楼、戏院、破庙、茅棚、灶披、晒台，甚至于茅厕，在今日都成了大众的课堂。整个民族解放运动成了大众的课程。平常的课程如果是和民族解放运动配合起来，就不得不起质的变化。例如算学吧，那是看作一门纯粹的学科，然而把整个中国失掉的领土富源算一算，便立刻从平常的课程跳入非常的课程里面来了。在新的组织里，教师、学生和大众是站在一条民族自救的大路上，从前教师与学生间、学生与大众间的围墙都要打通，这样大众的文化才能充分传达发展。

（七）时间的解放

有些传统的学校，名为认真，实际是再坏无比。他们把无所谓的功课排得满满的，把时间挤得点水不漏，使得学生对于民族前途和别的大问题一点也不能想，并且周考、月考、学期考、毕业考、会考弄得大家忙个不了，再也没有一点空闲去传达文化唤起大众。说得不客气些，这就是汉奸教育、奴化教育、亡国教育。另一方面，大众一天做十二小时工，甚至于有的要做十六小时的工。他们是没有空闲接受文化。时间是文化战的最大关键。我们必须争取时间来推进大众文化。时间解放是大众文化解放的焦点。

（八）新文化创造的解放

新文化之创造是社会进步之特征，同时，也是帮助社会更进一步的一种推动力。新兴的文化多少总是于大众有益的文化。所以新文化的创造是受着前进者之欢呼，同时是遭着落伍者之妒忌。前进的书籍、杂志、戏剧、电影，种种是在热烈的欢迎里遇着最惨酷的虐待。明明是一套最好的电影，他会给你东剪一条，西剪一条，剪得使你失去了原来的生命。好比人家生了一个小孩，假如管户口册的人要批评你这孩子哪里生得对，哪里生得不对，你一定是要觉得他做得太过分了；又假如他不但是随嘴乱说，并且手里还拿了一把剪子，看到孩子耳朵长得太长，便毫不客气地剪掉一点，看到孩子鼻子长得太高，又毫不客气地剪掉一点，你该觉得这是个什么人啊！你能忍心地坐在旁边让他剪吗？这样的刽子手是等在文化界的门口，一看见新的作品出来就给他几剪。从这把剪子的虎口里把新文化解放出来，是整个文化界不可推诿的责任。

（九）怎样取得文化解放

中国从前有一样东西叫做裹脚布，把姑娘的脚紧紧地裹，裹得肉烂骨头断，裹成一双三寸金莲，好嫁一个好人家。我想和这裹脚布相配的还有一样东西，叫做裹头布，把中国的小孩、青年、大众的头脑壳，紧紧地裹，裹得呆头呆脑，裹成一个三寸金头，好做一个文化奴隶。这裹头布便是加在大众头上的一切文化的压迫。不愿做文化奴隶的人联合起来，争取大众文化之解放！前进的知识分子在推进大众文化上固然能起重要的作用，但是大众文化运动决不能由少数知识分子代办。大众文化是大众的文化，是大众为自己推动的文化，是大众为自己谋幸福除痛苦而推动的文化。大众文化的解放是要大众运用集体的力量来争取的。它决不是小众可以送来的礼物。并且民族解放、大众解放、文化解放是一个分不开的运动。必得要联起来看，联起来想，联起来干，才会看得清楚，想得透彻，干得成功。

八 大众歌曲与大众唱歌团

什么是大众歌曲

大众的歌曲是大众的心灵的呼声。它是用深刻的节奏喊出大众最迫切之内心的要求。少数天才之创作必定是符合了这个条件，才为大众所欢迎而成为大众的音乐和大众的诗歌。大众的歌曲是要唱出大众的心中事，从大众的心里唱出来再唱进大众的心里去。它来，是从大众的心里来；它去，是到大众的心里去。

那少数的音乐和文学天才怎么会知道大众的心事呢？他们如果老是坐在沙发椅上享现成福，那是永久不会知道的。可是，他们也无须学孙悟空要钻进人家肚皮里才知道人家肚皮里的事。他们只须站在大众的战线上来做斗士，便能感觉大众的艰难，了解大众的需要，说大众要说的话语，唱大众要唱的歌曲。一个脱离了大众生活的天才决写不出大众的歌曲来。因此，大众的歌曲可以说是大众运用天才写起来的，简单可以说，是大众共同创造起来的。

民众歌咏团之伟大

刘良模先生所创的民众歌咏团是大众音乐以最正确的形式表现出来的。这种歌咏团现在在中国各大都会里都有了组织。最初在上海我曾经听过一次二三百人的合唱，他们是预备到高桥去唱给乡下人听。近来看《永生》又知道他们一团七百人，于六月七日在上海西门公共体育场合唱给五千人听。会场中曾有警察来干涉，但是听啊："中国人连中国歌都不能唱了吗？"这个五千人的吼声是使警察不好再说话。最近六月二十日夜里，香港民众歌咏团团员四百人，在青年会体育场上对三千民众合唱，把民族自救的声浪打到每一个听众的心里去。我这次也是听众之一，亲自感觉到这个运动的前途的伟大。

为什么在这个时候产生

民众歌咏团为什么在这个时候出现？从前为什么没有这样活动？我可以说像民众歌咏团这种组织，不是偶然可以产生的。比如一种花，它是原来有生命，但是气候未到，它是开不出花来；气候已到，它便自然而然地开出美丽的花了。音乐是大众心灵的呼声。大众欢喜唱歌，那是无可怀疑的。每一个大众的心灵里都潜伏着音乐的种子。但是在那伟大的音乐气候未到以前，他们只能唱几套小调儿过过瘾，表现不出很大的力量。这好比是一种子在地下吸收一些潮湿时所发出的低微的声音。现在是伟大的时代的前夜，大众是预备开口了。春天到了，你能叫桃花不开吗？夏天到了，你能叫荷花不开吗？秋天到了，你能叫菊花不开吗？冬天到了，你能叫梅花不开吗？大众的时代到了，你能叫大众的口不开吗？

因为日本帝国主义不断地侵略，中国是遇了空前的大灾难。中国大众不肯亡国做奴隶。中国大众要追求自由，追求平等，追求生存。中国大众要为自由而战，为平等而战，为生存而战。

世界上最伟大的音乐是战斗的音乐，最伟大的文学是战斗的诗歌。中国是在发动一个空前的民族解放的伟大战斗，在这个时候，是自然而然地会跑出最伟大的战斗的音乐与战斗的诗歌。

战斗的音乐与战斗的诗歌之外，次有力而也含有普遍性的是恋爱的音乐与恋爱的诗歌。恋爱的音乐与恋爱的诗歌在古时与野蛮社会里也是大众的集体活动。在择配结婚的时候，一群一群的青年男女奏着恋爱的乐，唱着恋爱的歌，跳着恋爱的舞。但是在开化的国度里，这种集体的欢会是失掉了，恋爱变作个人的事，恋乐恋歌都变成靡靡之音而为大众集体生活所丢弃。但是仔细考察起来，恋爱是性之战斗也是斗的一种。恋歌恋乐未尝不可以和战歌战乐相通。假使把革命与恋爱打成一片，使恋爱受着革命的领导，那么武装的恋歌恋乐也可以成为伟大的作品而为大众所欣赏。

其次就是工歌。工歌也是战歌的一种。它是与自然界和剥削者战斗之呼声。武装的工歌当然是有它的伟大，也当然是大众欢喜吃的家常便饭。

受着时代的伟大的感动，音乐的天才自然会创作大众高兴唱高兴听的音乐，文学的天才自然会写出大众高兴听高兴唱的歌词。从前有人写一首歌要找人做个谱很难，有人作一个谱要找人填一首词也很难，勉强配合起来，好比旧式结婚，总难中意。有时，弄出绝大的笑话，开学歌配上出丧的音乐。其实，它们不但是不相配，而且是音乐不成音乐，歌词不成歌词。现在却不同了。一首前进的歌，要一位前进的音乐家做个谱，他的谱是恰到好处。一个前进的谱要一位文学家填一首词，他一填就填到天衣无缝。而且唱起来，大众都兴奋。这是什么缘故呢？因为制谱者、做歌者、唱者、听者都是遇着同一的大灾难，发生同一的大觉悟，参加同一的大战斗，是必然地唱出同一的大和声。

我所说的音乐天才和文学天才并不是超人的天才。有音乐的天才而实际上不是一个与大众站在一条战线上和大灾难拼命的斗士，他写不出感动大众的乐谱。有文学的天才而实际上不是与大众站在一条战线上和大灾难拼命的斗士，也写不出感动大众的歌词。现在能写大众的歌词的人是比较的多，能写大众的乐谱的人还很少。聂耳先生之死是中国大众音乐的一个最大的损失，几乎是等于音乐之国里失掉一个东北，东北可以收回，聂耳不能复活，这是一件令人伤心的事啊。中国有音乐天才的人数本来也有一些，多数到现在还是站在大众战线之外，享受个人的自由幸福。这些朋友到现在还写不出一件为大众欢迎的作品，这不是很可惜吗？但是我相信，只要他们一加入大众的队伍和民族的大灾难开始拼命，就不啻是聂耳先生一个又一个地复活了。

然而聂耳先生给我们的音乐遗产已经是很可宝贵了。我们的劳苦大众自己创造的山歌也不错。还有好些前进的文学家所写给大众的词也值得感谢：这些人都是把他自己的生命放在大众的战斗里，才把他们的天才发挥出来，写成大众的音乐，大众的诗歌，使大众有东西唱，兴高采烈地唱了又要唱。

大众唱歌之前途

民众歌咏团已往的成绩是值得赞美，以后的前途是更加伟大。现在就我所想到的提出几点意见，供这运动的同志做参考，同时，希望大家指教：

（一）改个名字　名字要符合大众语。歌咏的咏字不很通俗。我提议把它改为大众唱歌团。

（二）越多越好　从前韩信将兵多多益善，大众唱歌团的团员和大众是越多越好。少则要做到一千人唱，一万人学；多也不妨一万人唱，十万人学。旧世界只有小巧之美。那大量之美是一个新的观念。我希望大众唱歌能给这"大量之美"或"集体之美"一个深刻而具体的印象。

（三）大众开口　大众到会场上来不是听，乃是学；不是学，乃是学唱。我们只有唱众，没有听众；起首虽是听众，当场变做唱众。这样才能更充分地发挥大众的力量。一群哑巴的大众有什么精神呢？

（四）选歌标准　大众唱歌团所选的歌是要有标准。一要意识前进，二要歌谱有精神，三要歌词不违背大众语。香港民众歌咏团所选的歌曲里就有一两首用文言唱的，大众唱着调子而不懂得里面的意思，效用是未免要减少些。

（五）到源头上去找　有些不懂事的人把人家的歌曲乱改或是不小心的抄错印错，所以选歌要在源头上去找材料。比如锄头歌的第四段是"革命的成功靠锄头，锄头锄头要奋斗"。香港的选本是根据一个改错的本子成了"肩着了锄头要奋斗"。这歌的原意是以锄头代表农人，它是招呼农人要奋斗，并不是叫农人拿

着锄头去奋斗。这个选本又把最重要的一首丢掉。这首歌末尾还
有一段："光棍的锄头不中用，联合机器来革命。"倘使这一段丢
掉，锄头歌之所以赶得上时代的精神，最要紧的还是后头这一
段。这如何可以把它丢掉呢？再么，香港唱的调子是改得与原来
的不一样。词不可乱改，谱是多年民众精神的结晶，更不可以乱
改。百代公司出了一张小先生唱的锄头舞歌唱片，是根据原来的
山歌的调子收音的，可以做参考。我的主要的意思只是希望大
家要谨慎地去找材料，不要轻易地改人家的作品。如果要改，也
得先和作者商量，倘若真正青出于蓝而胜于蓝，那是谁也愿意接
受的。

（六）追求歌调的意义　在小组练习的时候，每首歌的意思
都要讨论清楚。这种讨论会自然地联系到时事的讨论，并引起人
家去看前进杂志报章之兴趣。

（七）引起识字的趣味　因为欢喜唱歌就对于歌里的文字发
生趣味。我们如果抓住这种机会运用传递先生或小先生的法子教
人识字读书，再使认字读书与民族解放联系起来，也是很有益
处的。

（八）继续不断地办　照民众歌咏团的办法，每一工厂，每
一店铺，每一家庭，每一学校或每一集团，只要有十人以上就可
派人去教。这是一个顶好的办法。这种组织应当成为永久的自求
长进的组织。因为新的歌曲是川流不息地出来，我们怎么可以中
途而废呢？我们要继续地唱，唱到中国独立、平等、自由了才许
它告一段落。

（九）军歌要换　我们二百万军队是需要前进的歌曲。不幸

得很，他们还是唱着没有多大意思而很难听的老军歌。一个个的军队都应该成为一个大众唱歌团。至少要采用大众唱歌之集体合唱方法，去唱民族解放之战歌。

（十）大众唱歌团下乡　乡下人是欢喜唱歌。暑假、寒假、星期假，大众唱歌团团员应当下乡训练农民大众唱歌并组织乡村大众唱歌团。乡下的教师如有会音乐的，应当即刻着手提倡乡村大众唱歌团，随时来它一个联村大合唱。

（十一）告音乐天才　有音乐天才的朋友不要把自己的天才在靡靡之音上浪费掉。你们要站在民族的联合战线上来，替大众写乐谱。

（十二）告文学天才　有文学天才的朋友再不要为文学而写文学，也应该加入大众的队伍里来为大众写歌词。

（十三）别抄袭　不要梦想把欧美现成的歌谱拿来填词。我们现在所需要的是半殖民地反抗日本帝国主义的调子，这个调子在欧美的音谱里是没有的。它是要我们大众队伍里的天才在中国的土壤气候里扶养出来。

（十四）防止麻醉　唱歌是最能启发人的心灵也是最厉害的迷魂汤。从前的宗教家和现在的法西斯都用唱歌来麻醉人。那个德国的福井范格勒便是用音乐代替纳粹党去麻醉大众的所谓音乐家。美国大众上月听说他要到纽约来做乐队总指挥，大家都起来抵制，不听他所指挥的音乐，乐队里的队员也表示不愿接受他的指挥。一个麻醉人的音乐家是这样受大众的鄙弃，我们看了这件事，是格外明白大众音乐所应该走的路。在我们提倡用大众歌曲来唤起大众的时候，说不定有人也想用假的大众歌曲来叫大众再睡睡，睡到亡国再起来。我们要一致留心这种麻醉的策略，先给它打一支预防针。大众的时代快来到。小众的靡靡之音应该走开，麻醉大众的歌曲是格外应该走开。但空言无济于事。只要真正的大众歌曲，继续不断地创造起来，便如白日中天，什么微生物都要消灭了，让我们努力创造吧！

九　大众的文字

中国已经到了生死关头，我们必须教育大众组织起来解决困难。但是这教育大众的工作，一开始就遇着一个绝大的难关。这个难关，就是方块汉字。方块汉字难认难写难学。每一个人必得花费几年工夫，几十几百块钱才学得一点皮毛。一个每天做十二三点钟苦工的大众是没有这些空闲时间，也花不起这许多钱来玩这套把戏。手头字简字是方块汉字的化身，不是根本的解决。注音字母是为方块汉字注音的工具，不过是方块汉字的附属品。国语罗马字崇奉北平话为国语，名为提倡国语统一，实际上是来它一个北平话独裁。在有闲有钱的人看来，学了一口北平话再用罗马字母读读写写，是不费什么事。但是叫一个上海的、福州的或广州的苦人同时学北平话又学罗马字，那几乎是和学外国语一样的难。国语罗马字又注重声调的符号，把初学的人弄得头昏脑黑。简单地说，中国大众所需要的新文字是拼音的新文字，是没有四声符号麻烦的新文字，是解脱一个地方方言的独裁的新文字，这种新文字，现在是已经出现了。当初是在海参威（今作符拉迪沃斯托克）的华侨制造了拉丁化新文字，实验结果很好。他们的经验学理的结晶便是北方话新文学方案。但是我们不要误会，海参威的华侨也是中国人。所以这个方案虽是在外国产生，但还是中国人的作品，是和别的中国留学生、华侨的作品一样的不容歧视。现在上海话新文字方案也已经由上海的专家造成发表出来，征求大家批评。厦门和客话方案已经编成正在这儿审查。广州、福州、徽州各处方案也正在编制。这些工作是由中国新文字研究会主持进行。

根据上海话新文字方案实验结果，平常人每天费一小时只须半个月工夫，即可写新文字的信，看新文字的报，读新文字的书。聪明些的人两个星期就行；笨一点的人，只须一个月，成绩也不错了。每人所花的，只要三分钱。义务教育培养一个小孩每年平均要花八块九毛钱。民众教育培养一个成人，要花一块八毛钱。上海一带运用小先生教汉字，每人也要花三毛钱；三万万人的普及最粗浅的初步汉字教育，至少就得九千万元。去年教育部筹款办义务教育，努尽了力只筹得三百多万，相差是太大了。倘若推行新文字，每人三分钱，连黄包车夫也出得起。所以就时间、金钱两方面来看，新文字是普及大众教育的最经济的文字工具。

有人怕各地方言新文字起来之后会阻碍中国统一。我们详细地把它考察一下，知道这是一种过虑。第一，中国各地方言之不同，不像我们平常所想的那样厉害。因为国内各地方言是汉话与各处土话互相同化克服的结果。它们的不同是有规律的。我们只须把它们彼此不同的规律指出来，大部分是很容易相通的。第二，汉字在名义上是中国统一的文字，但是认得汉字的只是少数人，而多数人是没有文字的。多数人没有文字，除了谈话之外，便不能彼此相通，也不能与认识汉字的小众相通。如果各区的方言新文字传给了各该区的大众，那么区以内的大众便可以彼此相通；该区的知识分子精通几区新文字甚至于几国文字的总能找出好几位来，搭一个桥，使各区的大众彼此相通，并与全国的知识分子相通，与现代世界文化相通。各区的小事只用本区的新文字记载，至于关系国家的大事都可以由知识分子翻译广播出去。所谓知识分子并不限定是高等华人。大众得了新文字的培养，也必然地会在自己的队伍里产生出知识分子，并且运用各区新文字对照的读物，也可以把自己造成沟通各区文化的铁桥。这样一来，新文字不但不至于阻碍中国的统一，而且有力量促进文化的沟通，帮助中国的统一。第三，我们所需要的统一不是抽象的统一，不是幻想的统一，不是制造的统一，而是从实际生活酝酿出来的统一。我们所要的是各区不同生活的血脉流通，而不是勉强各区过同一的生活，说同一的话语，写同一的文字。同一文字的范围是跟着同一生活需要而扩大，决不可以心急。提倡国语的先生们往往幻想出一个公共的需要来推进北平话。他们说："到了需要的公共场合就自然非学国语不可。"我们知道这个公共场合是幻想起来的，在上海大众的公共场合是要用上海话才来得有效。同样的，福州大众的公共场合要用福州话，广州大众的公共场合要用广州话，否则，你就得请人翻译，或者是听众听不懂，等于没有说。可见这"公共场合"四个字只适用于少数的知识分子，只适用于有钱有闲学它几年北平话的小众。要想把小众的公共场合的需要当作大众的公共场合的需要，勉强地要把它们赶快统一起来，并且把这种统一看成天经地义，这只是提倡者的偏爱的幻想。拥护汉字统一的先生们对于这同样的幻想更是强烈得很。这种幻想，自然用不着新文字来阻碍它，就会叫他们失望。第四，现在中国是遇着空前的国难，只有大家一齐起来抵抗，才有生路。中国文化界现阶段最重要的工作是普及民族自救的教育，我们要动员一切工具来进行这个工作。但是在选择工具的时候，我们是必得指出新文字的特大效力。文字好比是交通媒介，汉字好比是独轮车，国语罗马字好比是火轮船，新文字好比是飞机。坐上新文字的飞机来传播民族自救的教育的时候，就可以知道新文字是不但不阻碍中国统一，而且确有力量帮助唤起大众挽救我们的垂危的祖国。

照以上观点看来，我们觉得这种新文字是值得向全国介绍了，我们深望大家一齐来研究它，推行它，使它成为推进大众文化和民族解放运动的重要工具。以下是我们所要建议的具体办法：

（一）每一个方言的新文字方案成立后，我们首先要根据这方案编辑最廉价的课本、指导书。

（二）课本编成后即着手运用各级学校：民众学校、识字学校、夜学校、补习学校、讲习会培养新文字教师。凡学会新文字的人都有教人的义务。

（三）为着要使学过新文字的人继续学习起见，我们要出：高级课本、报纸、杂志、小说、诗歌、各科小丛书、新文字连环画、新文字字典、北方话与其他方言对照读物。

（四）根据新文字方案，创制新文字速写并创制新文字打字机。

（五）对于用汉字编印的书报，我们主张：

1. 文字大众化。

2. 横排。

3. 采用新文字报头。

4. 新文字汉字对照的读物另辟一栏。

（六）除了现在已经发表的北方话和上海话新文字方案之外，我们要继续进行其他各区及少数民族方言的调查，以着手其他各区及少数民族方案之建立。

十　怎样写大众文

我们要知道怎样写大众文，先要知道白话文的毛病在哪儿。

白话文，

教人聋。

读起来，

听不懂。

谁听不懂？大众听不懂。它写的不是大众的事，所以听不懂。它写的句语不合大众说话的口气，所以听不懂。因为听不懂，也就看不懂。白话文，不但大众听不懂，就是读书人也很难听得懂。

我们知道了白话文失败的原因，就可以明白大众文应该怎样的写法。大众文应该写大众需要知道的事。大众文应当照大众说话的口气写。

我们的眼睛看惯了古文、白话文，容易引我们走错路。比较起来，还是耳朵靠得住。我们的耳朵是和大众接近些。所以写大众文的一个好方法，是请我们的耳朵出来指导我们。凡是耳朵听得懂，高兴听的，才把它写下来。

根据大众语，

来写大众文。

文章和说话，

不能随便分。

一面动笔写，

一面用嘴哼。

好听不好听，

耳朵做先生。

这位先生，人人随身带着，很方便。只要我们肯得虚心问他，他总是愿意指教我们的。大家还要记着，他是一个钱学费也不要。

从前，有一个人家床上生臭虫，懒得捉，越弄越多，正愁着没得办法，看见报上广告说到一家药材铺有臭虫药出卖，他欢喜极了，连忙去买。花了三个铜板，得了一个白纸包，回家打开一看，没有药，只有一小块纸，上面写着一个字："捉！"

有些人看见商务印书馆的《出版周刊》说我编的《老少通

千字课》是根据大众语写的，就来问我大众文是怎样写法，我也学那药材铺的榜样送他一个纸包，里面写的是："请你的耳朵教你。"

我们的耳朵虽是顶方便的先生，但不是顶靠得住的先生。因为我们听得懂的文章，大众有时听不懂。所以顶靠得住的先生是大众的耳朵。工人、农人、车夫、老妈子、小孩子的耳朵都靠得住。你做好一篇文章，读给他们听听，如果他们听不懂，你要努力地修改，改到他们听懂了，才能写成大众文。小众听得懂而大众听不懂的文章，决不能冒充大众文。好的大众文还要大众高兴听。如果小众高兴听而大众不高兴听，决不能算为好的大众文。

文章好不好，

要问老妈子。

老妈高兴听，

可以卖稿子。

老妈听不懂，

就算是废纸。

废纸哪个要？

送给书呆子。

我们要想写大众文，把大众文写得好，必定要请大众的耳朵做我们的先生。上面的两首诗是一位工人学生张妹给我改的。在"耳朵先生"的一篇里，中间一段，原来的稿子写的是：

语文要合一，

不能随便分。

笔儿没有动，

先用嘴儿哼。

我自己的耳朵是给他及格了，但是大众的耳朵听不懂。我得到张妹的帮助才改成：

文章和说话，

不能随便分；

一面动笔写，

一面用嘴哼。

"老妈子"一首的末尾两句，原来写的是：

废纸有谁要？

只有书呆子。

也是因为张妹的耳朵的帮助，我才改成：

废纸哪个要？

送给书呆子。

看了上面所举的两个例子，我们对于大众的耳朵纠正我们的地方，是十分重要的。

十一　大众画报

　　识字运动展开了，普及教育的呼声是得到全国的响应了，读完《千字课》的成人、儿童是一天比一天多了。"我们再读什么？""我们有什么报可以看？"这是大众时常问的两个问题。第一个问题是比较容易答复，因为几家大书局里都出了高级民众用读本及民众用丛书，尽可选择介绍。但是第二个问题就把我们难倒了，有什么报可以给粗识字义的大众看？大报写的是文言，又无标点符号，依大众看来，真是漆黑一团，除了知识分子及中等以上的商人，谁也不懂。小报、周刊、半月刊多数是用白话文写，也有标点符号，但因西化语法太多，大众也不能看得十分明白。画报是有资格受大众欢迎的，但是有些画报，编排复杂，说明难寻，有时也是文绉绉的，使得大众只是看画而不知道画中的意义，并且价钱太贵，一般大众决不能把两天的饭钱省下来买一份画报看。大众要看报，而中国现在是没有一个报能给大众看得懂。因此，我想向作家及出版界提出一个建议：

　　"编辑出版一种真正的大众画报。"

　　这种大众画报性质采取日报、三日报、周报、半月报、月报，都有需要，但应当符合下列五种条件：

　　（一）灌输现代知识，培养前进思想；

　　（二）用大众语写，要趣味胜过正经；

　　（三）用连环图画写，要图画多于文字；

（四）编排清楚；

（五）价值便宜。

如果能合上面所说的五种条件，这种画报必可成为普及教育的一种最重要的工具。大众得了它，必是如同大旱得了大雨一样的快乐。我是天天望着这样有意义的画报出现啊！

十二　大众的流通图书馆

流通图书馆的意义只要看一看它的名字就能明白一个大概。从藏书到看书，从看书到借书出去看，这过程是代表了图书馆发展之三阶段，也就代表了普及教育发展之三步骤。让人借书出去看是流通图书馆的特性。但是借给谁看，怎样借法是成了问题。这些问题如果不弄明白，则流通图书馆不免要做成知识分子及有暇阶级的高等听差，负不起普及教育之使命。

（一）借给谁看？对于这个问题，我毫不迟疑地说："借给大众看。"识字的借深一点的给他们看。不识字的借图画书给他们看。图画书不够用，就赶紧地要求作者和书店赶紧地编。流通图书馆的对象是大众，它必须为劳苦大众充分地服务，才算是一个真正的流通图书馆。

（二）怎样借法？现在穷人借书最大的困难有两点：一是没有钱，二是空闲少。我们必须根据这两点来修改借书手续。平常流通图书馆要保证金，少则五毛，多则一元二元。只是这个条件，已经把穷光蛋赶到门外去了。我提议只要介绍人，不要保证金。有些图书馆还要借书人亲自来借。这在有闲的少爷小姐看来，并没有多大困难，但一天忙到晚的大众就觉得为难，这当然要允许别人代借。干这件事最觉得便利的那是无过于小先生了。小先生代替学生借书是一件应当鼓励的事。

现在各省市提倡识字运动，成千成万的大众继续不断地加入到读书的队伍里来。"哪里找书看"是成了一个迫切的问题。若不赶紧提倡流通图书馆，这些人将因没有继续读书的机会而把从前读过的书都荒疏了。我心目中的流通图书馆是小规模的。它在拯救文化饥荒的地位看来是一个小饭馆。这种文化小饭馆要普遍地设起来：一镇一个，一村一个，一街一个，一弄堂一个！当然，一县、一市、一乡设一较大规模之流通图书馆，更能收指导沟通之效。但我所怕的是有了高级的流通图书馆，就忘了低级的流通图书馆。最合理的办法是敷设流通图书馆。但与其等待大规模的敷设，不如从小做起。花一二十块钱办一个弄堂或乡村流通图书馆是轻而易举。这是每一位热心提高大众文化水准的人都能做得到的一件事。这样的小小流通图书馆，大众自己就能约几个人凑几块钱办它一个。如果有这样的流通图书馆产生，那是更有意义了。

原载 1947 年 9 月大众书店三版《行知教育论文选集》

生活教育目前的任务

这几天在桂林的同志们，得有机会，聚在一块，检讨生活教育之理论与实践，各人都有一些收获。我从前为一位朋友题过三句话：检讨过去，把握现在，创造将来。我们为什么要检讨、把握？一切都为创造。我们要常常检讨，紧紧把握，天天创造，积小创造而为大创造。

生活教育之定义在晓庄开校前九年，我已提出，包含三部分：一是生活之教育；二是以生活影响生活之教育；三是为着应济生活需要而办之教育。用英文译出来，比较简单：Life education means an education of life，by life and for life。关于第一部分和第三部分，洞若（王洞若）同志说得很清楚，对于第二部分我想补充几句。"以生活影响生活"是怎样讲呢？我们要拿好的生活来改造坏的生活，拿前进的生活来引导落后的生活，针对着现在说，我们要拿抗战的生活来克服妥协的生活。

在抗战建国这一伟大时代中，生活教育者有什么任务，有什么贡献，我想简单地说一说。

我们有四种任务：一、力求长进，把自己的集团变成抗战建国的真力量；二、影响整个教育界共同求进，帮助整个教育界都变成抗战建国的真力量；三、参加在普及抗战建国的生活教育的大运动里面帮助全民族都变成抗战建国的真力量；四、参加在普及反侵略的生活教育的大运动里面帮助全人类都变成反侵略的真力量。

我们的理论，在战时，更显出它的优点，现在说它的可能的贡献：

一、我们认识教育只是民族大众人类解放之工具。当日本帝国主义危害我们生存的关头，生活教育者每上一课自必要问：这一课对于抗战能有多少帮助？为教育而办教育的人是不容易发出这样的疑问。

二、我们认识生活之变化才是教育之变化，便自然而然地要求真正的抗战教育，必须通过抗战生活。抗战演讲、宣传，若不通过抗战生活，我们不会承认它是真正的抗战教育。

三、我们认识社会即学校，便不会专在后方流连。我们立刻会联想到前方，联想到敌人的后方。即使在后方办学校也必然地要想，如何把教育的力量输送到前方和沦陷区域里面去。

四、我们认识人民集中的地方便是教育应到的地方，便毫不迟疑地注意到伤兵医院、难民收容所、壮丁训练处、防空壕与山洞里的教育而想去解决它。

五、我们认识集团的生活的力量大于个人的生活的力量，即认识集团的教育力量大于个人的教育力量，便毫不迟疑地帮助我们的学生团结起来，让他们自己管自己，从前的工学团和战时的集体主义的自我教育都是要贯彻这个意思。

六、我们认识"生活影响生活"以及人人都能即知即传，故不但顾到成人、青年，而且顾到老年人与小孩子，整个民族不分男女老少都必然地要他们在炮火中发出力量来。义勇军之母赵洪文国老太太及台儿庄的小孩唱歌感化小汉奸为小战士，都是印证生活教育理论颠扑不灭的铁证。

七、我们认识教学做合一及在劳力上劳心为最有效之生活法亦即最有效之教育法，便自然以行动为中心而不致陷落在虚空里面。如果抗战建国是要真正地干出来，那么生活教育的理论便要求为干而看，为干而谈，为干而玩，为干而想。

八、我们认识到处可以生活即到处可以办教育。当平时学校被炸，先生散了，学生散了，学校也跟着散了。生活教育者的学校是炸不散的，如果可以炸散，除非是先生学生一起炸死。只要有几个存在，不久归起队又是一个学校了。孩子剧团、新安旅行团便是炸不散的学校。平常的学校只要采取生活教育这一点点办法，那千千万万倒闭的学校都可以复活了。这几次的集会使我们大家对于生活教育理论有了更亲切的了解，更热烈的信仰。这了解与信仰是会发生不可思议的力量。我相信生活教育必定能够发出伟大的力量帮助打倒日本帝国主义，帮助创造一个自由平等的新中国，并且帮助创造一个和平互助的新世界。

原载 1939 年 1 月 10 日《战时教育》第 3 卷第 10 期

育才学校教育纲要草案

一 育才学校之性质及其内容

（1）育才学校根据中华民国教育宗旨及抗战建国需要，用生活教育之原理与方法，培养难童中之优秀儿童，使成为抗战建国之人才。

（2）育才学校办的是建国教育，但同时是抗战教育。有人离开抗战教育而提出建国教育，挂建国教育之名，行平时教育之实。我们的看法不同，今天的建国教育必须是抗战教育，而今天真正把握中国抗战全面需要的抗战教育，必然是建国教育。育才学校从某些人的眼光看来，是"建国教育"（因为他们以为它只是培养未来的人才）；但我们认为这并不保证它就是建国教育。保证它是建国教育的是在于它同时就是抗战教育。今天育才学校的儿童必须过战时生活，必须为抗战服务；必须在抗战洪炉中锻炼，否则我们便没有理由希望他们成为未来的建国人才。育才学校的教育，不是挂名的建国教育，而是抗战与建国的统一的教育，抗战建国教育。

（3）育才学校办的是人才教育，分音乐、戏剧、绘画、文学、社会、自然等组。但和传统的人才教育办法，有所不同。传统的人才教育，一般地是先准备普通的基本教育，然后受专门的高等教育。我们的办法是不作这样严格的时间上的划分，我们选拔具有特殊才能的儿童，在开始时便同时注意其一般基础教育与特殊基础教育。前者所以使儿童获得一般知能及优良的生活习惯与态度；后者所以给予具特殊才能之儿童以特殊营养，使其特殊才能得以发展而不致枯萎，并培养其获得专门知能之基础。表面上看来，这是一般基础教育与专科基础教育之过早的划分，但根据我们的办法，这是及早防止一般基础学习及专科基础学习之裂痕。我们要及早培养儿童对于世界和人生一元的看法。倘若幼年的达尔文对于生物浓厚的爱好是发展伟大的进化论者达尔文的条件之一，那么今天提早发展儿童之个别优异倾向，实在有其理由，倘若中国近年来文化工作之脱离广泛社会实际生活，和技术专家之缺少正确的认识可以作为殷鉴，那么，今天便在一般基础教育与特殊教育中予以统一，防止那样的分裂倾向，实在有其必要。

（4）育才学校办的是知情意合一的教育。中国数十年的新教育是知识贩卖的教育，有心人曾慨然提倡感情教育，知情意并重的教育。这种主张，基本上是不错的，但遗憾的是没认清知识教育与感情教育并不对立，同时知情意三者并非从割裂的训练中可以获取。书本教育也许可以使儿童迅速获得许多知识，神经质的教师也许可以使儿童迅速地获得丰富的感情，专制的训练也许可以使一个人获得独断的意志，但我们何所取于这样的知识，何所取于这样的感情，何所取于这样的意志？知情意的教育是整个的，统一的。知的教育不是灌输儿童死的知识，而是同时引起儿童的社会兴趣与行动的意志。感情教育不是培养儿童脆弱的感情，而是调节并启发儿童应有的感情，主要的是追求真理的感情；在感情之调节与启发中使儿童了解其意义与方法，便同时是知的教育；养成追求真理的感情并能努力与奉行，便同时是意志教育。意志教育不是发扬个人盲目的意志，而是培养合于社会及历史发展的意志。合理的意志之培养和正确的知识教育不能分开，坚强的意志之获得和一定情况下的情绪激发与冷淡无从割裂。现在我们要求在统一的教育中培养儿童的知情意，启发其自觉，使其人格获得完备的发展。

（5）育才学校办的是智仁勇合一的教育。智仁勇三者是中国重要的精神遗产，过去它被认为"天下之达德"；今天依然不失为个人完满发展之重要的指标。尤其是目前抗战建国时期，我们需要智仁勇兼修的个人。不智而仁是懦夫之仁；不智而勇是匹夫之勇；不仁而智是狡黠之智；不仁而勇是小器之勇；不勇而智是清谈之智；不勇而仁是口头之仁。中国童子军以智仁勇为其训练之目标，是非常有意义的。育才学校不仅是以智仁勇为其局部训练之目标，而是通过全部生活与课程以达到智仁勇之鹄的。我们要求每一个学生个性上滋润着智慧的心，了解社会与大众的热诚，服务社会与大众自我牺牲的精神。

（6）育才学校是一个具有试验性质的学校。第一，抗战以来，中国破天荒产生了儿童公育的事业，而育才学校是其中特殊的一种。我们希望将具有特殊才能的儿童之公育，予以充分的试验。第二，育才学校以生活教育原理与方法作为一种指导方针，我很希望将这一指导方针予以充分试验，我们深信这种试验会给予生活教育理论一些新的发展。

（7）育才学校全盘教育基础建筑在集体生活上。这里不是一个旧的教育场所，而是一个新的生活场所。这里的问题，不仅在于给儿童以什么样的教育，同时更在于如何使儿童接受那样的教育；这里的问题，不仅在于我们应有一个教育理想与计划，而在于如何通过集体生活达到那样一个理想与计划。所谓集体生活是全盘教育的基础，有三个意义：

第一，集体生活是儿童之自我向社会化道路发展的重要推动力；为儿童心理正常发展所必需。一个不能获得这种正常发展的儿童，可能终其身只是一个悲剧。第二，集体生活可以逐渐培养一个人的集体精神。这是克服个人主义、英雄主义及悲观懦性思想的有效药剂。中华民族正处于历史上空前未有的抗战建国关头，这种集体精神应溶化在每个人的血液里。第三，集体生活是用众人的力量集体地创造合理的生活、进步的生活和丰富的生活；以这种丰富、进步而又合理的生活之血液来滋养儿童，以集体生活之不断地自新创造的过程来教育儿童。具体言之，集体生活之作用是在使儿童团结起来做追求真理的小学生，团结起来做即知即传的小先生，团结起来做手脑并用的小工人，团结起来做反抗侵略的小战士。

（8）育才学校的集体生活必须保持合理、进步与丰富，而欲保持它的合理、进步与丰富，则有两个重要的条件：（一）与社会发展的联系，与整个世界的沟通。（二）在集体之下，发展民主，着重个性。

（9）育才学校的集体生活包含着如下几种生活：（一）劳动生活；（二）健康生活；（三）政治生活；（四）文化生活。在传统教育中有所谓劳动教育而忽略劳动生活，有所谓健康教育而忽略健康生活，有所谓政治教育而忽略政治生活，在各种各样的课堂中，讲授文化生活而忽略真正的文化生活。育才学校的生活与教育是统一的，它认定劳动生活即是劳动教育，用劳动生活来教育，给劳动生活以教育；它认定健康生活即是健康教育，用健康生活来教育，给健康生活以教育；它认定政治生活即是政治教育，用政治生活来教育，给政治生活以教育；它认定文化生活即是文化教育，用文化生活来教育，给文化生活以教育。

（10）育才学校的集体生活虽然在性质上分为劳动生活、健康生活、政治生活和文化生活，但在生活之集体性这一点上，决定了我们的劳动生活、健康生活、文化生活往往同时就是政治生活。质言之，劳动生活、健康生活、文化生活之解释、动员、组织的过程都是政治生活，也都是政治教育。因此育才学校的集体生活，在其总的意义上说来便是一种政治生活。也就是说育才学校的政治教育笼罩着整个集体生活。

（11）育才学校的生活是有计划的，此种有计划的集体生活之集体性决定了全部的集体生活，同时就是政治生活。同样地，育才学校的集体之教育性决定了全部的集体生活，同时就是文化生活。质言之，劳动生活、健康生活、政治生活在集体讨论与检查中所有语言文字表达能力之锻炼以及思考推理之应用等等，便同时是文化生活。劳动生活、健康生活、政治生活对于学生精神和品格上之陶冶及锻炼，便同时是文化教育。因此，育才学校的集体生活在其总的意义说来，同时又是文化教育。

（12）育才学校之集体生活在其总的意义上说来，一方面是政治教育，另一方面又是文化教育。此二者与集体生活是互为影响的。集体生活愈丰富，则政治教育愈充实，政治教育愈充实，则集体生活之政治认识的水准愈提高。同样地，集体生活愈丰富，则文化教育愈充实，文化教育愈充实，则集体生活之文化水准愈提高。

（13）育才学校之政治教育、文化教育在集体生活有其总的意义，要求我们确定这两方面的指导方针：（一）今天吾人正处在历史上空前未有的民族解放战争中，纵贯在整个抗战中之最根本问题是全国精诚团结，服从三民主义之领导，这是全国人民的共同要求，毫无疑义地育才学校之政治教育应以精诚团结、服从抗战、实行三民主义为最高原则。（二）人类历史上的文化遗产浩如瀚海，欲浩如瀚海之文化遗产全部为儿童所接受，匪特不可能，抑且与教育原理不相合。因此，育才学校今日而言文化教育，就其内容而言，必须确定以下诸点：（一）约缩地反映人类历史上重要而有代表性的文化遗产；（二）着眼哲学科学（社会与自然）与艺术之历史的发展及其在社会实践的意义；（三）着重人类进化史及中国历史的认识。

（14）最后，育才学校一般基础教育之是否可以获得成功，特种基础教育是否可以获得较多的学习时间，都要看儿童们是否能迅速地获得文化之工具来决定，这是一个教育上基本建设的问题。一个儿童不能够用适当语言文字清楚地表现他的思想，我们可以说，这个儿童所受的是不完备的教育。所谓文化的工具的教育，包含着这样几项：（一）语言；（二）文字；（三）图画；（四）

数学;（五）逻辑。广义地说来，这五项东西同是表达思想的工具。只有这种工具获得了才可以求高深的学问，才可以治繁复的事。传统教育也是非常看重这种工具的，但它有两个根本缺点：第一，偏狭，将读、写、算看作最重要的工具；第二，错误，一味在读、写、算本身上来学习读、写、算。今天我们提出文化的工具教育，并且强调其重要，绝不是将它置于一般基础教育之上，终日来学习语言、文字、数学、逻辑。倘若这样的话，这正是犯了三 R（The three R's，英文 Read、Recite 和 Review 的缩写形式，意为阅读、背诵和温习）教育的错误。我们认为工具教育，应该从丰富的集体生活中来吸取培养它自己的血液，用语言、文字、图画来表达集体生活，用集体生活中统计的事项来作为计算的材料，用集体生活中之事实、论争发展儿童客观的逻辑，代替儿童之虚幻的逻辑。

然而，在另一方面也有一种错误的倾向：那就是设计教学法者，根本忽视工具教育之特性。他们将语文和算术的学习不断联结于各个不甚关联的单元活动上，充满了牵强附会和人工造作。依照我们的办法，一方面是用这些工具来表达集体生活事项，一方面又将语文中之优秀作品以及计数活动之练习给组成一种文化生活，从事学习，儿童获得这种文化的生产工具以后，他便能自动地吸收广泛的知识。

二　育才学校生活、学习与工作制度

（1）育才学校的生活、学习、工作基本上是打成一片的，其中一般活动皆属于一骨干组织的集团生活之组织下。这一个组织统一了生活与学习的组织,统一了集体生活与日常社会服务组织。这一组织系统概略如下:(一)设育才学校儿童生活团;(二)音乐、戏剧、文学、社会、绘画、自然、工艺、农艺等组各编为一中队,中队下设若干分队;(三)各组同一般教育水准之儿童编为一学级,使共受普通教育;(四)各组之各不同分队的儿童按年龄大小与工作经验之配合,混合组成若干社会服务队,专司附近村落社会服务。

(2)学习活动中之一般学习包含一般生活组织中。

(3)工作与服务之一般的组织亦包含在一般生活组织中,但育才学校为了在抗战洪炉中锻炼儿童,同时为了抗战工作之需要,得相机随时组织战时工作队;倘若在一般生活组织中,有较为固定的生活、工作与学习已经使儿童获得较为刻板的习惯,那么战时工作队便是有意打破这种刻板的习惯,予儿童以一种应有的训练。

(4)以上各项组织尽了纵横交错之作用,使全校儿童能彼此相接触,但在这各组织中,分队是平日生活、工作、学习的基本组织。

(5)育才学校主张教训合一,同时育才学校坚决地反对体罚。体罚是权威制度的残余,在时代的意义上说它已成为死去的东西;它非但不足以使儿童改善行为,相反地,它是将儿童挤下黑暗的深渊。育才教师最大的责任便是引起儿童对于纪律自觉地需要,自觉地遵守;引起儿童对于学习自觉地需要,自动地追求。

（6）育才学校集体生活之组织的原则是民主集中制。民主集中制的运用，一方面可以健全当前的集体生活，另一方面是要培养儿童参与未来民主政治之基础。

（7）育才学校着重分队晚会，凡集体生活中之问题、时事及当天指导员所教的东西务需予以充分的讨论，这除了增加儿童对于学科了解而外，同时更增进了儿童语言表达的能力。

（8）育才学校着重自我批评。自我批评是发展民主的有效手段，自我批评是促进自觉性启发的利器。

（9）育才学校着重总结能力之培养。总结需要包含学习中各种问题，自我批评及讨论中不相同的意见等，这一方面是扩大了儿童的能力，一方面是练习了逻辑。

（10）育才学校要养成儿童之自我教育精神；除跟教师学外，还跟伙伴学，跟民众学，走向图书馆去学，走向社会与自然界去学。他可以热烈地参加集团生活，但同时又可以冷静地思考问题。

（11）育才学校之总的教育过程为：（一）以儿童为行动的主体，在教师之知的领导下，所进行的行与知之不断连锁的过程；（二）以儿童为行动的主体，同时以儿童自身之知为领导，所发展之行与知不断连锁的过程；（三）育才教育目的之一便是从第一种过程慢慢地发展至第二种过程。

（12）育才学校之一般"教学做"的过程，有三种形式：（一）以工作或问题为中心的教学做过程；（二）以事物之历史发展为中心的教学做过程；（三）各学科各系统的学习与研究的教学做过程。这三种过程，育才学校参合互用。

（13）育才学校教师与学生基本上是在集体生活上共学，不但是学生受先生的教育，先生也在受学生的教育。这里我们要反对两种不正确的倾向：一种是将教与学的界限完全泯除，否定了教师领导作用的错误倾向；另一种是只管教，不问学生兴趣，不注意学生所提出的问题之错误倾向。前一种倾向必然是无计划随着生活打滚；后一种倾向必然是盲目地灌输学生给弄成填鸭。

优良的教育工作者一方面是他根据客观情形订出教育计划，但另一方面是知道如何通过生活与实践实现这个计划，并且在某种情形下他知道修改他的计划，同时发展他的计划。

二八、六

原载 1940 年 8 月 1 日《战时教育》第 6 起第 1 期

育才二周岁前夜

育才是中国抗战中所产生的一所试验学校，应该是要在磨难里成长为一个英勇的文化作战集团。它的怀胎是在武汉快要失守之前，而诞生则在南岳会议以后，正当国内肃清巨奸之污血，国际唤起正义的声援，我们的整个民族是树立了必胜的信念，而在历史过程中酝酿着一个蓬蓬勃勃的大转机。这时抗战文化是开放着千紫万红的鲜花。那空前的难童公育运动，也奠定了一个相当规模的初基。育才学校便是这难童公育运动之进一步的合乎客观需要的发展。这一切回想起来令人不胜黄金时代之感。

但是向前看啊！不可近视懈怠而被目前的磨难俘虏而去。前面有着更大的黄金时代。

说到目前的磨难可算是严重。但是也给了我们空前的机会来创造。敌人的扩大封锁与加紧进攻，要更大的团结力量去克服。世界战争，自从德军开始进攻苏联，把我们的友邦都卷入旋涡了。这也可使我们格外警觉，靠着更大的团结力量来自力更生，同时也可使我们与友邦发生更亲切之合作，并由于我们的努力使英美与苏联的关系加强，四国配合作战，以铲除人类之公敌而创造幸福之世界。目前的文化界无可讳言的是因烦闷而离开了一批工作者。文化之园里还存在着"无奈朝来寒雨晚来风"之慨。从张文白（张治中）部长第二次招待文化界的演说词里，我们知道他似乎有惜春之意。这春暮的气象，大家多少有些同感，但是夏天之莲，秋天之菊，冬天之梅，四季常青之松柏，只要园丁负责，不给茅草乱长，那样不可以及时欣欣向荣呢？而且春，无论如何也会回到人间，向前看啊！前面有着更大的黄金时代待创造。

育才是在这样的气氛里生长着。它是抱着这样的态度过日子。它快两岁了，长成了一个什么样儿呢？

跟武训学，最近几个月我们是过着别有滋味的日子，每日与米赛跑，老是跑在米的后面。到了四月，草街子米价涨到每老斗五十三元，比开办的时候涨了二十五倍。这时所有的存款都垫到伙食上去了。向本地朋友借来的四十石谷也吃完了，向银行借来的三万元也花光了。怎么办？从前武训先生以一位"乞丐"而创办了三所学校，我们连一所学校也不能维持，岂不愧死？于是我们在四月六日下了决心要跟武训学，我们要做一个"集体的新武训"。我们相信只要我们所办的是民族与人类所需要的教育，总有一天得到"政府"社会之了解帮助，从磨难中生长起来。首先是育才学生们之响应。他们来信说："我们愿做新武训的学生，不愿做旧武训的学生。"他们的意思是说：我们自动求学，用不着武训向他们下跪才用功。同样，教师们也给了认真教课的保证。有了认真教课的教师与自动求学的学生，新武训是比较容易做了——只需讨饭兴学，对付经济问题。这经济问题固然严重得很——到我写这篇文章的时候，二百张嘴天天所吃的已是每老斗一百一十元的米了。超出开办时五十倍——但是本着立校颠扑不灭的教育理论，抱着武训先生牺牲自我之精神，并信赖着中华民族重视教育、爱护真理之无可限量之热诚，我们知道就是比现在更困苦，也必定不是饥饿所能把我们拆散的。中华民族需要我们，世界人类需要我们。磨难只能给我们以锻炼，使我们更强壮地长起来。

初入人才教育之路，育才在过去两年中只是做了一点探路的工作。育才在两周岁之前夜，对于初步人才教育，探到了什么路？怎样在这路上试探？有限得很，只可约略地谈谈：

甲、集体生活 集体生活不仅仅是大家聚在一块过日常生活。我们要想丰富集体生活在教育上之意义，必须使它包含三种要素：（一）为集体自治；（二）为集体探讨；（三）为集体创造。

（一）集体自治的主要目的，是要使大家在集体自治上来学习集体自治。集体自治在育才是采用民主集中制。我们在民主与集中之间摇摆了一些时候，我们主观上是要实行民主集中，使全校的公意得以充分的发表，并使此发表之公意有效而迅速地实现起来。但是实际上，我们初期似乎过于民主，发生过平均、平行等毛病；后来，要想纠正这些毛病，权力过于集中，整齐严肃是其好处，被动呆板是其弱点。现在仍回到立校之原意，要贯彻民主集中制之真精神，一方面培养自动的力量，一方面培养自觉的纪律，一方面树立宣导这力量及发挥这纪律有效而有条理的机构，使他们向着有目的生活奔赴，如百川之朝海。如果有一方面做得不够或有所偏，多少便会失去民主集中之效用。

（二）集体探讨之目的，在以集体之努力，追求真理。探讨之路有五，即行动、观察、看书、谈论、思考，称之为五路探讨，也可称之为五步探讨。这与《中庸》所说之博学、审问、慎思、明辨、笃行相仿佛，不过次序有些变动，博学相当于观察与看书。审问似乎属于思考又属于谈论。慎思明辨纯属于思考。笃行相当于行动。人类与个人最初都由行动而获得真知，故以行动始，以思考终，再以有思考之行动始，以更高一级融会贯通之思考终，再由此而跃入真理之高峰。说到应用，凡是不必按班级学习之功课都可采用集体探讨之方式，如社会科学、自然科学、艺术之一大部分，只需文化锁匙略会运用，即可开始从事于集体探讨。例如集体探讨中国抗战或某一战役，教师可于一星期前公布探讨纲目，提示参考图书，并指点探讨之路。地图及数字须预为择要公布。首先我们要在参加抗战行动上来了解抗战。我们在慰问抗属、制寒衣、义卖、宣传兵役等行动上来理解它的性质及发展。敌机凌空、轰炸惨酷、汉奸挑拨、奸商囤积居奇、军民同赴国难以及种种战利品随时随地广为观察。有关中国抗战及该战区之地图、书籍、报章杂志须广为搜集，按程度分别陈列以备阅览。然后依规定日期，由教师或请专家主讲，由学生参加讨论，当时扼要记录，事后用心整理，并加以批评检讨，以期达到融会贯通之境界。等到融会贯通以后之抗战行动，是跃入更深的必胜信念，并能发出更大的参加力量。这整个过程，我们称之为集体探讨。牛顿养猫，猫养小猫，他在大猫洞旁边开一小洞使小猫可以自由出入。但小猫只是跟随大猫走大洞，小洞等于虚设。集体探讨只是开了一个文化大洞，小孩自然跟着大孩一同进出罢了。

（三）集体创造的目的，在运用有思考的行动来产生新价值。我们虽不能无中生有，但是变更物质的地位，配合组织，使价值起质的变化而便利于我们的运用。这也构成普通功课之一部分，使学生在集体创造上学习创造。我们以前开辟操场、劳动路及普式庚林（今译普希金）并改造课室已经有了些经验。这次从六月二十到七月二十定为集体创造月，开始作有计划之进行，分举如下：

（子）创造健康之堡垒；

（丑）创造艺术之环境；

（寅）创造生产之园地；

（卯）创造学问之气候。

（子）创造健康之堡垒：我们的集体生活首重健康。创造健康之堡垒，目的在与疾病作战。善战者不战而退敌人之师，故一分预防胜于十个医生。健康之堡垒有三道防线：第一道防线，是制造扑灭病菌、绝除病菌及携带病菌者之工具，如苍蝇拍、捕鼠器、纱罩、蚊帐、烧水锅炉、消毒器械，并采用其他科学方法与侵犯之病菌及病菌携带体作战。第二道防线，为实施环境卫生，如水井、厕所、厨房、饭厅、阴沟死水、仓库、家畜栏、垃圾堆，都要经常地施以适当的处理，使病菌无法孳生蔓延。第三道防线，是赤裸裸地靠着身体的力量与病菌肉搏。这道防线所包含的是营养、运动、防疫针、生理卫生之认识。至于治疗乃是三道防线都被攻破，肉搏又告失败，只好抬入后方医院救治。故治疗不是作战之防线，乃是医伤之处所。最好是努力于三道防线上健康堡垒之创造，使治疗所等于虚设。我们是要朝这方向进行，很希望在集体创造月里立下一个基础，以后继续使它逐渐完成。但是既与病菌作战，无论如何周到，难免没有受伤官兵，故治疗所工作也不敢疏忽，而是要使它有效地执行它的任务。

（丑）创造艺术之环境：我们要教整个的环境表示出艺术的精神，使形式与内容一致起来。这不是要把古庙制成一座新屋，老太婆敷粉擦胭脂涂嘴唇是怪难看的。但是阵有阵容，校有校容，有其内必形诸外，我们首要重艺术化的校容。甲午之前，中国海军也算是世界第四位，一度开到日本大示威。一位有见识的日本官在岸上看了一看说：这可取而代之。人问其故。他说："大炮为一舰之主，我看见他们在大炮上晒裤子，所以知道它的末路快到了。"这种眼光多么锐利啊！他是从舰容——大炮上的裤子——看清楚清海军军纪了。我们所要的校容不是浪费的盛装，而是内心的艺术感所求的朴素的表现。我们的校容要井然有条，秩然有序，凛然有不可侵犯之威仪。什么东西应该摆在什么地方或只许摆在哪个地方，应该怎样摆也只有那样摆，而不许它不得其所。无论什么东西，已经成群，就得排队：草鞋排队、斗笠排队、扫帚排队、畚箕排队、锄头排队、文具排队、手巾排队、脸盆排队、桌排队、椅排队、凳排队、床排队、被排队、书排队——一切排起队伍来！物也排队，人也排队；静要排队，动要排队；排队而进，排队而出。排队之前，排队之时，排队之后，通身以朴素之艺术精神贯彻之，便成了抗战建国中应有之校容。捣乱这校容的有少爷、小姐、名士派、浪漫派、个人主义、自由主义之遗孽，我们是努力地感化而克服着。

（寅）创造生产之园地：我们要渡过经济难关，是要开源节流，标本兼治。治标的办法，是在节约捐款。根本之计，则在从事有效之生产，以十年树木之手段，贯彻百年树人之大计。现在正进行着"寸土运动"，使大家知道"一寸黄土一寸金"之义，而后用集体的力量使地尽其力。进行这工作时候，有数件事颇令人兴奋。晚饭钟已经敲了，我们见一位小同学身边放着十根辣椒苗，左近实在没有空地了，只空下一个小水凹。他把水疏通流到别处去，拾了几块石头连泥做了个小堤，再拿好土把凹地填平，将辣椒苗栽完了才洗手回校吃晚饭。这时，又看见一位同学远远地还在工作，待我走去和他谈谈，他说："我今天要挖好五百个凹，使山芋秧种完了才放手。"他的技术虽然还有许多地方不能令人满意，但是我们有一些小农人精神，是足以完成我们小范围中的寸土运动的任务。在我们当中，也有一些人懒得动手，或把生产当作玩艺儿干。我希望在创造劳动的洪炉里，他们渐渐地会克服自己的弱点，把自己造成手脑双挥的小工人。

（卯）创造学问之气候：气候是生物生长之必要条件。我们要学问长进，必须创造追求真理所必需的气候。平常所谓气候是空气与热之变化所至，学问之气候也可说是追求真理之热忱与其所需之一定文化养料及其丰富之配合所构成。追求真理之热忱其限度固为先天所赋予，而各人是否得尽其限，则有赖于集体或彼此之鼓励。但所赖以追求真理之文化养料之配合则有待于创造。具体地说，我们除了培养求知之热忱以及大自然、大社会之博观约取外，必须有自然科学馆、社会科学馆、艺术馆、图书馆之建立。对于文化养料搜集得愈丰富，配合得愈适宜，则其有助于学问之长进亦愈大。这些，在我们这样的学校，除了集体创造外，便无法实现。从五月二十七日起，我们是分工合作地来采办这些文化食粮。首先是图书馆之彻底改造，简直是等于创造一个新的图书馆，竟以集体的力量而完成了奠基的任务。图书馆之改造证明了集体力量之雄厚，并为一切集体创造树立了一个可以达到的水准，而且于无意中起了模范作用。我们有两个肚，需要两种食粮、两个厨房、两个大司务。自从米价涨上天，精神食粮偏枯，大家好像变成一个大肚小头的动物，其实精神肚子吃不饱，饭桶肚子又何尝吃得饱？为了免掉这种偏枯，我们除了吃"点心"外，还要吃"点脑"——还要吃"文化点心"。我们下决心规定"点心"费或文化点心费，不得小于米价二十分之一，免得头脑长得太小，太不像样。

乙、文化钥匙　活的人才教育，不是灌输知识，而是将开发文化宝库的钥匙，尽我们知道的交给学生。文化钥匙主要的四把：即国文、数学、外国文、科学方法。国文、数学、外国文三样，在初期按程度分班级上课最经济。数学对于艺术部门之学生，只须达到足够处理日常生活程度以后，即可任其自由选择。知识之前哨丰富之学术多在外国，人才幼苗一经发现即须学外国文。至少一门，与国文同时并进，愈早愈好，风、雨、寒、暑不使间断，若中途发现其不堪深造，则外国文即须停止，以免浪费时间。科学方法不必全部采用班级上课，一部分要使其在行动上获得方为有效。这科学方法似宜包含治学、治事各方面。从前有一个故事提到有一位道人用手一指，点石为金，一位徒弟在旁呆看，道人说："你把金子搬去可以致富。"徒弟摇摇头。道人问他为何不要金子，徒弟说："我看中你那个指头。"世上有多少人被金子迷惑而忘了点金的指头，文化钥匙虽可分班度人，但要在开锁上指点。如当作死读书，上起锈来，又失掉钥匙的效用了。

丙、特殊的学习 这是育才立校之一特点，我们设了音乐、戏剧、文学、社会、自然、绘画六组，依据智慧测验、特殊测验，选拔难童加入最适合其才能兴趣之一组学习，以期因材施教，务使各得其所。我们的目的，在使人才幼苗得到及时之培养而免于延误枯萎。特殊才干之幼苗，一经发现，即从小教起，不但是合于世界学问之幼年史实，即我们这短短两年的试验，也证明了路线之正确。将来，倘能照预定计划加设工艺组和农艺组，更为容易见效而适合需要。一位来校视察的朋友，看见这办法合理而主张普遍推行。这是需要慎重考虑的。我想每省先设一所以资试验，却是有益而无害。将来随办学人才之增加，则每一行政督察专员区设立一所，亦属可行。

丁、自动力之培养 生活、工作、学习倘使都能自动，则教育之收效定能事半功倍。所以我们特别注意自动力之培养，使它贯彻于全部的生活工作学习之中。自动是自觉的行动，而不是自发的行动。自发的行动是自然而然的原始行动，可以不学而能。自觉的行动，需要适当的培养而后可以实现。故自动不与培养对立，相反的自动有待于正确的培养。怎样才算是正确的培养呢？在自动上培养自动，才是正确的培养。若目的为了自动，而却用了被动的方法，那只能产生被动而不能产生自动。有人好像是无须培养便能自动，那是因他会自觉地锻炼了自己，培养了自己，其实他是运用了更高的培养，即自我的培养。我们的音乐指导委员会，委员都在重庆，每月有一位下乡指导数日。当他不在乡下的时候，学生竟能自动地完成每一个月的学习进程，这是很令人高兴的一件事。最近改造图书馆，一开始便着手培养十几位幼年管理员，在改造图书馆上培养他们管理图书馆。现在整个图书馆都由他们主持了，而且有了优越的成绩。二周年纪念要发出将近三百封信，我们把握住这个机会，培养了二十几位幼年的秘书。写得不及格的摔进字纸篓里，顶多摔进去三次便及格了。这写及格不就等于一门书法考试及格了吗？所不同的是三百封信出去了，等于一位书记五十天的成绩。而且书法考试及格，写信未必适用；但是写信已经合用，书法必定及格。现在要完成幼年会计、幼年护士之培养，并开始幼年生产干事、幼年烹饪干事之培养。我们的根本方针，是要在自动上培养自动力。每人学治一事，不使重复而均劳逸。寻常治学之人与治事之人常常相轻，现在治学之人学治一事，则治事亦治学了。再因一般治事之人，为治事而治事，不免流于事务主义，倘从小即养成其为治学而治事之态度，则两受其益了。

两个问题之再考虑

（一）**普修课与特修课之关系**　育才初办的时候，假定普修课与特修课之时间各占二分之一。普修课依部章所定内容进程实施。特修课则因无前例，则根据各组学术性质而定其课程。后来，因研究结果而改订时间，使普修课约占三分之二，特修课占三分之一，并给各组以伸缩机会，再依各组进程需要逐年酌量增加特修课之时间。我们时常遇到的问题是：你们的学生几年毕业？我们回答问题不像普通学校那样简单。特修课我们是希望学生一直学上去，到学成了才告一段落；普修课则大约和别的学校同年限毕业。接着就是第二个问题：你们费了三分之一的时间在特修课上面，又如何能同别的学校同年限毕业？因为有四个条件能使它成为可能：（一）我们这里几乎是个全年学校或四季学校。当寒假生活和暑假生活，名字虽是不同，但多少还得天天上些课。比较起来，我们全年上课是可能多十几个星期。（二）特修课之一部分，在学力上是可移转到普修课上面去。（三）如果集体探讨及集体创造，特别是学问气候之创造，有效地实现起来，学生潜修其中，自然而然的是随时随地地吸收很多相当于普修课之内容。（四）为着要预防及纠正特修课教育之狭隘性格，我们多方引导学生在各组之立场与观点，尽量对于普修课各部门找出他们与本组学术之关联。担任普修课之导师，随时尽可能扼要指出他的功课与特修课之联系，同时，担任特修课之导师乃至比较深造的学生，提出各该组当前学习之精华，使之深入浅出，公诸全校，以丰富全校之普修课内容。这样，普修课与特修课之鸿沟打通，乃能达到一般的特殊与特殊的一般之境界。

（二）**集体检讨可能之流弊**　集体生活必须有自我检讨而后能克服自身之弱点，发扬本身之优点。这种检讨晚会之原意，是教工作做得好些，学问求得正确些，生活过得丰富而合理些，进一步是要时常提醒我们所过的生活，所求的学问，所做的工作是否合乎抗战建国之需要及如何使我们的生活、学习、工作更能配合抗战建国之大计。它要提醒我们是否为了近处而忘记远处，为着小我而忘了大我。这样，晚会才能开得有教育意义，才能教人有参加之乐而无参加之苦。但是检讨晚会有一个危险，说是一不小心，它往往会变成集体裁判，为着一点小事而浪费多数人之时间，久而久之，会在同学之间结下难解之私仇，被检讨人是弱者吞声屈服，强者怀恨报复，既伤团体和气，亦无益于个人，甚至乐园变成苦海，实误用集体检讨有以致之。古人说："杀鸡焉用牛刀。"何况拿牛刀杀虱？若是老用来杀鸡杀虱，则到了杀牛的时候，怕要杀不动了。集体检讨是一个团体最锋利的公罚，不可小用，小用则钝。纠正之方在民主立法；有司执法，解开一面，庶有自新之路；十目所视，不容秽垢藏匿之所；而根本之图，是先立乎其大者，则其小者不能夺。改弦更张，为时不久，进一步可以达到同志、同学均在友谊上合一起来之境界，是其有助于全校之精诚团结，可以预卜了。

迎接维系努！婆罗门教有三个大神：一是创造之神，名叫百乐妈；一是破坏之神，名叫洗伐；一是保存之神，名叫维系努（Vishnu）。我们生活教育运动，包含育才学校，仔细检讨，便发觉我们缺少保存之神。让我们欢迎维系努加入我们的集团吧。我们不为保存而保存，是为着更高的创造而保存。正如印度故事所说，让更真、更善、更美的创造，从维系努手中之莲花里生出来吧。

原载 1941 年 6 月《战时教育》第 6 卷第 6、7、8 合期

创 造 宣 言

创造主未完成之工作，让我们接过来，继续创造。

宗教家创造出神来供自己崇拜。最高的造出上帝，其次造出英雄之神，再其次造出财神、土地公、土地婆来供自己崇拜，省事者把别人创造现成之神来崇拜。

恋爱无上主义者造出爱人来崇拜。笨人借恋爱之名把爱人造成丑恶无耻的荡妇来糟踏，糟踏爱人者不是奉行恋爱无上主义，而是奉行万恶无底主义的魔鬼，因为他把爱人造成魔鬼婆。

美术家如罗丹，是一面造石像，一面崇拜自己的创造。

教育者不是造神，不是造石像，不是造爱人。他们所要创造的是真善美的活人。真善美的活人是我们的神，是我们的石像，是我们的爱人。教师的成功是创造出值得自己崇拜的人。先生之最大的快乐，是创造出值得自己崇拜的学生。说得正确些，先生创造学生，学生也创造先生，学生先生合作而创造出值得彼此崇拜之活人。倘若创造出丑恶的活人，不但是所塑之像失败，亦是合作塑像者之失败。倘若活人之塑像是由于集体的创造，而不是个人的创造，那么这成功失败也是属于集体而不是仅仅属于个人。在一个集体当中，每一个活人之塑像，是这个人来一刀，那个人来一刀，有时是万刀齐发。倘使刀法不合于交响曲之节奏，那便处处是伤痕，而难以成为真善美之活塑像。在刀法之交响中，投入一丝一毫的杂声，都是中伤整个的和谐。

教育者也要创造值得自己崇拜之创造理论和创造技术。活人的塑像和大理石的塑像有一点不同，刀法如果用得不对，可以万像同毁，刀法如果用得对，则一笔下去，万龙点睛。

有人说：环境太平凡了，不能创造。平凡无过于一张白纸，八大山人挥毫画他几笔，便成为一幅名贵的杰作。平凡也无过于一块石头，到了飞帝亚斯（今译菲狄亚斯）、米开朗基（今译米开朗琪罗）的手里可以成为不朽的塑像。

有人说：生活太单调了，不能创造。单调无过于坐监牢，但是就在监牢中，产生了《易经》之卦辞，产生了《正气歌》，产生了苏联的国歌（这里指《国际歌》，苏联在1917—1944年间，以《国际歌》作为国歌），产生了《尼赫鲁自传》。单调又无过于沙漠了，而雷塞布（Lesseps）竟能在沙漠中造成苏彝士运河（今译苏伊士运河），把地中海与红海贯通起来。单调又无过于开肉包铺子，而竟在这里面，产生了平凡而伟大的平老静（铺面名）。

可见平凡单调，只是懒惰者之遁辞。既已不平凡不单调了，又毋需乎创造。我们是要在平凡上造出不平凡；在单调上造出不单调。

有人说：年纪太小，不能创造。见着幼年研究生之名而哈哈大笑。但是当你把莫扎尔特（今译莫扎特）、爱迪生及冲破父亲数学层层封锁之帕斯加尔（Pascal，今译帕斯卡）的幼年研究生活翻给他看，他又只好哑口无言了。

有人说：我是太无能了，不能创造。但是鲁钝的曾参传了孔子的道统。不识字的慧能，传了黄梅的教义。慧能说："下下人有上上智。"我们岂可以自暴自弃呀！可见无能也是借口。蚕吃桑叶，尚能吐丝，难道我们天天吃白米饭，除造粪之外，便一无贡献吗？

有人说：山穷水尽，走投无路，陷入绝境，等死而已，不能创造。但是遭遇八十一难之玄奘，毕竟取得佛经；粮水断绝，众叛亲离之哥仑布，毕竟发现了美洲；冻俄病三重压迫下之莫扎尔特，毕竟写出了《安魂曲》。绝望是懦夫的幻想。歌德说：没有勇气一切都完。是的，生路是要勇气探出来，走出来，造出来的。这只是一半真理。当英雄无用武之地，他除了大无畏之斧，还得有智慧之剑、金刚之信念与意志，才能开出一条生路。古语说，穷则变，变则通。要有智慧才知道怎样变得通，要有大无畏之精神及金刚之信念与意志才变得过来。

所以，处处是创造之地，天天是创造之时，人人是创造之人，让我们至少走两步退一步，向着创造之路迈进吧。

像屋檐水一样，一点一滴，滴穿阶沿石。点滴的创造固不如整体的创造，但不要轻视点滴的创造而不为，呆望着大创造从天而降。

东山的樵夫把东山的茅草割光了，每上泰山割茅草，泰山给他的第一个印象是：茅草没有东山多，泰山上的"经石峪""无字碑""六贤祠""玉皇顶"；大自然雕刻的奇峰、怪石、瀑布；豢养的飞禽、走兽、小虫和几千年来农人为后代种植的大树，于他无用，都等于没有看见。至于那种登泰山而小天下之境界，也因急于割茅草而看不出来。他每次上山拉一堆屎，下山撒一泡尿，挑一担茅草回家。尿与屎是他对泰山的贡献，茅草是他从泰山上得到的收获。茅草是平凡之草，而泰山所可给他的又只有这平凡之草，而且没有东山多，所以他断定泰山是一座平凡之山，而且从割草的观点看，比东山还平凡，便说了一声："泰山没有东山好。"茅草中有一棵好像是先知先觉的树苗，听他说："泰山没有东山好"，想到自己老是站在寸土之中，终年被茅草包围着，陡然觉得平凡、单调、烦闷，动摇，幻想换换环境。一根树苗如此想，二根树苗如此想，三根树苗如此想，久而久之成趋向，便接二连三的，一天一天的，听到树苗对樵夫说："老人家，你愿意带我到东山去玩一玩么？"樵夫总是随手一拔，把它们一根一根地和茅草捆在一起，挑到东山给他的老太婆烧锅去了。我们只能在樵夫的茅草房的烟囱里偶尔看见冒出几缕黑烟，谁能分得出哪一缕是树苗的，哪一缕是茅草的化身？

割草的也可以一变而成为种树的老农，如果他肯迎接创造之神住在他的心里。我承认就是东山樵夫也有些微的创造作用——为泰山剃头理发，只是我们希望不要把我们的鼻子或眉毛剃掉。

创造之神！你回来呀！你所栽培的树苗是有了幻想，樵夫拿着雪亮的镰刀天天来，甚至常常来到树苗的美梦里。你不能放弃你的责任。只要你肯回来，我们愿意把一切——我们的汗，我们的血，我们的心，我们的生命——都献给你。当你看见满山的树苗在你监护之下，得到我们的汗、血、心、生命的灌溉，一根一根地都长成参天的大树，你不高兴吗？创造之神！你回来呀！只有你回来，才能保证参天大树之长成。

罗丹说："恶是枯干。"汗干了，血干了，热情干了，僵了，死了，死人才无意于创造。只要有一滴汗，一滴血，一滴热情，便是创造之神所爱住的行宫，就能开创造之花，结创造之果，繁殖创造之森林。

三十二、十、十三

写于凤凰山

原载 1944 年 1 月时代印刷出版社版《育才学校手册》

创造的儿童教育

创造的儿童教育，不是说教育可以创造儿童。儿童的创造力是千千万万祖先至少经过五十万年与环境适应斗争，所获得而传下来之才能之精华，发挥或阻碍，加强或削弱，培养或摧残这创造力的是环境。教育是要在儿童自身的基础上，过滤并运用环境的影响，以培养、加强、发挥这创造力，使他长得更有力量，以贡献于民族与人类。教育不能创造什么，但他能启发解放儿童创造力以从事于创造之工作。

我们晓得特别是中国小孩，是在苦海中成长。我们应该把儿童苦海创造成一个儿童乐园。这个乐园不是由成人创造出来交给小孩子，也不是要小孩子自己单身匹马去创造，我们造一个乐园交给小孩子，也许不久就会变为苦海，单由小孩子自己去创造，也许就创造出一个苦海，所以应该成人加入小孩子的队伍里去，陪着小孩子一起创造。

一、把我们摆在儿童队伍里，成为小孩子当中的一员 我们加入到儿童队伍里去成为一员，不是敷衍的，不是假冒的，而是要真诚的，在情感方面和小孩子站在一条战线上。我曾经写过一首小诗，描写过我们在小孩队中应有和不应有的态度。

儿童园内无老翁，

老翁个个变儿童，

变儿童，

莫学孙悟空！

他在狮驼洞，

也曾变过小钻风，

小钻风，

脸儿模样般般像，

拖着一条尾巴两股红。

我们要加入儿童队伍里，第一步要做到不失其赤子之心，做成小孩子队伍里的一分子。

二、认识小孩子有力量　我们加入儿童生活中，便发现小孩子有力量，不但有力量，而且有创造力。我们要钻进小孩子队伍里，才能有这个新认识与新发现。

从前当晓庄学校停办的时候，晓庄的教师和师范生不能回晓庄小学任职，私塾先生又被小孩拒绝，农人不好勉强聘请，不得已，小孩自己组织起来，推举同学做校长、当教员，自己教，自己学，自己办，并自称为自动学校，这是中国破天荒的小创造。我听见了这个消息以后，就写了一首诗去恭贺他们：

有个学校真奇怪：

大孩自动教小孩。

七十二行皆先生，

先生不在学如在。

写好之后，交给几位大学生，请他们指教，他们说尽善尽美，于是用快信寄去。

第三天，他们回一封信，向我道谢之外，说这首诗有一个字要改：大孩教小孩，难道小孩不能教大孩吗？大孩能够自动，难道小孩不能自动吗？而且大孩教小孩有什么奇怪呀？这一串炸弹把个大字炸得粉碎，我马上把他改为"小孩自动教小孩"，这样一来，是更好了。黄泥腿的农村小孩改留学生的诗，又是破天荒的证明，证明小孩有创造力。

又有一次，我到南通州去推广"小先生"，写了一篇一分钟演讲词，内中有一段："读了书，不教人，什么人？不是人。"我讲过后有一个小孩子马上来说，陶先生，你的演讲最好把"不是人"改为"木头人"，"木头人"比"不是人"更好了。因为"不是人"三个字不具体，桌子不是人，椅子也不是人，而"木头人"是给了我们一个具体的印象。这也证明小孩子有创造力。我们要真正承认小孩子有创造力，才可以不被成见所蒙蔽。小孩子多少都有其创造的能力。

三、解放儿童的创造力　我们发现了儿童有创造力，认识了儿童有创造力，就须进一步把儿童的创造力解放出来。

（一）解放小孩子的头脑。儿童的创造力被固有的迷信、成见、曲解、幻想层层裹头布包缠了起来。我们要发展儿童的创造力，先要把儿童的头脑从迷信、成见、曲解、幻想中解放出来。迷信要不得，成见要不得，曲解要不得，幻想更要不得，幻想是反对现实的。这种种要不得的包头布，要把它一块一块撕下来，如同中国女子勇敢地撕下了裹脚布一样。

自从有了裹脚布，从前中国妇女是被人今天裹，明天裹，今年裹，明年裹，骨髓裹断，肉裹烂，裹成一双三寸金莲。

自从有了裹头布，中国的儿童、青年、成人也是被人今天裹，明天裹，今年裹，明年裹，似乎非把个个人都裹成一个三寸金头不可。如果中华民族不想以三寸金头出现于国际舞台，唱三花脸，就要把裹头布一齐解开，使中华民族的创造力可以突围而出。三民主义开宗明义就说：大凡人类对于一件事，研究其中的道理，首先发生思想，思想贯通，以后才生信仰，有了信仰，才生力量。思想贯通，便等于头脑解放。唯独从头脑里解放出来的创造力，才能打退日本鬼，建立新中国。

（二）解放小孩子的双手。人类自从腰骨竖起，前脚变成一双可以自由活动的手，进步便一天千里，超越一切动物。自从这个划时代的解放以后，人类乃能创造工具、武器、文字，并用以从事于更高之创造。假使人类把双手束缚起来，就不能执行头脑的命令。我们要在头脑指挥之下用手使用机器制造，使用武器打仗，使用仪器从事发明。中国对于小孩子一直是不许动手，动手要打手心，往往因此摧残了儿童的创造力。一个朋友的太太，因为小孩子把她的一个新买来的金表拆坏了，在大怒之下，把小孩子结结实实打了一顿。后来她到我家里来说："今天我做了一件极痛快的事，我的小孩子把金表拆坏了，我给了他一顿打。"我对她说，恐怕中国的爱迪生被你枪毙掉了。我和她仔细一谈，她方恍然大悟，她的小孩子这种行动原是有出息的可能，就向我们请教补救的办法。我说："你可以把孩子和金表一块送到钟表铺，请钟表师傅修理，他要多少钱，你就给多少钱，但附带的条件是要你的小孩子在旁边看他如何修理。这样修表铺成了课堂，修表匠成了先生，令郎成了速成学生，修理费成了学费，你的孩子好奇心就可得到满足，或者他还可以学会修理咧。"小孩子的双手是要这样解放出来。中国在这方面最为落后，直到现在才开始讨论解放双手。在爱迪生时代，美国学校的先生也是非常的顽固，因为爱迪生喜欢玩化学药品，不到三个月就把他开除！幸而他有一位贤明的母亲，了解他，把家里的地下室让给他做实验。爱迪生得到了母亲的了解，才一步步地把自己造成发明之王。那时美国小学的先生不免也阻碍学生的创造力的发展。我们希望保育员或先生跟爱迪生的母亲学，让小孩子有动手的机会。

（三）解放小孩子的嘴。小孩子有问题要准许他们问。从问题的解答里，可以增进他们的知识。孔子入太庙，每事问。我从前写过一首诗，是发挥这个道理："发明千千万，起点是一问。禽兽不如人，过在不会问。智者问得巧，愚者问得笨。人力胜天工，只在每事问。"但中国一般是习惯不许多说话，小孩子得到言论自由，特别是问的自由，才能充分发挥他的创造力。

（四）解放小孩子的空间。从前的学校完全是一只鸟笼，改良的学校是放大的鸟笼。要把小孩子从鸟笼中解放出来，放大的鸟笼比鸟笼大些，有一棵树，有假山，有猴子陪着玩，但仍然是个放大的模范鸟笼，不是鸟的家乡，不是鸟的世界。鸟的世界是森林，是海阔天空。现在鸟笼式的学校，培养小孩用的是干咸菜的教科书。我们小孩子的精神营养非常贫乏，这还不如填鸭，填鸭用的还是滋养料让鸭儿长得肥胖的。我们要解放小孩子的空间，让他们去接触大自然中的花草、树木、青山、绿水、日月、星辰以及大社会中之士、农、工、商、三教九流，自由的对宇宙发问，与万物为友，并且向中外古今三百六十行学习。创造需要广博的基础。解放了空间，才能搜集丰富的资料，扩大认识的眼界，以发挥其内在之创造力。

（五）解放儿童的时间。现在一般学校把儿童的时间排得太紧。一个茶杯要有空位方可盛水。现在中学校有月考、学期考、毕业考、会考、升学考，一连考几个学校，有的只好在鬼门关去看榜。连小学的儿童都要受着双重夹攻。日间由先生督课，晚上由家长督课，为的都是准备赶考，拼命赶考，还有多少时间去接受大自然和大社会的宝贵知识呢？赶考和赶路一样。赶路的人把路旁风景赶掉了，把一路应该做的有意义的事赶掉了。除非请医生，救人，路是不宜赶的。考试没有这样的重要，更不宜赶。赶考首先赶走了脸上的血色，赶走了健康，赶走了对父母之关怀，赶走了对民族人类的责任，甚至于连抗战之本身责任都赶走了。最要不得的，还是赶考把时间赶跑了。我个人反对过分的考试制度的存在。一般学校把儿童全部时间占据，使儿童失去学习人生的机会，养成无意创造的倾向，到成人时，即有时间，也不知道怎样下手去发挥他的创造力了。创造的儿童教育，首先要为儿童争取时间之解放。

四、培养创造力 把小孩子的头脑、双手、嘴、空间、时间都解放出来，我们就要对小孩子的创造力予以适当之培养。

（一）需要充分的营养。小孩的体力与心理都需要适当的营

养。有了适当的营养，才能发生高度的创造力，否则创造力就会被削弱，甚而至于夭折

（二）需要建立下层的良好习惯，以解放上层的性能，俾能从事于高级的思虑追求。否则必定要困于日用破碎，而不能向上飞跃。

（三）需要因材施教。松树和牡丹花所需要的肥料不同，你用松树的肥料培养牡丹，牡丹会瘦死，反之，你用牡丹的肥料培养松树，松树受不了，会被烧死。培养儿童的创造力要同园丁一样，首先要认识他们，发现他们的特点，而予以适宜之肥料、水分、太阳光，并须除害虫，这样，他们才能欣欣向荣，否则不能免于枯萎。

最后，我要提醒大家注意创造力最能发挥的条件是民主。当然在不民主的环境下，创造力也有表现，那仅是限于少数，而且不能充分发挥其天才。但如果要大量开发创造力，大量开发人矿中之创造力，只有民主才能办到，只有民主的目的，民主的方法才能完成这样的大事。美国杜威先生（不是候选总统之杜威，而是哲学家、教育家之杜威）最近给我信说："现在世界是联系得这样密切，如果民主的目的与方法不能在全世界每一个角落里都普遍地树立起来，我怕它们在美国也难持久繁荣。"民主应用在教育上有三个最要点：

（一）教育机会均等，即是教育为公，文化为公。我们要求贫富的机会均等，男女的机会均等，老幼的机会均等，各民族各阶层的机会均等。

（二）宽容和了解。教育者要像爱迪生母亲那样宽容爱迪生，

在爱迪生被开除回家的时候，把地下室让给他去做实验。我们要像利波老板宽容法拉第，法拉第在利波的铺子里做徒弟，订书订得最慢，但是利波了解他是一面订书一面读书，终于让法拉第在电学上造成辉煌的功绩。

（三）在民主生活中学民主。专制生活中可以培养奴才和奴隶，但不能培养人民做主人。民主生活并非乱杂得没有纪律。民主要有自觉的纪律，人民只可以在民主的自觉纪律中学习做主人翁。在民主动员号召之下，每一个人之创造力都得到机会出头，而且每一个人的创造力都能充分解放出来。只有民主才能解放最大多数人的创造力，并且使最大多数人之创造力发挥到最高峰。

原载 1945 年 4 月 1 日《战时教育》第 9 卷第 1 期

教育生活漫忆

我开始感觉民主教育的必要而予以实践以来，已经有了十九年。回想起来，这是一段压迫和艰难的历史。现在，中国因团结和苦斗粉碎了日本法西斯侵略者的野心。在某种意义上，中国真正的民主教育，可以说是最近才渐入轨道。

在日本，大部分的日本人差不多都识字，可是以前的日本却有重要的东西缺乏着——就是民主的成分。缺少了民主的成分，就是日本不幸的根源啊。总之，中日两国真正的民主教育的发展是有待于今日的。当新的民主教育开始时——日本不仅识字者多，由于此次战败的法西斯势力也已打倒，所以有利于日本的地方不少。可是中国呢？民主教育和识字运动仍需要并行兼施。中国民主教育前途的难关较日本多呢。

日本，它已经有相当的基础，所以只要确定一个新的方针就可以，要紧的是确定了之后不要动摇。

晓庄学校时代

我对于"普及教育"和"民主教育"问题，开始注意是在民国七八年的时候，民国十六年才有了一个组织。

当初我们展开的是"乡村教育"运动，民国十六年在南京和平门外，创设了晓庄学校，目的是号召全国造成一百万个乡村教师，使他们从事普及乡村教育的工作。

民国八年，我作关于"生活教育"的演讲，并确定意为：（一）生活的教育;（二）为生活而教育;（三）为生活的提高、进步而教育。十六年对于"生活教育"更进一步地定义成为：（一）人民的教育;（二）人民教育人民;（三）人民为自己生活的提高、进步所希求的教育三项。因为中国人口的四分之三都住在农村，经营农业，所以普及"人民的教育"的运动也就和乡村教育运动没有什么不同。

由于民国十六年以来的教育运动的经验，我们发现了若干道理。

第一，我们觉悟到过去的教师仅停滞在狭义的教育范围内是不够的，因为教师也有体力——有手也有脚，具有足够的劳动能力;同时农民也不应该只是默默地劳动，应该有思想的必要。总之，我们觉悟到了思想和生活的具体的关联性。

我们发现了手和脑若能打成一片，农民和工人始能成为革命的农民和革命的工人。而教育者获得了头脑和手脚的同盟，始能成为一个有创造能力的学者。

第二，我们觉悟到教学的本质是学习，而"学习"也就是实践，学而后能教人。这一点，就是说教学做合一。

所谓"做"是包涵广泛意味的生活实践的意思。而学习或是教学，不是片段而是一个整体，要教学必须先有手和脑的结合与思想和生活的合一，换句话说不单是要"劳力"同时也要"劳心"。

在这样意义的教育运动的实践中，感到学校教育的狭隘性是当然的。因此遂发现了第三个道理，就是为要真正地教育，必须做到"社会即是学校"这一点。整个乡村是我们的学校，扩大之，整个中国是我们的学校，更扩大之，整个世界乃至于宇宙都是我们的学校。

这样说来，单靠一个学校推动教育工作是不可能的。在整个教育过程中的学校，好像是整个房子当中的客厅。对教育——即教学范围的观念，这么一扩大，学校自然也很广大了，教师也多，功课也繁，至于学生的范围也就更多了。因而教育的效果也就更实在了。

总而言之，我们创办晓庄学校的目的，当初在于知识分子和农民之间的接触和结合，可是后来这两者的关系发生了很大的变化。根据我们的道路可以这样说：由（一）生活即是教育发展到（二）教学做合一；然后更发展到（三）社会即学校。

革新教育运动和民主运动有什么关系呢？农民和工人在这过程当中渐渐地认教育家为最可亲的友人，在这一点上有非常重要的意义的。

我们在晓庄学校里所施行的教育，因种种的关系终难以推广和实现，学校也就不得已而停办了。不过这却更坚定了我们的"社会即学校"的信念，更为了"打入整个社会"而继续努力了。

工学团的创始和小先生运动

"一·二八"战事爆发，我除了积极地参加对于日本帝国主义的反侵略斗争外，深深地感到普及教育的使命更加重要。因之，更发现了另一个新的原因，这是我特别地要告诉你的。

中国原是个穷国，所以教育也要采用"穷办法我是顾到这点才展开小先生运动的。可是这小先生运动不是忽然地想起来的。乃是在民国十一年提倡"平民教育"的时候，我有五十七岁的母亲，她有一个愿望，要学《平民千字课》。我和我的妹妹每天忙于推广我们的运动，连给母亲教千字课的时间也没有，结果我就教才六岁的孩子小桃教他的祖母读千字课。因为小桃在那个时候已经读熟了千字课第一册。这大胆的尝试居然成功了，祖母和她的孙子，或戏玩或读书，兴趣愈来愈好，一个月后竟读完了第一册。当我的母亲读书的第十六天，我到张家口旅行，用千字课中的文字给他写一封信，母亲接到了，竟很容易地念完了。回想当时，觉到那件事的本质里面包含着重大的意义。

"一·二八"战争以后，小先生运动却成了全国性的运动而发展下去了。

我们在上海郊外的大场镇，提出了"工以养生，学以明生，团以保生"的口号，经营着山海工学团。可是我们绝没有偏重于劳作技术的传播，却以受教育的人投入民间，把整个社会当作学校，以提高整个社会的教养水准为目标，而传播者就是小先生。在大场镇附近有二十五个村庄，一直到沦陷为止，那些小先生们都为了普及教育的工作而在奋斗。当时，在上海特别市区、俞塘、高桥、旧公共租界、旧法租界以及山海工学团里，已有了一万多的小先生在活动。

工学团具体的教育方法，是由每一个教师担任指导四十个学生，教育他们怎样在校外教穷人和穷孩子们认识文字。这就是把学校当作发电机，学生当作电线，两者打成一片点亮电灯（即大众教育）的运动。换句话说就是把社会和学校完全有机地予以统一的。

由小先生在"即知即传"的口号下传播给农民、劳工、妇女们，他们马上就当"传递先生"再传给别人去。

在以前是以教育发动民众，后来则由农民、工人、妇女自动地发动教育。

工学团打入城市　发展到社会大学

"九一八"，日本法西斯再接再厉地伸出它的魔手的时候起，一向在农村里工作的我们，才发展到大都市。我们的工学团也就在上海的北新泾、杨树浦、静安寺、曹家渡、浦东等地开辟了工作的据点，组织了不同的工学团，有儿童工学团，也有报贩的工学团，也有妇女的工学团等等各色各样的，它们都是半工半学，学了以后再传给别人的。

我们的最后目的是：

> 培养求学的嗜好，造成好学的民族。
> 培养教人的嗜好，造成诲人不倦的民族。

我们的学校（社会即是学校）并无年龄上的限制，是永远学而不倦，好学以至于死为目标的最高学府，是社会大学，是人民的大学。

原载 1946 年底生活教育社自刊《陶行知先生纪念集》

社会大学运动

社会大学有两种：一是有形的社会大学，二是无形的社会大学。社会大学运动是要把有形的社会大学普及出去，并且要给无形的社会大学一个正式的承认，使每一个人都承认这无形的社会大学之存在，随时随地随事进行学习。

无形的社会大学，是只有社会而没有"大学"之名。它是以青天为顶，大地为底，二十八宿为围墙，人类都是同学，依"会的教人，不会的跟人学"之原则说来，人类都是先生，而且都是学生。新世界之创造，是我们的主要的功课。无形的社会大学，虽无社会大学之名，实实在在它是一个最伟大的大学，最自由的大学，最合乎穷人需要的大学。我们穷人一无所有，有则只有这样一个社会大学。这无形的社会大学既然是我们的，我们就应该承认它，认识它，把它当作我们自己的宝贝，运用它来教育我们自己，使自己和同伴近邻养成好学的习惯，活到老，学到老，进步到老。把这个意思打进每一个人的心里，是社会大学运动的第一个任务。

当黄齐生先生参加中华职业教育社的一个会议的时候，他在名单上是列为第一名。有些青年干部不服气质问主席说，黄先生是哪个大学毕业的？江问渔先生回答："黄先生是社会大学毕业生。"大家才没有话说。江先生所说的社会大学，便是我所指的无形的社会大学。黄齐生先生既因这无形的社会大学而有所成就，让我们大家都紧紧地把握着这个大学来进行学问，追求真理，以为老百姓服务。

有形的社会大学是夜大学、早晨大学、函授大学、新闻大学、旅行大学、电播大学。

重庆开办的社会大学，是夜大学，纯粹由职业青年自动创办的。有些地方的职业青年，早晨要到九点钟才上工。早晨可以进行二三小时的学习，便可以开办早晨大学，以应这种青年之需要。

可能进夜大学、早晨大学的青年，依我估计中国足足有四百万人。每年高中毕业生有十一万人，能考取正式大学者只有一万多人，那么每年就是九万多人不得其门而入。人生从十六岁到四十岁，至少应该努力学习。这样算来便有二百十六万人，除去死亡害病十六万，应有二百万高中毕业生，要求社会大学予以进修的机会。

此外还有大学一年级、二年级、三年级删下来，而不得不找工作养活自己的青年。还有受过大学四年级教育的人，而觉得时代已经变动需要再学习。还有大群的自学青年，倘使得到社会大学的便利，进步可能更为迅速。只要能听讲而又能记笔记，便有入学资格。这样估计起来，至少再加二百万人，因此，我估计中国全国有四百万职业青年需要社会大学帮助他们进修。我们应该在全国展开社会大学运动，在各大都市建立夜大学早晨大学，来应济这广大的需要。正统大学能附设夜大学、早晨大学固然可以，但是单独设立尤有必要。它可以由职业青年、进步学者或热心社会人士分头或合力发起组织。一切要简而易行，不要让自己的幻想、野心把办法弄得太困难，而阻碍了发展与普及。普及与发展夜大学、早晨大学，是社会大学运动的第二个任务。

至于函授大学、电播大学，是要集中的办。旅行大学，包括海陆空三方面。新闻大学，是以好报为中心，辅以好杂志，并助以经常的座谈会。把这几种事业有效地办起来，是社会大学运动的第三个任务。

社会大学，无论有形的无形的，要有一个共同的大学之道。孔子的大学之道是，在明明德，在新民，在止于至善。现在时代不同了，我们提议修改几个字，成为：

"大学之道：在明民德，在亲民，在止于人民之幸福。"

社会大学之道，首先要明白人民的大德。人民的大德有四：（一）是觉悟。人民要觉悟中华民国是一个大公司，个个国民都是老板：男的是男老板，女的是女老板，大的是大老板，小孩是小老板。（二）是联合。做老板要有力量，力量从联合而来。不联合没有力量，凶恶的伙计是不会理睬我们的！所以要联合，四万万五千万人要联合起来做老板才行。（三）是解放。有了力量便需进行解放。我们要联合起来在进行解放的斗争中增长我们的力量。我们要学习争取六大解放：（1）头脑解放；（2）双手解放；（3）眼睛解放；（4）嘴解放；（5）空间解放；（6）时间解放。（四）是创造。解放出来的力量要好好地用，用在创造上，创造新自己，创造新中国，创造新世界。

社会大学之道，要亲近老百姓。我们认为亲民的道理，比新民的道理来得切。我们要钻进老百姓的队伍里去和老百姓亲近，变成老百姓的亲人，并且要做到老百姓承认我们的确是他们的亲人。

社会大学之道，是要为人民造幸福。一切的学问，都要努力向着人民的幸福瞄准。所谓人民的幸福，用老百姓自己的话说便是福禄寿喜。照着人民所愿望的福禄寿喜四大幸福进行，我们的学习才于人民有益，才配称为社会大学。也只有社会大学与人民幸福打成一片，而后社会大学运动才为人人应该参加的富有意义的大运动。

三五、一

原载 1947 年 3 月上海生活书店版《行知教育论文选辑》

小学教师与民主运动

我这次到上海，在一个小宴会上，听了几句令人深思的话。我的朋友说：抗战十四年来，五位教师之中，有一位逃难去了，一位做生意去了，一位变节了，一位死了，只剩了一位仍旧还在这里做教师，我们是多么寂寞啊！我说剩下的这一位，头上是裹着裹头布，嘴上是上了封条，肚子是饿凶了，被迫得只有干腌菜喂后一代。我们接着谈论胜利后的他们：逃难的难得回乡；做生意的倒胜利霉；变节的无法戴罪立功；死者不可复生；站在岗位上的，头上的裹头布仍旧裹着，嘴上的封条仍旧封得很紧，肚子饿得更凶了，除了干腌菜，还没有别的精神粮食给学生吃。这谈话指示我们，如果我们要为民主奋斗，我们得加强自己，改变自己，武装自己，而且要为教育招兵，为民主募马。

首先我们自己需要再教育，再受民主教育。中华民国虽然成立了三十五年，我们只上了很少的民主功课。细算起来，民国初立的几个月，推翻袁世凯的几个月，五四运动后的一两年，推翻复辟后的几个月，五卅惨案以及北伐前后的一二年，"一二·九"到抗战开始后一年，算是断断续续地上了几课，但是一曝一寒，胜不过二千年传下来的专制毒，和这十余年来的有系统的、反民主的、变相的法西斯蒂训政。特别是我们做教师的人，需要再教育来肃清一切不民主，甚至反民主的习惯与态度，并且积极地树立真正的民主作风。校长对于我们，我们对于学生，多少都存在着一些要不得的独裁作风。中国现在，自主席以至于校长、教师，有意无意的，难免是一个独裁，因为大家都是在专制的气氛中长大，为独裁作风所熏陶，没有学习过民主作风。我们所要学习的民主作风，至少应该包含这些：

（一）民为贵，人民第一，一切为人民。

（二）天下为公，文化为公，不存心包办或征为私有。

（三）虚心学习，集思广益，以建立自己的主张。

（四）自己要说话，也让别人说话，最好是大家商量。自己要做事，也让别人做事，最好是大家合作。自己要吃饭，也让别人吃饭，最好是大家有饭吃。自己要安全，也让别人安全，最好是大家平安。自己要长进，也让别人长进，最好是大家共同长进。

（五）民主未得到之前，联合起来以争取民主为己任；人民基本自由得到之后，依据民主原则共同创造，创造新自己，创造新家庭、新学校、新中国、新世界。

这是一种全新的生活方式，我们必须天天在实际的生活中学习，学习再学习，才能习惯成自然，造成民主的作风。

个人学习不如集体学习，偶尔学习不如经常学习。为着进行经常的集体学习，最好是联合起来组织社会大学、星期研究会以实施共同之进修。这些新的学习组织，在重庆已经施行有效，应该在各地举办起来，以应好学的教师与好学的青年的需要。孔子说："学而不厌，诲人不倦。"我看出这两句话有因果的关系。唯其学而不厌才能诲人不倦；如果天天卖旧货，索然无味，要想教师生活不感觉到疲倦是很困难了。所以我们做教师的人，必须天天学习，天天进行再教育，才能有教学之乐而无教学之苦。自己在民主作风上精进不已，才能以身作则，宏收教化流行之效。我们在民主作风之外，要学习的东西很多，应该按着自己的兴趣、才能和工作岗位的需要继续不断地学习，活到老，学到老。但是最重要的不能忘了社会科学。每一位现代的教师，必须把基本的政治问题、经济问题、世界大势、社会的历史的发展和正确思想方法弄清楚，最好是要参加教师进修的组织，如社会大学、星期研究会，凭着集体的力量督促自己长进。在没有社会大学或星期研究会的地方，小学教师们应该主动发起创办。这是如同吃饭一样地急不容缓，不可等待。

我们进行自我再教育，不能没有先生，我们要三顾茅庐请出第一流的教授来帮助我们进行各项学习。第一流的教授具有两种要素：一、有真知灼见；二、肯说真话，敢驳假话，不说诳话。我们必须拿着这两个尺度来衡量我们的先生。合于此者是吾师，立志求之，终身敬之。

在各位大师之中，我要介绍两位最伟大的老师。

一位就是老百姓。我们要跟老百姓学习，学习人民的语言，人民的情感，人民的美德。努力发现老百姓的问题、困苦和他们心中所希望达到的目的，并认识他们就是中华民国真正的主人，要他们告诉我们怎样为他们服务才算满意。我愿把我写的一首小诗献给每一位小学教师，共同勉励：

民之所好好之。

民之所恶恶之。

教人民进步者，

拜人民为老师。

还有一位最伟大的先生要介绍，那就是小孩子——我们所教的小学生。我们要跟小孩子学习，不愿向小孩学习的人，不配做小孩的先生。一个人不懂小孩的心理、小孩的问题、小孩的困难、小孩的愿望、小孩的脾气，如何能救小孩？如何能知道小孩的力量？而让他们发挥出小小的创造力？

唯独肯拜人民与小孩为老师的人，才能把自己造成民主的教师，也只有肯拜人民与小孩为老师的，那民主作风才自然而然地获得了。

其次，就是运用民主作风教学生，并与同事共同过民主生活，以造成民主的学校。教育方法要采用自动的方法，启发的方法，手脑并用的方法，教学做合一的方法，并且要使学生注重全面教育以克服片面教育；注重养成终身好学之习惯以克服短命教育。在现状下，尤须进行六大解放，把学习的基本自由还给学生：一、解放他的头脑，使他能想；二、解放他的双手，使他能干；三、解放他的眼睛，使他能看；四、解放他的嘴，使他能谈；五、解放他的空间，使他能到大自然大社会里去取得更丰富的学问；六、解放他的时间，不把他的功课表填满，不逼迫他赶考，不和家长联合起来在功课上夹攻，要给他一些空闲时间消化所学，并且学一点他自己渴望要学的学问，干一点他自己高兴干的事情。还要把工友当作平等的人和他们平等合作。只有校长、教师、学生、工友团结起来共同努力，才能造成一个民主的学校。

再其次，要教学生为民主的小先生。我们不把小孩单单当作学生教。最重要的教育是"给的教育"，教小孩拿出小小的力量来为社会服务。人生以服务为目的，不是毕业后才服务。在校时，就要在服务上学习服务。学生最好的服务是做小先生，拿学得的知识教给人。中华民国是一个公司；四万万五千万人联合起来做老板。男人是男老板，女人是女老板，大人是大老板，小孩是小老板，大家都是中华民国的老板，大家都是中华民国的主人。拿这种浅显而重要的意思由学生一面学，一面教给不能进学校的老百姓，他们变成了民主的小先生。一位先生教四十位学生，照老法子，他只是四十个学生的先生。如今把这四十个学生变成小先生，每位小先生平均帮助五个人，便能帮助二百人，连原来的四十人，便是一位二百四十人的先生，力量与贡献大得多了。这样，学校变成了发电机，学生变成了四十根电线，通到每一个家庭里去，使四十家，乃至二百四十家都发出民主的光辉来，这不能算是小学教师的重要任务吗？

再其次，要教民众自己成为民主的干部。小学教师应该是民主的酵母，使凡与他接触的人都发起酵来，发起民主的酵来。农人、工人、商人、军人、官吏、学生家属，只要一接触便或多或少，起一点变化，顶少要对民主运动减少一点阻碍，顶好是一经提醒便成了民主的斗士，乃至成为民主的干部，大家起来创造一个名符其实的中华民国。去年中秋，当我亲眼在四川看见一位老农拿出那插在腰背后的旱烟管来，指挥他的七位学生，一连合唱了八个歌曲，我好像是看见了新中国的前途。这样可贵的，从人民中产生出来的民主干部，将来是要几十万几百万的产生出来。发现他们，培养他们，是小学教师不可放弃的天职。

最后，争取民主以保障生存权利与教学自由。小学教师值得几文钱？是我这次到上海来看见从前乃英先生写的一首感动人的歌曲：

> 小学教师值几钱？五元钱一天，教一天，算一天。请假一天扣工钱。不管你喊哑喉咙，不管你绞尽脑汁，不管你坐弯背腰，不管你饿凶肚皮，预支不可以。小学教师值几钱？要求提高待遇，还没有这种福气。

这首歌的末一句，我提议修改为"争民主奋斗到底"。提高待遇，只有民主才有保障。现在的尊师运动，必须包含争取民主，才能将一时救急的办法，变成经常安定的办法。如不争取民主，使真正的民主政治、民主经济、民主文化全盘兑现，我们必定是一辈子陷在"吃不饱来饿不死"的地狱里。所以为着提高生活待遇，我们必须参加在整个国家民主斗争里面去，实现天下为公，有我们自己的一份在内。

教师的职务是"千教万教，教人求真"。学生的职务是"千学万学，学做真人"。这教人求真和学做真人的教学自由，也只有真正的民主实现了才有可能。在不民主的政治下，说真话做真事的人是会打破饭碗，关进集中营，甚至于失掉生命。因此这教学自由，也是要在整个的人民基本自由中全盘解决。让我们和人民站在一条战线上，争取真正民主的实现，共同创造一个独立、自由、平等、进步、幸福的新中国。

卅五、四

原载 1947 年 3 月上海生活书店版《行知教育论文选辑》